U0071588

思想觀念的帶動者

文化現象的觀察者

本土經驗的整理者

生命故事的關懷者

Master

對於人類心理現象的描述與詮釋
有著源遠流長的古典主張，有著素簡華麗的現代議題
構築一座探究心靈活動的殿堂
我們在文字與閱讀中，找尋那奠基的源頭

當我遇見一個人：
薩提爾精選集 1963-1983

In Her Own Words. Virginia Satir: Selected Papers 1963-1983

編者—約翰‧貝曼（John Banmen）
譯者—楊東蓉
審閱—楊志賢

{ 目錄 }

治療師運用自我

成蒂
資深薩提爾模式婚姻家庭治療師及訓練導師

這本維吉尼亞・薩提爾（Virginia Satir）一九六三年到一九八三年珍貴的文集，是由當今最負盛名的導師約翰・貝曼（John Banmen）及其寫作團隊，在薩提爾的文稿中挑出精選的十一篇彙編成冊。如今由受過完整薩提爾專業訓練的專業助人者楊東蓉社工師翻譯為中文繁體版，格外令人雀躍與感動！

這十一篇文稿的英文版一如往昔薩提爾的寫作風格，非常平易近人，但其中所蘊含的生命底蘊和專業反思，則需要治療師累積足夠實務經驗，經過反芻沉澱，才能體會她所要傳遞的深刻智慧。

回溯在二○○○年時，當年到台灣做訓練的導師瑪莉亞・葛莫利（Maria Gomori）語重心長地強調，治療師充分運用自己才是治療歷程中最有力量的工具。當時的我只求專業技術的精進，對瑪莉亞說的這番話尚懵懵懂懂、一知半解。直到她提供〈治療師的故事〉一文（本書第十一章），我才在多年後逐漸體會其中深刻意涵。

本書讀者可比我們當年幸運多了，將能一口氣由本書十一篇章的闡述，看到薩提爾娓娓道來，她如何運用自己整個人的內外過程、系統觀的家庭治療、症狀與家庭、與人接觸、家庭治療方法和理論、治療行進的歷程、治療師不斷成長和反思自我等等內容，整本書前後對照，更加能從中讀到薩提爾所示範

治療師運用自我的精髓。

其實除了薩提爾外，近代亦有其他學派，例如家庭治療大師米紐慶（Minuchin, 1996; 2014）或後現代主義治療師安德森（Anderson, 1997）曾指出治療師運用自我的重要意義。但薩提爾在本書中，不僅僅傳達這個理念，將其精神前後貫穿在每個篇章中，還由她與家庭互動過程的親身經歷，詳實記載其心路歷程和獨到雋永的見解。

她將治療師運用自我以樂器為隱喻，治療師個人的完整性、自我觀照、專業勝任能力、愛與慈悲，和一致性的程度，決定了他是否能精準地聆聽和理解來訪者，並與來訪者演奏出美麗和豐富的樂章。她強調治療師這個人本身才是治療效果的關鍵，他要能在治療歷程中，允許自己清晰呈現和接觸自我、允許自己檢視所持有的觀點、並且允許自己分享這些內在經歷。她認為雖然學習理論和技術是重要的，但要在完全人性化的脈絡中使用這些工具，才能充分展現其豐富的療效。

薩提爾在本書分享她發展家庭治療的歷史背景，她如何脫離主流的精神分析，由個別治療進入家庭治療的脈絡，在當時這可說是一種離經叛道的行徑，但她仍然追隨她心中真實的聲音。在一九五一年她會見第一個家庭，觀察到家庭系統中的雙重訊息，她視症狀為家庭系統功能不良的表徵，並接下來逐步發展各種重要的工具，包括家庭生活事件年表、自我環、幽默、隱喻、歷程式提問、溝通姿態和雕塑等，協助家庭由封閉轉向開放健康的系統，促進家庭成員間的一致性對話，推動每位家庭成員發展高自我價值。隨著與更多家庭的接觸，她即更加確定每個人的自我價值在此模式的重要性，那是一個人內在力量的來源、是改變的指標、也是一個人安身立命的基石。

我佩服薩提爾在會見一位來訪者或家庭時，尊重每個人是獨立的個體，是生命力的展現。她去接觸每個人真實的自

我，並且強調除非人們意識到自己是有價值的，否則無法發生改變，而這正是治療師關鍵性的任務。在與來訪者相遇的時刻，她鼓勵治療師帶著對界線的尊重，運用身體、皮膚、觸碰、眼神和自己所有的感官來接觸來訪者，並經由這些能量的流動與他們連結。

她示範了治療師帶著愛的接觸會帶來信任，有了信任才會帶來實質的改變。她說：

> 當我把手伸向你的手時，你也會把手伸向我，於是我感受到一種連結。在那一刻，我正在看著你；我感受到你皮膚的感覺，你也感受到我皮膚的感覺；那一刻，這個世界除了你和我，沒有其他人；那一刻，你接收到我的全神貫注，你可以感受到，我所連結的是你這整個人，而我也覺得我把自己完全交給你。微笑伴隨而來，我的微笑在向你和你生命的展現說「哈囉」。這種體驗讓我感覺到與另一個生命形態連結的可能性。（第 234-235 頁）

我非常喜歡薩提爾所強調的這種與來訪者生命的相遇，在某種意義上，代表治療師與來訪者彼此自我相互的認可、和生命存在之間的共鳴。

讀者會發現，薩提爾在家庭治療中一直會把焦點放在健康和正向的可能性上，她通常會詢問家中每個成員一個問題：「來到這裡，你希望會發生什麼？」而不是問「你們的問題是什麼？」她將治療歷程視為是人類連結的經驗，也是人們發現自我的成長歷程，在此旅程中會創造出我自己和其他生命一起的冒險和探索，透過這個心靈之旅，人們感受到更多活力、關愛、信心、希望、創造性，並因此看到新的可能性，讓彼此在

家庭中重新相互靠近。

　文稿中她提到，每次會談她都盡可能為家庭成員，帶來一個可以看出去的窗口或一扇門，讓他們對自己感覺更自在、有能力，能夠發揮創意與其他家庭成員協力合作，建設性地解決困難。這就是薩提爾模式所強調，治療師處理的是人際互動歷程中的應對方式，而非聚焦在問題解決上。她相信治療師在整個治療過程中，必須致力於開啟來訪者的療癒潛能，否則不會有實質的改變發生。而開啟的途徑是透過治療師深層自我與來訪者深層自我的交會，在這個發生的時刻，會創造一個接觸真實自己、表達脆弱、允許改變發生的情境，因而為來訪者在靈性層次帶來觸動和轉化。

　當治療師帶領來訪者進入靈性的生命能量、發現其內在資源時，治療師本人的一致性是最不可或缺的要件，即治療師內在是安詳自在、踏實和諧的，由內往外散發出他獨特的仁慈、愛心、接納、希望、坦誠、真實，使得來訪者在這樣的能量中，感到安全和信任願意開放自己，並產生更多冒險進入未知的勇氣。

　薩提爾提醒治療師要努力覺察自己，使肢體與語言訊息之間沒有矛盾，言行一致不帶評價，否則來訪者立即會因為治療師的不一致而產生否認、防衛和懷疑。治療師與自己的生命力連結，體驗自己是完整獨立的個人，內在有高自我價值感，存在著安全感與力量，而能全神專注關懷來訪者，這樣的一致性會提升來訪者的信任感，是治療師與來訪者建立穩固安全治療同盟的基礎，也是來訪者心靈和關係療癒的關鍵。薩提爾說：

　　當我和我自己、我的感受、我的想法、我的所見
所聞接觸時，我正成長為一個更整合的自己。我更
一致、更完整，能與他人建立更好的連結。（第274

頁）。

　　在家庭治療歷程分享中，她相信治療關係是一個親密的體驗，為了成長和改變，來訪者需要一個安全的環境去開放真實地面對自己，這種開放有時會使他們感覺脆弱且容易受到傷害。當他們在治療中覺得脆弱時，就需要被保護，因此治療師的責任和專業倫理是去創造一種讓來訪者感到安全、免於受傷害的治療氛圍。這需要治療師對自己的狀態保持敏感的覺察，同時也要隨時謹慎關注自己的一言一行。

　　本書中薩提爾都前後貫穿以上這些想法，重點在於當治療師全然運用自己，與自己生命力連結，同時與每個家庭完全同在時，即更容易推進治療，去到想去的深度，同時仍然尊重每位來訪者的獨特性、脆弱、選擇、權力和生命的神聖性。來訪者在治療師所示範的這種一致性中，即開始願意看見和解除個人的保護機制，脫下防衛盔甲，重建對話橋樑，使家庭關係產生新的平衡。

　　在此過程中對治療師而言，運用自我最大的挑戰，莫過於在觀察與評估家庭每位成員和他們之間的互動時，要時時刻刻覺察自己的所聽、所看、所思、所感，還要常去意識到自己所做的對此家庭產生何種影響。因此在治療期間，治療師會內在、外在進進出出，並在會談中與來訪者共創未來更多的可能性。治療師可以在自己的專業知能和覺察個人內在經驗之間，達到微妙細緻的平衡，他能安住於自己的內在，同時發揮專業判斷做最好的介入，穩定自如地貼近跟隨治療歷程，但仍然可以掌握治療過程的主導權。

　　在薩提爾的分享中，可發現家庭治療最困難的地方，還包括治療師要同時在許多不同的層面上工作，這種「同時性」的能力，需要治療師隨著時間和經驗發展才能產生。他既能夠置

【推薦序一】治療師運用自我

0
1
1

身於整個家庭系統之中，又置身於此之外；他要與家庭成員保持足夠的距離，這樣才可以在自己的視野範圍內，觀察到家庭的互動和溝通模式；他還要能敏銳地覺察和理解自己身處這個家庭系統時，他個人的身體和內在經驗，並可與之分享。此時，治療師所面對的是每位家庭成員的個人系統、人際間的家庭系統、跨代的原生家庭系統，這些系統接受到文化社會的浸潤而帶來更多複雜的差異性，這些都是我們看到薩提爾在家庭治療歷程中，同時都會考量的多元面向。

由本書的治療歷程可知家庭治療師的角色是多元化的，他可以是教育者、聆聽者、翻譯者、觀察者、嚮導、照相機、性別角色的示範者、溝通典範，和連結者等。治療師需具備足夠的專業知識和技術，但不是全能的專家知道所有的答案，也不是法官判定誰對誰錯，他可以摘下專業光環的帽子，表現出與來訪者共同擁有的人性面。他可以與來訪者一起冒險，表達當下對不清楚的狀況的疑惑。他願意信任內在的判斷和直覺，並且隨時與來訪者澄清和確認。

我在本書中所學到的重要功課，是當治療師能真實接觸核心自我、內在經驗、所有想法、和所有感官知覺時，他即成長為一個整合的自我。治療師越能一致性、越完整，即越能與他人建立深厚的連結，而這正是家庭治療產生成效的基本要件，也是我們在本書中所看到的精華。薩提爾相信人們已經擁有成長所需的資源，治療師的任務是讓來訪者運用他們自身的資源，在適當時機使用適切的工具，協助他們達成正向積極的治療目標。

家庭工作是治療師與家庭共創新局面的歷程，她比喻如同編製一條新的掛毯，從使用過的毯子中抽出舊線，加上新的線，捨棄不合時宜的線，然後共同創作編織一幅新的設計款式。無論來訪者顯示的難題為何，薩提爾始終都對每個人的靈

魂深深的欣賞，帶著尊重和好奇，相信每個人都是個奇蹟，生命的本質已然尊貴美好。本書呈現她的治療工作始終如一地展現出這些信念，並讓我們因此見證當一個人的生命力在愛、慈悲、涵容和接納的沃土中被滋養和發展時，就自然會綻放出美麗璀璨的生命之花。

【參考文獻】

Anderson, H. (1997). *Conversation, language*, and possibilities. New York: BasicBooks.

Minuchin, S., Lee, W. Y., & Simon, G. M. (1996). *Mastering family therapy: Journeys of growth and transformation*. New Jersey: John Willy & Sons.

Minuchin, S., Reiter, M. D., & Borda, C. (2014). *The craft of family therapy:Challenging certainties*. New York: Taylor & Francis.

遇見薩提爾模式

賴杞豐

家族治療師、青島大學兼職教授

我沒有機會與緣分遇見薩提爾女士，卻因緣巧合的在她嫡傳兩個弟子，瑪莉亞・葛莫利與約翰・貝曼手中學習了她的治療哲學，近三十年的浸泡，不論再多其它學問的融入，她已溶入在我的血液中，怎樣都剝離不了！薩提爾女士的二十二條治療哲學，這幾十年下來，每次讀它，都讓我心驚肉跳；對於她先知般的智慧，與中華文化的契合，每每讓我感動涕零。

有緣在機構擔任執行長的那些年，因為主辦貝曼的薩提爾短期治療的兩年期專業培訓，還有每年兩次瑪莉亞老師的個人成長課程，和後來家庭重塑與家族治療的專業訓練。十多年有機會長期跟在兩位老師身邊，學習與體會薩提爾女士傳承下來的學問，偶然與貝曼聊起，得知他手上有一些薩提爾女士離世前尚未發表的文章，時間距離《薩提爾的家庭治療模式》[1]一書的出版，已超過十年有餘，遂慫恿貝曼將她的文稿集結成書，多年後有幸見到書的出版，自然為學習薩提爾這門學問的同儕能拜讀祖師遺作，感到幸福與感動，當然我也是受惠者之一。

冰山理論與家庭圖是薩提爾學問中的兩大重要工具，熟悉此二，不論在個人諮詢或是家族治療，都像是祖師爺醍醐灌頂；家庭重塑幾乎是貫穿在薩提爾模式的所有治療理念，處理

---

1. 編註：張老師文化出版。

過去發生而擺脫不了的影響，最是有力；不論是運用哪個治療理論，都可以見到它的存在。自我環的曼陀羅中，身為人不可或缺的八大區塊，環環相扣維持著生命的存在，也是相同。從個人系統開始到整個家庭系統的互動，從不一致的溝通到一致性，僵化的家庭規條到能有時候偶爾可以的生活指引，從封閉到開放，失功能到有生產力，一切切無不穿梭在她的文章裡。讀它，有如薩提爾女士就在耳邊娓娓道來，耳提面命，告訴你如何在治療中，從體驗性、系統性、正向導向、聚焦改變到運用治療師自己。她的家庭治療有教育性，卻又不失尊重案主，在協助成長的過程裡，幫案主尋找與轉化資源，又巧妙的要案主自己做決定與為所做的決定負責，進而更加一致性的實踐於生活。

貝曼老師非常的用心，在每一篇文章前邀請了薩提爾學者或是專家們事先做了一些或說是導讀，還是個人觀點的分享，本來是好事一件，我個人卻有些不同的見解。我建議讀者更直接接觸薩提爾女士文章裡的哲學精華，深入品味、體驗大師的精神。單純屬個人的看法。

近年在大陸，有機會參加美國加州帕洛阿爾托（Palo Alto）家庭心智研究所（Mental Research Institute, MRI）的短程家族治療（Brief Family Therapy）的學習，當年薩提爾女士也曾工作於此，與作為溝通和建構主義理論，家庭和短程治療領域中著名的保羅‧瓦茲拉威克（Paul Watzlawick）在互動／溝通的理論共同研究學習，還有格雷戈里‧貝特森（Gregory Bateson）、珍妮特‧比文‧巴費拉斯（Janet Beavin Bavelas）、唐‧傑克森（Don D. Jackson）。[2] 她還曾經在與心理劇創始人

2.註：Watzlawick, Beavin, Jackson 在一九六七年的《人類溝通範式的實用主義》，這本被認為是溝通領域中經典的先驅著作，也引導家庭治療師們去關注和研究語義學在傳達與接收之間的意義的清晰度。

雅各布‧莫雷諾（Jacob Levy Moreno）一起工作時發展出來家庭重塑的理論（莫雷諾的心理劇）。薩提爾女士從一個社工到精神分析師，經過各種不同的淬煉，成為獨樹一格的家庭治療師，她的學問中關於體驗性的部分，當治療進行時，呈現許多治療時的內在體驗，運用個案能量場的方式很像當今的能量醫學（Energy Medicine）和能量心理學（Energy Psychology）所做的工作；也相當中醫經絡中氣的運行所帶來的感覺。

這本選集，讓我理解薩提爾女士個人到專業養成的完整脈絡，以及她的哲學思考與治療理論的完成，更加穩固我在治療過程裡的信任與信心。相信對喜愛和學習薩提爾學派的同道，都是一本「葵花寶典」。

家族治療的先鋒

林宏川

台灣薩提爾成長模式推展協會理事長

博仁綜合醫院身心醫學科主任

　　維琴尼亞‧薩提爾女士在五〇年代家族治療風行興起之際，以她獨特的引導方式與神奇魅力般的改變效果掀起風潮。她具有溫暖關愛、主動開放、大方、能與人快速連結的良好特質，懂得不同家人各自當下的內在心理，對人性完全的尊重，可以融化並化解與對方的屏藩。她能夠帶領家庭成員在人性情感的脈絡下，彼此連結，能真實地體驗自身的感受和觀點。

　　同時薩提爾促使人們打破情感不能表達的固有規條習慣，很內外一致性的表達而出，令彼此展現良善正向關懷。當家人之間可以清晰表達內心的需求和想法，也讓彼此交流有著正面的感受，關係有新的轉變，很多原本不對勁的外顯問題，也消失匿跡不見了。

　　家族治療植基於家庭系統理論，對人類心理和行為問題的解讀看法，有別於個人治療是從個人的立場來思考，是一個新的思考角度和方向。家族治療更著重於直接改善人與人之間的互動樣貌和相處關係的品質。薩提爾女士更促進個人內心經驗新的統整，令一個人的外在和內心能夠趨於一致性、自然的表達，同時對自己有更好的接納和認可，因而提昇自我價值感，人際關係自然趨向和諧。

　　所以家族治療可以讓原本的個人問題，經由家庭系統內部

的調整，而可以有新的轉變，也持續較長久。

　　薩提爾女士在描述當年她無心插柳進入家族治療的開端，實在有趣。在當年盡是盛行精神分析個人治療的情境下，是不會面見家庭或舉行家庭會談。有一次她把一位年輕女孩的個別問題有療效的推展改變，卻在某天接到這位女孩母親的來電，揚言對薩提爾提告。於是薩提爾邀請這對母女一同前來，她看見母女之間有著不同的互動關係而影響著女孩的問題，這在個人治療時是看不見的。薩提爾心想這個家庭還有其他成員，於是也請爸爸來了，但母女在面對爸爸時的互動反應又不同。最後另一位家人哥哥出席了，這位表現優秀的哥哥，原來是一位被全家人高高捧在上位的王子，也反映女孩位階的相對低下和內心的衝擊反應。這例子告訴我們，原來個人的行為反應內心的情感，深受家庭系統內部的影響鉅大，彼此互相影響。

　　而家族治療已發展數十年載，至今也興起諸多後現代主義家族治療學派，各派別有不同樣貌和介入處遇重點，但有一點仍不變、有一現象仍然存續，即在實務工作上仍一直有相當的家庭來尋求協助，希望帶著某種「問題」的家人能改變轉好。

　　所以學習家族治療，對於當代助人工作的治療師或諮商師而言，更增添一項利器，不僅可以將僅從個人心理的立場去看問題，擴展為由整個家庭系統的角度去看對個人的影響，對人的問題看法也將更豐富，因為人都出生於家庭，早期的發展受家庭的影響十分密切，不言而喻。學習家族治療，可以協助治療師了解：案主的個人議題與來自原生家庭家人之間的關聯影響為何，仍密切負面相關影響的是什麼，而去解構關聯和重整關係，讓案主有新的體會和心理成長。儘管治療師／諮商師不是專門從事家族治療，但有著家族治療系統理論的觀點和概念，也能夠在對案主個別治療／諮商的評估上，多所助益。

薩提爾女士本身當年特別著重在教學與訓練治療師，留下的理論書籍並不多，但她在家族治療的鑽研和訓練，著實為後學提供了一個非常棒的學習典範。這本書是薩提爾難得的手稿，並由同樣致力薩提爾模式教學多年的心理學家約翰·貝曼博士和後繼的學習者，共同整理摘錄出來十一篇重要的文章，包含她曾出版或未出版的作品，每一篇皆由一位資深學習者以提綱契領的重點闡述，來做引領介紹。整本書對學習家族治療的人來說，可謂如獲至寶，可以很細膩的明瞭薩提爾對每一處治療細節的想法，從而清楚家族治療的基本概念，包括如何觀察、評估、明瞭家庭動力，及如何推動家庭成員成長而改變。同時也告訴治療師，如何獲得自我訓練的藍本。

我對自己的運用

　　薩提爾女士在書中說：

> 　　我理解到，當我和病人或家庭完全同在時，我能更容易地推進治療。我可以去到我想去的深度，同時尊重另一方的脆弱、權力和生命的神聖。當我和我自己、我的感受、我的想法、我的所看和所聽接觸時，我正成長為一個更整合的自我。我更一致、更完整，能與他人建立更好的連結。

> 　　治療師這個人才是圍繞成功治療的中心所在。

　　薩提爾女士當年提出的諸多概念，日後一一被印證且被後人認可它的重要性，現今看來均是走在當年時代尖端，例如同時著重處理個案的內在和人際系統間的關係、靈性生命力量的展現等等。尤其薩提爾藉由運用治療師自己來加入治療，這更是一甚有力量的推動工具，更快取得個案的信任，也讓個案能接受治療師的引導，祛除他的害怕，從體驗性的歷程獲得真實

的改變，並開始探索新的成長模式，這是獨特的有效治療要素。當然，治療師得訓練自己並學習提昇自我力量的流暢動能，敞開自我，綻放生命力，對人性良善的堅定信念，對人願意慈悲和關愛，薩提爾式的「神奇改變力」便不再遙不可及。

願這本書為你打開新的視野，帶來學習家族治療的進程概念，以及更洞悉明瞭與人的深度連結！

哲人日已遠，典型在夙昔
薩提爾健康成長導向的人類價值認同歷程模式

　　維琴尼亞·薩提爾女士是當代家族治療開創性的大師，從一九五一年她見第一個家庭開始，當時沒有任何文獻討論要如何與家庭工作，薩提爾必須創造自己的指導方針，她將自己置身於觀察者的位置，基本上靠直覺指引，運用邏輯來淬鍊，在家庭身上試驗各種方法與家庭成員連結。薩提爾讓自己自由地嘗試任何可能協助家庭成員和他們自己連結的方式，允許自己試驗任何有幫助的方法，採用了她在教育、戲劇、藝術、語義學、哲學、自然生命的經驗以及她對個人成長的認識，薩提爾說一旦她超越了所學習的關於精神病理學的界線時，便能夠從健康的角度去看家庭。薩提爾在三十多年發展其家族治療的經驗中，與來自世界各地數千個處在不同的經濟、社會、政治、種族和國家的家庭一起工作，也教導了數以百計的治療師，這些所有的經驗讓薩提爾對人性、家庭、治療取向的觀點和理解有了一百八十度的轉變。薩提爾看自己治療的任務在於重塑和轉化個人或家庭病理中被壓抑的能量，使其成為有用的，是健康導向取向，而非病理導向取向，薩提爾稱之為人類價值認同歷程模式（Human Validation Process Model）。

　　本書《當我遇見一個人：薩提爾精選集 1963-1983》（*In Her Own Words. Virginia Satir: Selected Papers 1963-1983*）為薩提爾嫡傳弟子，亦為薩提爾家族治療模式一書三位共同作者

之一的約翰‧貝曼博士所編輯，精選了十一篇薩提爾有關家族治療的代表性論述，每篇文章之前皆由一位資深的薩提爾模式治療師引言導讀，透過閱讀十一篇文章的編排，我們雖無緣親炙已離世的大師，但仍能在薩提爾本人論述家族治療的字裡行間中跟隨其當年篳路藍縷、胸懷博愛的步伐，一起見證薩提爾家族治療模式的發展以及它的時代意義。

薩提爾本人曾於一九八三年在中華心理衛生協會的邀請下來台舉辦工作坊，在她一九八八年離世後呂旭立基金會成立了台灣薩提爾人文中心，二十餘年來持續邀請她的嫡傳弟子約翰‧貝曼博士及瑪莉亞‧葛莫利博士來台舉辦專業訓練課程與成長工作坊，使薩提爾助人模式的學習在台灣助人專業領域中蔚為風潮。也培養了一群資深的台灣本土薩提爾模式助人工作者，並在已故的王鳳蕾號召下於二〇一三年成立了台灣薩提爾成長模式推展協會，為本土深根而努力。除此之外近幾年欣見李崇建老師將薩提爾模式的冰山概念發展成《薩提爾的對話練習》[1]，透過著書、演講、工作坊的方式將薩提爾模式健康成長的理念推展到教育以及親職的場域，有了更健康的父母與師長，自然也會有更健康的個人。在薩提爾模式健康成長的理念普及於台灣各領域之時，本書的出版更具有時代意義，透過對薩提爾本人文本的爬梳，共鳴於薩提爾人本博愛的胸懷，相信每一個在台灣追求健康成長的個人與家庭都會得到激勵與指引。

---

1. 編註：親子天下出版。

【譯者序】
風簷展書讀，古道照顏色

> 春寒猶透薄羅衣，三更燈火五更雞
> 親爹命繫陰陽界，魂牽夢縈二月天
> 拜讀佳文痛心扉，神蹟竟現心歡喜
> 心領神會畢其功，此刻春光最迷人
>
> ——林衛國

　　本書的精髓及值得閱讀的原因不在於它教授多少高深的技巧或專業知識，而是薩提爾女士用她自己的文字、話語，讓我們跟隨著她的成長腳步和脈絡，沒有他人的解讀和註解，直接和她連結，產生生命的共鳴。

　　「運用自我」是薩提爾模式的核心概念和技巧之一，然簡單的四個字，所蘊含的含義卻是博大精深，其中的運用是技巧，但「自我」卻是個抽象又難以回答的問題。薩提爾女士分別在不同的章節中，一再強調它的重要性！她曾說：無論我們隸屬於哪種技術、哲學或家族治療學校、無論我們實際上做什麼，我們都必須透過我們自己這個人來交流。

　　所以「我是誰」成為核心的議題。我講課時的暖身開場往往會請學員自我介紹，你是否注意到他人是如何開場的呢？你自己又是如何開場的呢？你會說：「我做的是＿＿＿（工作）」、「我喜歡＿＿＿（嗜好興趣）」、「我有＿＿＿小孩」、「我來自＿＿＿」等等？但這個「自我」到底是誰？當卸下所有身份、角色、責任等，赤裸裸呈現的這個人是誰呢？如果連「自我」都不清楚，又如何能運用自我呢？身為助

人工作者的我們，如果卸下治療師、諮商師、社工，和個案接觸的那個「我」是誰？

從小到大，「超理智」一直是我非常要好的朋友！它協助我理解許多我不理解的事情，並有效率地因應危機、尋求解決方案。而我所翻譯和及教授《家庭評估與會談案例：家系圖實務操作必備指南》、《家庭評估與會談技巧》[1]，更因「超理智」讓我在專業上非常得心應手，我能夠快速的看到家庭代間的模式、覺察個案的抗拒，甚至祕密。換句話說，我可以羅列出一堆關於「我」的資訊，然那就是「自我」嗎？

這個問題，一直在我的心中有著一個重要的位置。本書中，讓我體悟到生命經驗堆疊的價值。我之所以成為現在的我，是從過往生命經歷所累積的，我「雖不能改變過往，但我能改變過往對我的影響」。薩提爾的生命轉了許多的彎，每個彎都有其存在的價值和意義，她欣賞感謝每個彎。她列出自我環（The Self Mandala）中的八個面向，每個面向都無法代表「自我」。我們可以從這八個面向探索自我，也可以透過冰山探索自我。當我真正體會什麼叫自我認可、什麼叫愛自己「如我所是」，就能對自己的存在更加接納，不用忙著「做」來證明。於是我經驗到自己在個人關係、專業關係的運用自我上更加自在和放鬆。

我們因相似而連結，因相異而成長。當兒童成長在一個家庭和諧的假象中時，他就會透過症狀和行為來求救，告知系統出了問題。薩提爾女士在本書中一再強調「健康取向」的重要性和魅力。從「病理取向」轉向「健康取向」，讓人可以看到改變的希望，進而就有改變的動力。我們更可以從她的實際案例中，一窺其中的奧妙及神奇。當我們將目標放在「我想

1. 編註：以上兩書均由啟示出版。

要」時，誰能不心動呢？唯薩提爾在她的會談中，行雲流水的將「我想要」的責任放回個體身上，崮中巧妙留給讀者細細品味。

本書另一個直得閱讀的部分是薩提爾女士所談到父母雙重訊息（Double Message）對孩子的影響，深入淺出的文字，讓讀者毫不費力地就體驗到：每個人都是獨立的個體，且存在許多的差異，若不能正視和接納此差異，將無法達到關係親密。也因為這樣，她分享到她發展出互動要素，就是希望我們透過運用「我看、我聽」來核對，增加彼此的理解。又《新關係花園》[2]的作者麥基卓（Jock McKeen）醫師所說的「我不認識你，我認識的你是我所經驗到的你」，非常貼切地闡述薩提爾女士的互動要素理念。於是保有對對方的好奇，記得核對，才有機會增進關係的親密，夫妻關係如此、親子關係亦如此。

就因為我們每個人都是獨立個體，薩提爾女士充分展現對每個個體的尊重及欣賞各自的存在價值，她期待我們每個人都發展出屬於自己的風格，不要只「追星」、「模仿」。在重新修習薩提爾成長模式的這些年，遇過不少老師，然自己因為過往的專業訓練，於是「理所當然」的發展出屬於自己個人的風格，殊不知這過程還吃了不少苦頭。當然，每一次的受挫，雖都是更理解自己的機會，但是內心的感受並不好過，畢竟受到成長過程的影響，還是希望自己的努力能夠獲得「老師」的認同。如今翻到此書的這句話時，內心的感動難以形容，我想如果我有機會站在薩提爾女士面前跟她分享我的創意、做法時，我應該會獲得她的欣賞的。

最後，薩提爾女士在本書中談到生命能量（life energy）

---

2. 編註：張老師文化出版。

或說生命力（life force），但那到底是什麼？一開始重新學習薩提爾的過程中，很多老師都說那是要去「經驗」的，而不是用腦袋去理解。當時這些話對我這個大頭腦的人來說，實在是一種折磨，不理解中去體驗？腦袋想的都是「怎麼做」、「步驟」。

誠如薩提爾女士分享她的信念時：「核心信念源自於她終生的學習」，這句話挑動我的內在感動，深有共鳴，這不就是我一直以來所秉持的學習信念嗎？我對學習的不放棄、勇於提問和挑戰舒適圈的內在資源，讓我逐漸地感受到自己的改變，依舊保有我的「超理智」，然「感知」的深化開發，我真正感受到同步、生命的共鳴。

回到生命能量這個聽似抽象的概念，麥基卓談論中國的「氣」時，或許和薩提爾女士所談的生命能量有相類似之處。正如薩提爾女士提醒我們要彼此合作，相互學習。當年的她以身作則，跟許多不同的人、不同學派學習與請益，整合成為專屬她的特有模式。如今，我借用自己的體會，闡述我對生命能量的理解。

精子和卵子結合的那一剎那，生命能量就慢慢地在運行著。胎兒母親被視為生命共同體，胎兒隨著各個部分的漸趨成熟，其幾乎能夠同步感受到母親的喜怒哀樂、厭惡喜好；是否被父母期待影響著胎兒的生命能量高低。胎兒自出生的那一刻，胎兒和母體正式分開，所吸進第一口氣也代表著新生兒獨立的開始。新生兒內在的生命能量如同「氣」一般，自主地為自己流動著。然而這股生命能量在社會化的過程中，往往因為各種原因無法順暢流動（如：父母不一致、家庭規條等），卡住了，這股「氣」卡住停滯不前。當一個人內在生命能量窒礙時，其和人之間的情感流、能量流也相對會受到阻礙。彷彿一棟大樓裡，一戶的水管不通，其他住戶會相對受到影響。

換句話說，當治療師、助人者自身的內在生命能量是不順暢的，其很難全然的、放鬆的和個案同在。「運用自我」的前提不是將心向個案打開，而是要把心先向自己打開！當我參加過麥基卓談「氣」和「手指月亮」的論述後，我隔天帶領一位來訪者進行一段自我對話（將心向自己打開、與「自我」接觸、感覺生命能量）的最後，她回饋道：「我感覺到完整，但我沒有辦法形容。」就在那一刻，我也覺察我自己的不同，我發現到自己對她的全然接納，即使她不用文字描述也沒有關係。我發現的彈性和不同，或許，正驗證了薩提爾女士所說的「改變永遠有可能」、「問題不是問題，如何應對才是問題」。

　　歲月和人生歷練為「我」這個人刻上了印記，而翻譯此書的這三個月，這個刻印持續發生著，也獲得療癒。感謝上帝給予我這個和本書如次近距離接觸的機會（如果是讀書，往往快速瀏覽，或是有需求才看，但翻譯是被迫要逐字逐句去消化吸收，而且要讀非常多遍）。

　　第一個療癒是，當我翻譯到薩提爾女士承認自己在發展家族治療過程的孤寂時，我想起當年自己在職場困境的傷痛。我也是個相當依照自己直覺做事的人，在服務人的過程中，也做了很多開創性的工作，只是開創工作的孤寂，往往令我很難受，如今透過翻譯此書，我再一次運用冰山和自己對話，我承認自己的價值和美好。最神奇的是，當我承認自己還帶著那段經歷的傷痛時，我更放鬆不少，也更欣賞感謝它帶給我的「美好」影響。

　　另一個療癒是我對生命、對人有更深一層的體認！二月一號，一切是這麼突然，沒有任何的預警和準備的情況下，因喘不過氣被救護車送到急診的父親，就在抵達的那一刻，呼吸心跳終止了。七分鐘後父親靠著呼吸器「返回人間」。看著插滿

管子的年邁父親，聽著醫生說所有最壞的可能，如今的我其實非常感謝我長期以來擅用的「超理智」生存姿態，面對父親生命脆弱的當下，我每一刻都要盤算著如何走。當時，我翻譯到薩提爾女士說的：「作為治療師，運用自己是件非常的任務。為了匹配這任務，便需要不斷地發展自己的人性和成熟因我們是和人工作的人。我們需要能夠理解和愛我們自己。我們需要能夠創造出我們能看、能聽、能被接觸和被理解的條件。」我終於懂了！在這段經歷之前，我其實對個案所說的失落只有理解一半。

父親經歷了兩週的生死拔河，終於醒了，我跟他說的第一句話是：「爸爸，您知道我愛您嗎？您知道我能夠再一次握著您溫暖的手有多開心」！而伴隨我走過這一切的，正是此書的翻譯工作。神奇的是，雖然我多次翻到有共鳴時，會停下手邊的工作哀悼到泣不成聲，但我並沒有覺察到我透過將專注力放在如何讓父親多陪伴我幾年，而將自己一部分的心關起來了。

直到在本書翻譯即將接近尾聲時，我參加「存在與連結」的專業工作坊。麥基卓動容地描述他在陪伴他的生命導師、摯友黃煥祥的最後四年以及失去他後至今的歷程；同組的夥伴描述他父親火化後，他摸著父親的頭蓋骨想著曾經他生命中的巨人，如今一切虛無！他們的每字每句都挑動著我內在最深層的感受，重新開啟自我療癒的歷程。如果沒有這本書，如果沒有參加工作坊，我無法是現在的我。

本書感動人的是薩提爾女士毫不做作、真實呈現自己的內在。她談及她誤打誤撞開始她的第一個家庭治療時，面對個案所呈現出的退化行為的不知所措；她談及模擬家庭這個技巧發展的意外，以及發生前的慌張；她談及她往往依照自己直覺做事，而偏離主流的開創性家族工作的孤寂；這一些關於她生命故事的每一段都能夠讓我覺得更與她貼近。身為人的我們不

用是完美的，身為助人者的我們不用是完美的，我們只需完整。當我們越能成為一個完整的人，不管戴上什麼角色的帽子，扮演什麼樣的功能，我更能在人的層次上和對方交流與接觸。

薩提爾女士所用的文字，簡潔易懂，如同她所發展出來的多樣技巧和技術一般，直搗人的內在，即使沒有專業的學習，都讓人很有感受且有連結。這可從我十歲女兒的回饋感受一二。她有一晚看我講課冰山及溝通資料的講義，然後看著我，手指著裡面的「超理智」圖說：「妳是超理智」。

這本書可說是現今許多薩提爾信念的源頭，我感受到薩提爾女士無比的勇氣，在看似不可能中找到可能。她對人和生命的熱愛，字裡行間展露無遺。我在這些一字一句間，更系統化的往自己的內在看，學習把自己的心對自己打開，更驗證了學習薩提爾，學的不是技巧或專業知能，而是一種生活的態度。也透過薩提爾女士鼓勵我們發展出屬於自己獨一無二的助人模式，我對「我是誰」、「我生為人的目的是什麼」有更深一層的體悟。

最後，我要謝謝先生林衛國，他無私的支持讓我可以自在地走在助人的旅途中；感謝我的兩個小孩，他們有非常多次運用「自我」提醒他們和我的差異，給予我探索我內在冰山的機會，拼湊自己的生命拼圖，成就我成為更好的人；感謝我的父母親，給我的生命，我的許多內在資源、生命的態度和信念也源於他們；感謝心靈工坊給我這個機會以及包容我的「延遲」。期待閱讀本書的讀者，對自己、關係、家庭和專業都有不同的啟發和認識。

以冰山爲師，解讀家族之謎

約翰・貝曼

　　我完成研究所學業後的第一個月，參加了美國家族治療[1]先驅維琴尼亞・薩提爾的工作坊，那是我的第一次。我原本在諮商心理學的研究是運用非常結構化的羅傑斯模式（Rogerian Model），這個模式允許，甚至鼓勵個案，自由地將他們的思考和感受與治療師連結，練習一致性接納和同理。當觀察薩提爾的第一個臨床實務工作，我的印象之一是她和團體的參與者工作時，會不斷的問問題，彷彿是蘇格拉底的化身。不過那時，我沒有意識到這些問題通常都集中在經驗層次上，並且具有正向意義。我印象最深刻的是她身上的魔力，而不是她的技術和方法。現在回想起來，那為期五天的住宿工作坊徹底改變了我和我的治療方式。兩年後，我有機會和她共處三個月，當時她工作的對象包括加拿大馬尼托巴省（Manitoba）、加拿大政府、健康組織、健康專業人士和公共大眾。

　　薩提爾出生於一九一六年，逝世於一九八八年九月。她出生在美國威斯康辛州（Wisconsin）的一個農莊，父母是德裔的科學家，信仰基督教。她是五個孩子中的老大，聰明、能幹，對生命和學習充滿好奇。她十六歲進入了密爾沃基州立教師學院（Milwaukee State Teachers College）就讀，一九三六年畢業，在二十歲之前取得教育學士學位。她做過許多份教

---

1. 編註：family therapy，現亦有人譯為家庭治療。

師職務，直到一九四一年，她進入芝加哥大學（University of Chicago）讀社會工作系，取得社會工作碩士後，便在芝加哥少女之家（Chicago Hone for Girls）工作了一段時間，之後就開始私人執業，並於一九五一年開始了她的第一次家族治療（Brothers, 2000）。

薩提爾隨後在伊利諾斯州精神醫學研究所（Illinois States Psychiatric Institute）工作，直到一九五八年她搬到加州。不久後，她就和美國心理學家唐・傑克森（Don Jackson）一起開心智研究所（Mental Research Institute，簡稱 MRI）。不僅薩提爾被認為是該研究所的創始人之一，心智研究所也持續成為家族治療運動中的主要機構。後來，她搬到加拿大的伊薩蘭研究院（Esalen Institute）成為一名培訓主任。一九六八年，她離開伊薩蘭，並開始致力於在世界各地舉辦工作坊（更多細節請參見 Brothers，2000 年的傳記草稿）。

薩提爾身為家族治療創始人之一，她的創意是世界公認的。她堅信人們擁有不斷成長、改變和獲得新理解的能力，她的目標是改善家庭中的關係和溝通。她曾說過在療癒家庭的過程中，我們也療癒了世界。她早期在心智研究所工作的時候，她的治療模式常被認為是以溝通為基礎，來理解和解讀家庭的失功能（dysfunction）[2]。遺憾的是，這個看法完全是對她生命最後十年所發展出的高度轉化系統治療取向（highly transformational systemic therapeutic）的誤解。一九六〇年代中期，薩提爾已經將溝通姿態的溝通取向擴展到包括情感、身心和靈性的領域。

薩提爾近期被稱為薩提爾轉化系統治療（Satir Transformational Systemic Therapy）的創始人之一，將諮商／

---

2. 編註：指功能失調或功能不彰，而非完全無功能。

治療視為是自己內在的深刻體驗。比起作家,她比較像一位教師和培訓者,所以她出版的作品未若同時期的一些人多。因此,我們非常榮幸能夠將她未出版的手稿公諸於世,促進專業發展,同時重新發表她已出版的資料。我們承擔此項工作並不僅是為了紀念她的貢獻,更重要的是運用她的智慧、她的洞察、以及她的世界觀,來幫助我們現在的專業助人工作。

薩提爾和莫瑞・鮑文(Murray Bowen)、奈森・阿克曼(Nathan Ackerman)、卡爾・華特克(Carl Whitaker)都被公認是家族治療的創始人。薩爾瓦多・米紐慶(Salvador Minuchin)和其他人稍後也加入這個行列。最近一個重要研究[3]列出了近二十五年最具影響力的治療師,其中薩提爾排名第五。她於一九六四年出版的《聯合家庭治療》(*Conjoint Family Therapy*)挑戰了當時只注重個體、不注重整個家庭的主流治療方式。她早期治療生涯的工作與其他家族治療師是非常不同的,她根據自己的經驗、信念和直覺能力,發展出一套風格和形式,來深入洞察人類渴望的核心和本質。她將個案看成是有愛心、關愛、掙扎、受傷的人,擁有內在的能量和資源,能夠學習,並改變自己的應對方式,進而過著一種更負責、更賦權的生活方式。

在此我們簡要地列舉一些薩提爾轉化成長模型的基本信念,以幫助讀者更貼切地理解她的文章。

1. 我們是宇宙生命力的獨特展現,生命力驅動著我們。

2. 我們擁有內在的資源,使我們可以超越基本應對層面,並駕馭外界資源得到成長。

3. 雖然我們不需要,有時也不能改變外在的事件和環境,但是可以改變過去和現在的負向生活經驗對我們的影響。

3.註:Psychotherapy Networker, March 2007.

4. 治療師要能夠而且必須在比症狀更深的層面上工作。治療師常必須在自身的層次上工作，才能帶來療癒和轉化。

5. 家庭系統是一個基本的學習和生存單元，因此，需要直接或者間接地將它涵蓋進治療中。

6. 改變總是可能的，至少改變通常需要從內在開始，即使是和夫妻及家庭一起工作。

7. 和人建立深度的連結，然後營造出一個開放、信任、接納的關係，是治療非常重要的成分。

8. 人的本質是好的，然而有時候他們需要幫助才能去體驗和展現這方面的自己。

9. 感受屬於我們自己，因此可以被駕馭，且通常可以轉化為正向的能量。

10. 治療師如何運用自己 [4] 是治療中最重要的成分。這意味著治療師需要發展出更高層次的一致性，並能運用治療過程中自己的生命能量和輕敲 [5] 個案的生命能量。

11. 問題並不是問題，如何應對才是問題。這一概念能更助益治療中處理症狀背後的潛在議題。它強調**存在**（being）非**做**（doing）。

12. 治療需要把焦點放在健康及可能性，而非病理的部分——不僅關注過去和現在發生了什麼，更關注未來可以成為什麼——進而成為更完整的人。

13. 希望是促使改變發生的必要成分或因子。

14. 人因相似而連結，因相異而有所成長。

隨著你閱讀本書的不同章節，能夠更清楚薩提爾轉化系統治療模式的陳述和其他觀點。

---

4. 編註：原文 the use of the self，亦有人譯為「運用自我」，本書內文均譯為「運用自己」。
5. 編註：有喚醒意識之意。

薩提爾提出了四個適用於她所有治療的基本、普遍性的總目標。簡要來說，這些目標聚焦於以下的部分：

1. **負責任**：幫助個案對自己的所行、所感、所想和所期待更加負責任，且更有能力滿足內心的渴望。

2. **更好的選擇者**：帶著更多的覺察和自我接納，甚至更多的自愛，個案能學習在我和他人的情境中，做出更好的、更健康的、更「全人」的選擇——心靈上和互動上。選擇能夠考量自己、他人和情境。

3. **自我價值**：幫助個案提升自我價值。按照薩提爾的定義，自我價值意味著人們在本質上如何正向的經驗他們自己和他們的生命，而不僅是他們感覺自己有多好。純粹地自我感覺良好可能會導致自我誇大式的自戀模式。而自我價值是一種**存在**（being）的狀態，包括與自己的一致，不只是與自己的感受一致。

4. **一致性**：一致性是一個人自己內在和諧的狀態。它與自己的生命力和諧共鳴。它與宇宙、所有的人類生命以及超越這些生命的力量連結。有些人會稱它為自我實現或者活在當下，但薩提爾稱它為內在和諧（peace within）、人際和睦（peace between）、世界和平（peace among）。

這四個總目標對個案來說，治療師和個案（們）會依據他們個人獨特的困境和渴望，設定個人和家庭目標。她在一九七○年代執行為期一個月的訓練方案，以及一九八○年代為期一個月的歷程性團體（Process Communities）計畫，主要都是針對這四個普遍性目標。

當人們想起薩提爾時，最常記得的是她是運用雕塑教溝通姿態的老師：討好（placating）、指責（bleming）、超理智（computing）和打岔（irrelevant）。在《新家庭如何塑造

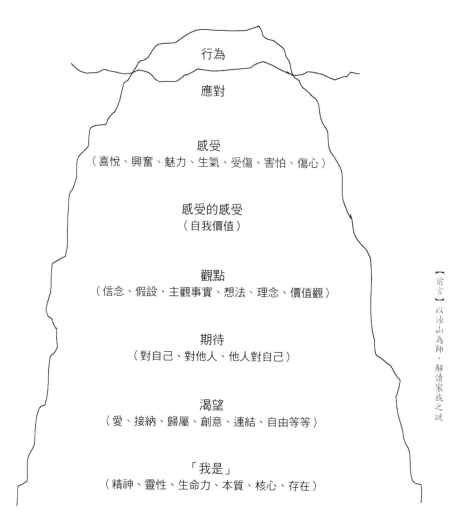

行為

應對

感受
（喜悅、興奮、魅力、生氣、受傷、害怕、傷心）

感受的感受
（自我價值）

觀點
（信念、假設、主觀事實、想法、理念、價值觀）

期待
（對自己、對他人、他人對自己）

渴望
（愛、接納、歸屬、創意、連結、自由等等）

「我是」
（精神、靈性、生命力、本質、核心、存在）

圖一　個人冰山隱喻[6]

人》（*New People Making*, 1988）一書中，她有非常詳盡的說明解釋。不要侷限地認為這些只是「溝通模式」，我們應將其看

---

6. 註：Satir, V., Banmen, J., Gerber, J. and Gomori, M. (1991). *The Satir Model: family therapy and beyong.*

作是訊號，它呈現的是個案生存狀態下的**冰山**，以及我們可以用來和個案建立連結的方式。

　　為了傳達她的思想、意圖、觀點和歷程，薩提爾常用隱喻的方式。她最常用的隱喻是雕塑（sculpting）——運用溝通姿態外顯內在狀態，並雕塑出失功能的關係。她在治療過程中另一種經常用的隱喻是冰山。

　　「冰山」代表一個人，包括這個人的行為、感受、感受的感受、觀點（想法和信念）、期待和渴望，而這些的核心便是自己（Self），即「我是」。在冰山的隱喻中，薩提爾涵蓋了精神（spirit）和靈性（soul）。靈性是心理和情感的複合體，構成了我們的內在生命，它翻譯自希臘語的**心靈**（psyche）。相對的，精神則是純意識，是自己，即真正的「我是」。

　　各種治療訓練會將焦點放在冰山的某一個層面，多過於另一個層面。然而薩提爾的重點則是包容和整合。冰山隱喻提供她一種涵蓋基本心理和精神的歷程，而這些是需要包含在她的轉化系統治療形式中的。

　　隨著時間推移，薩提爾發展出許多治療工具，特別是家庭重塑（family reconstruction）。它是一種經驗式的方法，幫助個人解決其兒時的未竟事宜，取回他的資源或力量，以及在人的層次上和父母建立健康的關係。關於這些歷程的著作相當多。[7]

　　薩提爾也發展了另一個強而有力的方法，稱之為「面貌舞會」（parts-party），這有助於整合和賦權給個體，以達到更高層次的完整感和一致性。這個方法一直在演變，可以運用於辦公室環境中的個人（Satir, et al, 1991）。現在它已經發展運

7.註：Wegscheider-Cruse, 1980, Nerin, 1986, 1993, Stair, Banmen, Gerber and Gomori, 1991, Banmen, 2006, Banmen, 2008.

用在辦公室環境中（Maki-Banmen, 200?）。

從外在溝通模式到內在溝通模式，薩提爾發展出**內在的互動要素**（ingredience of an interaction）（Satir et al, 1991），來幫助治療師和個案在一個人所經歷的各個內在階段上追蹤和處遇。

下面簡述薩提爾的五個基本的核心治療元素：

1. **體驗性**：治療必須是經驗性的，這意味個案體驗到過去事件對於現在的影響。同時，個案也體驗到他／她自己當下的正向生命力。通常，幫助個案體驗影響的方式之一便是身體記憶。只有當個案同時體驗到衝擊的負向能量和自身生命力的正向能量時，能量轉化才會發生。

2. **系統性**：治療必須在個案經驗他／她生命內在的和互動的系統中進行。內在的系統包括情緒、觀點、期待、渴望和個人的靈性能量，所有的這些都以系統化的方式相互作用。互動系統包括一個人在過去和現在生命中所經歷到的關係。內在和互動系統相互作用，一個系統中的改變會影響另一個系統。然而，轉化性的改變是內在系統的能量轉換，會進而改變互動系統。

3. **正向導向**：薩提爾的成長模式中，治療師積極地與個案連結，幫助他們重新框架觀點、創造可能性、傾聽他正向而普世共有的渴望、幫助個案與他／她的生命力連結。聚焦於個案健康、具備可能性、欣賞感激的資源，與成長的期待，而非病理或問題的解決。

4. **聚焦於改變**：薩提爾的治療聚焦於轉化改變，整個治療歷程所問的問題都和改變有關。例如：「你必須要做什麼改變才能原諒你自己？」，給個案一個機會去探索他／她內在系統中未知的水域。

5. **治療師的自己**：前文提到，治療師的一致性對個案接觸

他們自己的靈性生命力是很關鍵的。當治療師一致時，個案會體驗到關愛、接納、希望、興趣、真誠、真實、可信賴和積極參與。治療師以隱喻、幽默感、自我表露、雕塑和其他有創意的介入方法來運用自己具創意性的生命力，這些都來自於治療師在一致的狀態下與他自己的靈性自我連結。

本書中的十一個章節是按照一九六三年到一九八三年的年代順序編寫的。有些內容在其他書中發表過，其它則從未發表。

我有一個治療師的寫作小組，他們都受過薩提爾模式的訓練，我們定期會面，並鼓勵彼此寫作、提供回饋、進行一些計畫，像是出版一些教育錄影帶。團體成員盡可能地收集已出版和未出版的文章和章節，其中包含聖塔芭芭拉加利福尼亞大學（University of California, Santa Barbara）薩提爾檔案館的協助。這個大學也收藏了許多人本主義心理學家卡爾・羅傑斯（Carl Rogers）的檔案資料。

我們手邊有超過三十篇已發表和未發表的文章，並精選了十一篇收入本書。有些文章看起來像同一素材的不同版本，有些重複性很高，還有些則是她早期的手稿。我們揀選編入本書的部分，是團隊認為最好的。每個成員負責一章並寫引言，其中一個成員為兩章寫了引言。每個成員也都參與各自負責的章節編輯工作。所有的章節都按時間順序呈現，讓讀者體驗一場薩提爾的智慧之旅。每章都由當代的從業者寫簡短引言，簡單介紹正文的內容以及重點。

最後，所有章節的資料來自現場演示、未發表的手寫稿、早期已發表的文章，我們雖然做了非常多的編輯，澄清重要的訊息，但都沒有干擾她生動的溝通方式。

本書第一章〈思覺失調症與家族治療〉，最早發表於一九

六三年。維琴尼亞・薩提爾發現並主張必須與整個家庭一起工作，她將症狀視為是作用力和反作用力的一種形式，並且可以透過系統的處遇來解決。

第二章〈視家庭為一個治療單位〉，薩提爾讓讀者體會開放的和封閉的家庭系統，以及僵化的溝通規條通常是如何阻礙個體和家庭的健康，以及可以對它做什麼。

第三章〈家庭系統與家族治療取向〉，薩提爾回顧了一些治療史，同時分享她在心智研究所工作時對家庭系統的想法。對於和他人溝通時我們個人內在歷程的評論，她可能是先驅。這後來被稱為**互動要素**（Satir et al., 1991）。

第四章〈我，一個家族治療師的成長歷程〉，薩提爾描述她如何違背一些「基本規則」，從脫離主流的精神分析到會見她的第一個家庭的歷程。同時，她發展年代史的運用，提供家庭成員一個可靠的方法，將家庭放置於時間和脈絡之中（Satir et al., 1991）。她也提出隨後發展出來的幾個重要的處遇方法

第五章〈讓單親家庭運作〉，薩提爾描述一個單親家長如何創造出一個完整的環境，以及如何滿足孩子的需求，包括適應這個新生活所需的靈性需求。對於離婚率遠超過三十年前的現在，本章對當前的治療師來說是非常有用的指南。

第六章〈聯合家族治療〉，薩提爾再次談到在家庭系統內的工作，改變系統而不是**矯正**症狀。透過讓每個人自我價值提升的體驗，家庭成員會接納自己和彼此，發展出開放、支持和充滿希望的關係。薩提爾描述健康家庭的樣貌，以及治療師在透過歷程而非行為結果，促進家庭成員改變所參與的部分和扮演的角色。

第七章〈一個家族治療師成長歷程的面貌描述〉，薩提爾分享一些她自己取向的早年歷史和經驗，以及她一路以來所遇到的其他家族治療創始人。她著重治療中的健康取向，運

用曼陀羅（Mandala）描述她所謂健康的八個部分（Buckbee, 2007）。

第八章〈治療師與家族治療〉，薩提爾講述了她的信念，包括所有人都可以成長、我們都有可以改變的資源、症狀是生命能量之流受阻的訊號，實際上也是為了（失功能的）生存而存在的。整章從歷史發展的脈絡下來撰寫，描寫許多她在治療中使用的方法、處遇和信念。並用一個早期的會談來示範她的信念和方法。

第九章〈當我遇見一個人〉，薩提爾反思了她最近會見一個家庭的經驗。當進行治療時，她呈現許多她的信念、風格、方法以及她治療時的內在體驗。她解釋運用個案能量場的方式很像當今的能量醫學（Orloff, 2004）和能量心理學（Feinstein et al., 2005）所做的工作。

第十章〈治療師運用自己〉，薩提爾強調治療師需要一致性的（Banmen, 2007）和個案的自己（參考前面描述的冰山隱喻）層次和渴望層次連結，並運用生命能量來達到一些轉化式的改變。運用自己在治療文獻中成為一個重要的主題（Balwin, M. (ed.), 2000）。

第十一章〈治療師的故事〉，薩提爾繼續強調治療師運用自己與家庭及其成員建立療癒關係，以及運用自己在治療中是如何得以且需要對治療具有正向價值。

能將薩提爾的作品帶給專業人士是我的殊榮，有些文章還是首次公開發表。她逝世距今已有二十年了。她的話語、她的洞見、她的訊息在二十一世紀的今天仍然是如此有助益、適用和具啟發。現在，我不再更做說明，而是邀請身為讀者的你一起去欣賞維琴尼亞・薩提爾話語中的智慧。

主編　約翰・貝曼

2008 年 1 月

約翰‧貝曼（John Banmen, R. Psych., RMFT）是一位享譽國際的作家、治療師，教育工作者。他的培訓計畫把他帶至亞洲、歐洲、南美洲及北美洲等十多個國家。他一九九一年與薩提爾合著的《薩提爾的家族治療模式》一書於一九九四年榮獲美國婚姻與家庭治療協會（AAMFT）／薩提爾研究及教育獎。他是《沉思靈想》[8]和《薩提爾冥想：內在和諧、人際和睦與世界和平》（*Meditations of Virginia Satir: Peace Within, Peace Between, Peace Among*）的編輯。

貝曼博士是加拿大哥倫比亞（BC）婚姻和家庭治療協會的創會主席，前美國婚姻與家庭治療協會（AAMFT）董事會成員，前加拿大哥倫比亞心理學協會董事會成員，現任國際家庭治療協會董事會成員和太平洋薩提爾學院培訓總裁。

貝曼博士是香港大學榮譽副教授，他曾在加拿大哥倫比亞大學執教二十一年。他是美國婚姻與家庭治療協會認可的督導，他督導諮商師、心理治療師、家族治療師。他也在三角洲、哥倫比亞、加拿大執業，提供個人和家族治療。

最近出版的《薩提爾成長模式的應用》[9]和《薩提爾系統轉化治療》（*Satir Transformational Systemic Therapy*）兩本書均由貝曼博士所編輯。他目前正把大部分時間都放在中國大陸，擴展薩提爾模式（STST）的運用。

【前言】以冰山為師，解讀家族之謎

---

8. 編註：張老師文化出版。
9. 編註：心靈工坊出版。

【參考文獻】

Baldwin, M. ed., (2000). *The use of self in therapy*. 2nd Ed. New York, NY. Haworth Press.

Banmen, J. ed., (2006). *Application of the Satir growth model*. Seattle, WA: Avanta: The Virginia Satir Network.

Banmen, J. ed., (2007). *Satir transformational systemic therapy*. Palo Alto, CA: Science and Behavior books, Inc.

Brothers, B. J. Virginia Satir. In Sudh, M., Dodson, L., Gomori, M., ed. (2000). *Virginia Satir: Her life and circle of influence*. Palo Alto, CA: Science and Behavior books, Inc.

Buckbee, S. An overview of the Satir mandala. In Banmen, J. (ed), (2006). *Application of the Satir growth model*. Seattle, WA: Avanta: The Virginia Satir Network.

Feinstein, D., Eden, D. and Graig, G. (2005). *The promise of energy psychology*. New York, NY: Jeremy P. Tarcher/ Penguin.

Nerin, E. F. (1986). *Family Reconstruction: Long days journey into light*. New Yorik, NY: Norton and Company.

Nerin, E. F. (1993). You can't grow up till you go back home. New York, NY: Crossroad.

Orloff, J. (2004). *Positive Energy*. New York, NY: Harmony Books.

Satir, V., Banmen, J., Gerber, J., Gomori, M. (1991). *The Satir model: Family therapy and beyond*. Palo Alto, CA: Science and Behavior Books, Inc.

Wegscheider-Cruse, S., Higby, K., Klontz, T., and Rainey, A. (1994) *Family reconstruction: A living theater model*. Palo Alto, CA: Science and Behavior Books, Inc.

第一章

思覺失調症與家族治療

引言人：桑迪・諾瓦克（Sandy Novak）
美國那洛巴大學（Naropa University）兼任資深講師

「看起來很簡單！」是我們最常聽到對於薩提爾工作的形容，然而那些深入研究她模式的人卻發現，簡單的背後是那麼地深奧。

本章中，也許薩提爾最大的貢獻就是她所呈現的核心價值。她打破傳統心理學（佛洛伊德的驅力理論），提出開創性觀點：我們是根據家庭給予的「藍圖」來發展自我感（sense of self），包括我們如何看待世界、看待自己、看待關係中的自己。基於這個洞見，她建構出轉化治療（transformational therapy），因為如果我們要擺脫原始藍圖中的失功能因子，就需要轉化這些內化課題。

薩提爾對人類本性的另一個深刻見解是，她觀察到家庭中的不一致性（incongruence）對於成長中的孩子的影響。一九五○年代，英國人類學家格雷戈里・貝特森（Gregory Bateson）和他的小組進行的一項研究指出，思覺失調症是由於父母其中一方傳遞給孩子不一致的訊息，為孩子帶來的「雙重束縛」（double binds）造成的。薩提爾注意到父母經常會有不同的意見或作風，如果他們不承認這些差異，就會出現問題。不知何故，孩子必須統整自己的經驗並理解這些不一致。本章中，針對貝特森小組的研究，薩提爾發展出另一個替代理論。她觀察到父母兩人是

受到規條約束，這些規條不允許他們公開批評對方，甚至不能表達不同意。父母成為彼此複製品的這個印象，反倒引發了兒童的症狀行為。由於沒有兩個人是完全相同，孩子感受到不能說的差異，因而表現出這種「假象」。

薩提爾的文章裡對健康、功能良好家庭的組成要素，有非常豐富、有助益的描述：在這樣的家庭中，差異是可以提出來詢問、接受面質、得到尊重。早在壓力成為流行語之前，她就為我們系統地定義了壓力。

她向家族治療師提出挑戰，要他們在自己的一致性下功夫，她所發展出來的觀點，也是她後期工作的主題：著重在治療師如何運用自己。

對所有在心理衛生領域工作的人來說，家族治療是解決舊問題的新取向。我將它定義為一種方法，透過這個方法，一個被指認[1]有症狀的個案，和家裡所有成員，都被要求一起前來治療。

個案應該和整個家庭前來會談的這個理論，是基於一個前提，那就是個案的症狀既是個案自己的呈現，實際上也呈現出他對父母行為、互動和反應的解釋。當我使用「父母」這詞時，我總是想到三個同時存在的關係：男性和女性、丈夫和妻子、父親和母親。跟家庭一起會談就可以了解每個成員的行為，以及各自是如何反應的，而症狀其實就是行為和反應的一種形式。

1.譯註：或稱「被認定」或「帶有症狀」的病人，他／她的病或症狀其實是家庭系統壓力的展現，所以他／她並不是真的病人。

「思覺失調家庭」是指家中有一成員在臨床上被標籤為「思覺失調」，但用一般的方式來描述這個家庭，可以是思覺失調孩子的父母（當然，這個孩子可能超過二十歲）好像嚴格地受到規條約束，不允許自己公開、直接批評對方，也不允許自己表達出跟對方不同的意見，因而創造出一個父母是彼此複製品的印象，他們不能承認的差異、不能說出口的批評和意見分歧，都以諷刺和偽裝的方式，反映在孩子的行為中。

沒有兩個人是完全一樣的，若丈夫和妻子要維持這樣的假象，他們之間、和孩子之間、和外在世界都沒有意見分歧、沒有差異、對彼此沒有批判，就會反映在孩子的行為上。父母對所謂完美的描繪，暗示著完全相似，彷彿是對孩子說：「跟我一樣。沒有憤怒。沒有意見不同。」要試圖做到這一點，就會與現實、成長、個人和性的發展完全不相容。個案必須發展出可以適應這樣期待的行為模式：「我在成長，我沒有在成長；這是真實的，這不是真實的；我是個體、我不是個體。」

從家族治療的脈絡來看，思覺失調是家庭失功能的許多症狀之一。就像其他症狀，這是對一個人的註解——他的成長被扭曲了——同時也是一個求救訊號，向那些對孩子有生存意義的人（如：父母）提供線索，告訴他們孩子正在受苦或遭受困擾。如果我們認為思覺失調是一個症狀，對於那些觀察個案並與個案互動的人來說，「思覺失調」則是一個描述的術語，標示個案奇怪的行為舉措。在其他背景下，其他症狀也帶著訊息，例如一個人的行為不對勁（心身疾病）、愚蠢的（心智障礙、低成就）、不良的（違法、犯罪、酗酒、吸毒）。隨著症狀的不同，家庭互動也會有所不同。

個體心理治療的概念通常針對的是，有症狀的這個個體其症狀的學病因。相反的，作為家族治療的實踐者，我認為症狀是家庭學習系統的結果，這個系統涉及了父母與子女，因為對

孩子來說，父母是他們賴以生存的倚靠。父母是發育中嬰兒學習藍圖的模範。這藍圖是從孩子形塑關於標籤的概念（他所稱的事物、人和想法），以及他附加於那些標籤的意義演變而來的，而孩子為標籤附加的意義就是我所稱的編碼歷程。他學會在自己的私人世界和外部世界中，給自己和他人貼上標籤並**編碼**。即便有些人試圖否認，每個個體仍是獨特的。不可諱言地，每個父母長得不同、說話方式不同、想法不同，而孩子必須將所有這些整合到自己的藍圖中。孩子能否輕鬆地做到這一點，取決於父母的技能，他們是不是能夠認同彼此的差異，而且明確標記並整合，以達到共同期望的結果。順便提一下，我應該補充的是，所有家庭都必須正視學習的悖論，孩子不知道其實父母也不知道孩子並不理解為什麼自己這樣做。孩子的行為就像父母所看到和認識的他，因為他也是如此認識並看待自己。父母的行為就像孩子認識和看到的他們，因為他們也是如此看待自己的。直到孩子或父母一方出現意料之外的行為時，才會發現這些錯覺。然而，這種令人驚訝的行為之所以會發生，是因為孩子的行為和成長程度是一致的，父母的行為則是與成年人許多習慣性的自動化反應一致，只是孩子還沒有學會理解父母的這些反應。這種「不知道」的困境可以成為另一種積極學習的方式，孩子發展出屬於自己的藍圖，前提是父母和孩子能夠直率明確地相處。

孩子發展藍圖的方式，是藉由聽到父母分別說的話、一起說的話，或他在場時父母對其他人說的話；也透過父母分別在他面前、一起在他面前直接對他說的話，以及父母分別在他面前、一起在他面前允許他做什麼；孩子是在這些情境下尋求整合自己的經驗。到目前為止，我們基於對家庭的研究，概述了孩子發展藍圖時大致是透過這五種方式。一個孩子或許會拒絕母親的方式而接受父親的方式，或者相反，拒絕父親的方式而

接受母親的方式，第三種可能則是拒絕父母親而選擇祖母、哥哥姊姊或者不是家人的某人，例如老師或觀護人，做為榜樣。在運作良好的家庭裡，孩子會從父母親身上得到適合自己的東西。思覺失調的解決方案是既不選擇母親也不選擇父親，孩子表現得好像他們都是一樣的，因此試圖將父母所呈現的同一性的錯覺視為現實。孩子所反映出的這種現實其實就是一種幻覺、假象。

父母是不是能清楚明白自己的差異，將成為決定這些差異會不會導致孩子行為良好或失功能的重要因素。思覺失調的家庭表現得好像沒有任何差異。臨床上，他們的互動似乎是透過禁止和抑制來運作。在失功能的家庭裡，父母通常缺乏自我價值，而在思覺失調的家庭中，低自我價值禁止意見不合，因為意見不合經過編碼後的意義是「你不好」。在這樣的家庭中，表面上同意可以保護每個人，不會感覺自己不夠好，並讓同一性培養出良善和完整的必要假象。

我相信很多家庭都是以這種方式運作，沒有任何人出現思覺失調的症狀，但我認為可能是因為沒有外界的壓力。我將壓力定義為任何難以整合的必要改變。所有家庭都知道，即使是快樂的事件，例如新生兒到來，也會帶來必要但暫時的壓力變化，儘管如此，對這個改變的感受卻會因為快樂而緩解。然而，在思覺失調的家庭中，任何新的要求都被解讀為是種失落。如果要求是因不幸事件而起，例如災難、家中有人死亡、家道中落、經濟困難等，無法面對不幸事件的感受令人難以招架。所以，如果一個患有思覺失調傾向的家庭幸運地沒有經歷一系列壓力，那麼很可能就不會有人發展出不適應的症狀。

所有失功能的家庭在處理意見不合、接收和給出批評、展現個別性等方面都有困難，導致他們難以表達自己身為男性／

女性的角色、難以拿捏依賴和獨立、難以面對權威。思覺失調的個案會反應出這種種混亂、困惑，表現得好像自己既弱小又強大、既脆弱又堅強，既是男又是女。

家庭中的每個人都有一個溝通系統、一個預設系統（premise system）、一個編碼系統和對結果的期待。溝通是兩個人給予和接收意義的歷程，並檢視與對方有關的意義，**編碼**是一個人賦予自己的標籤的訊息意義。**預設系統**則是一個人對他人的印象所做出的結論，以及他相信其他人對該人的印象。系統運作如同一系列的鏡子，人們提出了複雜的問題：「我怎麼看我自己？」、「我怎麼看你？」、「我怎麼看待你如何看我？」、「我如何看待你眼中所看到的我是怎麼看待你的？」

夫妻之間不可能有完全一致的預設系統，他們必須學習找到並為對方的系統騰出空間，同時學習如何面對彼此之間的差異，如此一來才能達到他們想要的共同結果。清楚彼此之間的差異能夠創造出兩人成長的機會，讓彼此更靠近。如果夫妻不能接受差異，又不能清晰明確，兩人之間沒有探究的衝突和混亂就會導致自己和子女成長時的扭曲。接受彼此的差異也意味著，兩個人的選擇是建立在什麼是合適彼此的基礎上，而不是誰對誰錯。如果兩人都用指責對方的方式來面對差異，衝突會使對方覺得孤立、遭到貶低、無能。

完美的溝通很明顯地是不可能的！如果一個人的言語和表達透露完全不同的意涵，也就是說一套，但聲音或手勢似乎意味著另一套，那麼他展現的就是我所稱的**不一致表現**（incongruent manifestation），談話的對象會收到**雙重訊息**（double-level message）。對整體都不滿意的互動是一種**矛盾**（discrepancy），但這樣的矛盾很容易解決，前提是兩個人都能夠清晰、明確。「你真的是這個意思嗎？」或「你真正的意

思是什麼？」或「你看起來不是真的那個意思」這些都是我們面對矛盾時常說的話。通常，只要問問題的人能夠明確，雙重訊息便能獲得澄清。

然而，失功能的家庭中，矛盾是無法釐清的。父母親不一致地表達自己，孩子因此接收到雙重訊息。當一個人所說的話不符合事情看起來或聽起來的樣子，這種狀況就會發生。如果一個女人以不友善的方式擁抱孩子的同時，卻對孩子說「我愛你」，孩子便會接收到雙重訊息。溝通分析就是在處理這種類型的矛盾。

第二種不一致的類型展現在一個人所看和所說的不符合情境。比方說，父母給孩子泳衣時卻說「別靠近水」。我們對這種類型的矛盾的解釋是和個人的編碼系統有關。穿上泳衣就是要去游泳的，但卻被告知不能靠近水。由於思覺失調的編碼系統是嚴重扭曲的，如果一位母親給思覺失調的孩子一件泳衣，我們會從孩子否認有水可以游，或者坐在有湖的圖片上看到他的扭曲。

另一種不一致則是，一個人的外表、聲音以及作為，並不符合自己身上的標籤。因為功能和標籤不符，我將之稱為**角色－功能矛盾**（role-function discrepancy）。如果父母叫三歲小孩為大人做決定，就像是要求這個被標籤為「孩子」的人，要表現得像大人一樣，孩子因此陷入極其艱難的境地，因為他所認知的大人對他的期待，並不是真實的自己。

所有這些矛盾都存在思覺失調症中，也會以其他的形式和程度在其他症狀學中出現。無論這種差異矛盾是何時出現在孩子的生命中，他都無法以一種能發展出屬於自己的獨立性、威權或性取向的方式長大。

所有人類交流都存有矛盾、不一致。家庭運作良好和不良的差別在於，家裡是如何評價矛盾或差異。運作良好的家

庭，做決定時是依據什麼是最合適的，而不是誰是對的，處理差異的方法便是清楚溝通。做決定的歷程時間點、情境和每個人對現實的觀點有關。用一個簡單的例子來說明，當孩子表示早餐想吃羊排，他也能夠接受其他人希望羊排是晚餐，家長並不特別在意哪一餐吃羊排，當然可以在某個時候吃羊排，孩子也就可以選擇在什麼時候享受最喜愛的美食。一個良好運作的家庭，每個人都能夠根據自己的年齡，在需要、願望、資產和責任等方面，在特定情境中發現自己，並為自己做出選擇和決定，他能夠為自己的選擇和決定、結果負責任。換句話說，這個功能良好的家庭中的每個人，學習當自己的主人、掌控自己。

當今使用互動概念的治療有兩種，一是家庭治療，另一則是**團體治療**。既然兩種治療都是團體取向，治療師能夠觀察到個案之間的互動。團體治療的特性是由一群同儕的個案所組成；家族治療則是由一群個體組成，包含同儕和非同儕、有權者和無資源者（強者和弱者）、老和少。透過觀察成人和孩子之間的互動，治療師不僅能夠看到每個人的位置，以及他們是如何看待現在的自己，也更容易檢視出這些觀點的依據從何而來。此外，在家族治療的架構下，透過詢問家中每個成員是如何展現不一致時，有機會仔細分析每個人的內在想法和感受，也可以進一步分析差異。治療包括了治療師明確呈現差異的存在，並透過探索性問題，學習每個成員是如何解讀差異，以及他們對這些差異在他人和自己身上又是如何呈現的想法。

當治療師和個案工作時，他是互動的一部分，因為僅有兩個人。治療師要專注個案和自己的互動，並不容易。他不僅要聽個案分享內在的想法和感受、對這些歷程的解讀，還必須能夠理解或試圖理解個案的哪些反應是被治療師的行為觸發的。

由於任何人都難以就自己的外表長相和聲音語氣做出真實可靠的報導（只是因為沒有人能夠客觀地看待自己），所以他只能是個有權威的記者，報導他的意思或感受。一個簡單的例子便是聽錄製自己聲音的錄音帶，明明聽到的是不熟悉的聲音，卻又是自己的聲音，而且其他人輕易就能認出這些聲音。

和個案工作的臨床工作者，都有這個經驗，那就是從個案的外觀和說話方式，尋找對方是如何思考和感受的線索，並去比對個案說了什麼。當治療師辨識出矛盾時，便能清楚地問：「個案真正的意思是什麼？」

個案家裡的成員都處在相似的矛盾之中，都收到雙重訊息。治療師的優勢在於他所說的內容不受相同規條的約束，因此能夠明確表達他所看、所聽、所感和所想，能夠直接評論差異。

比方說，一位思覺失調的個案，在家族治療的會談中可能會說他只有一隻眼睛。治療師可以將這句話解讀為，個案試圖表示他只有部分得到他人的理解，由於父母一方不理解另一方，所以他們只給他部分的圖像，或者因為他是不完整、無能的，父母不能接受他。

在所有失功能的家庭中，彷彿有反對評論和／或直接評論的規條，治療師必須找出這些差異的明確含意；也就是說，要找出意義和所表現出來的行為之間的關係；還要找出表現出來的行為和被期待之間的關係，以及被期待和所有家庭成員之間正發生的事又有什麼關係。

臨床工作者和個案工作時可以觀察到差異，但在自己身上看到差異反而是更困難的。甚至，有可能在沒有覺察的狀況下表現得不一致，個案因此接收到雙重訊息，再次處於面對原生家庭時相同的兩難之中。這也說明了運用團體的兩點好處：第一，由於治療師面對不只是一個人，他能建構出清楚的圖

像，個案是如何展現出不一致，接收到雙重訊息又是如何反應。第二，如果治療師發現自己容易受到相同的不一致的影響時，便能夠自我檢視。

此外，治療師認為自己可能是上帝、母親或者法官的絲毫想法，都會讓他輕易透露出雙重訊息。如果他表現得像個法官，就會假定自己知道什麼是對的。如果他表現得像母親或家長，便會讓自己像是一位滋養者和萬能者。如果他認為自己是上帝，就會發出自己是無所不知的訊息。只是沒有人是萬能或無所不知的，而且也沒有絕對的對或絕對的錯，因此任何關於上帝、母親和法官的訊息本身就是雙重訊息。每個治療師所面臨的棘手問題是如何成為一個專家，而不需要無所不能、無所不知或提供滋養，也不需要建議什麼是對或什麼是錯的。我認為治療師要免於上述問題的最佳方式便是運用自己，示範給予和接收意義的歷程，同時增加自己對於人類成長和發展、互動和溝通的專業知識。

治療師的主要價值觀之一是，他從未參與個案最初的生存狀態，或牽涉個案最早的藍圖，現在更不可能做到。他是一個外來的人，必須有所反應，因為不管是誰和他一起，他都不能不和這個人互動。每個人都有如何整合外來者的過程，觀察這些過程有助於治療師根據個案現在所在的成長層面，知道他們在自主性、權威性和性方面的發展。

無庸置疑地，現在針對思覺失調的家族治療技術和其他症狀的治療技術，並沒有什麼區別。當然，有些症狀是需要特別著重家庭整合的特定面向。舉例來說，在思覺失調的家庭中，治療師必須仔細探索個案的預設系統，好讓個案能從現在對自己的觀點中「解套」，這是從他各別的模式中學來的；這個模式否認差異、呈現完美圖像、拒絕個別性。在這樣一個家庭能夠承認差異的存在，並明確展現之前，更多的挖掘探究是

必須的。

　　處理思覺失調或任何人格疾患症狀的一個主要問題是，症狀長期以來已被體制強化。我們現在開始重新用新的角度看待心理問題的診斷和治療，重新審視我們一直在做的事情以及如何做。在我們社會中，針對心理衛生的家族治療取向的應用，和預防、臨床實務、心理衛生服務組織、臨床醫生培訓、對人類行為的理解等等皆有關，而且必然和症狀學也有關。

　　心理衛生服務包括精神病學、心理學、社會工作、諮商服務，簡而言之，是所有僱用那些配帶著「助人」標誌的人的服務。若家族治療取向可以更廣泛地應用，一個顯見的變化就是在安排心理衛生服務時，不會把家庭拆成不同部位來進行。如果我們的機構可以合組成處理人的問題的綜合中心，在那裡全家都可以獲得治療的話，那麼不同的專家便能像他們在綜合醫院一樣提供專業知識。不幸的是，目前的社會服務組織反倒是協助製造我們想要緩解的問題，一個孩子進入機構、另一個孩子到兒童輔導門診、其他家庭成員進入社會福利機構的情況並非罕見。在這樣的困境中，實際上，雖然這三種不同處遇都能達到自身的平衡，結果卻可能是家庭因為接受治療而分割了。常見的情況是，家庭成員各自見到不同的治療師，在治療師層面上創造了家族治療，治療師變得非常聰明，但個案呢？

　　預防治療是非常重要的，家族治療取向的優勢便是它讓治療師能夠辨認其他家庭成員的初期症狀。在家庭治療背景下，有可能阻止其他家庭成員繼續發展病理症狀。若家庭成員能夠一開始都參與治療，診斷和臨床治療就會變得更有效，因為沒有單獨或是相互矛盾的診斷，而能節省許多時間，重複做工的狀況也會減少。機構功能分散（diffusion among agencies）、把家庭分割成不同部位，都可能讓家庭失功能的狀態延續下去。

如果臨床工作者受過家族治療取向的訓練，並熟悉家族治療的技巧，除了心理學之外，他們還會學到團體互動、溝通歷程及語義學。

家族治療取向提供了一個學習人類行為的新機會，因為這些行為不僅呈現的是個人內在，也呈現其和他人的互動。希望這些機會使我們更能了解人類行為與症狀發展之間的複雜關係。

第二章

視家庭為一個治療單位

引言人：斯圖爾特・皮德克（Stuart Piddocke）博士

退休人類學教授

　　我並不知道這篇文章是在什麼時候、什麼狀況下完成的，參考文獻的最後一筆日期是一九六四年。然而，不管何時完成，這篇文章都值得閱讀，文中關於聯合家族治療的陳述清晰明確，治療不僅針對個人，也針對這些個案所屬的家族群體。薩提爾著重原生三角（父親、母親和小孩），在後來的著作中，她的想法擴展到其他更複雜的家庭結構（見本書第三章和第四章）。

　　本篇文章請我們將每個家庭視為動態過程，而不是靜態結構。家庭自身有維持做事方式的規條，而家庭成員不僅用這些規條來維持或改變自己在家中位置、維持自己的身份和生存，也用來維繫家庭持續的發展（即使不一定是幸福的）。這樣的觀點完全符合社會人類學對家庭的看法，家庭是社會在維持和改變自己的維繫過程中正在進行的一部份。同時，這個觀點直接影響的關鍵議題，包括個人與群體行為之間或微觀與宏觀系統之間的關係，也是一九六○年代當道的社會人類學和社會學思想。

　　薩提爾在文中將治療形容為一種規範過程，即將個體和群體從標記為「失功能」和「異常」的不受歡迎狀態，轉變為標記「運作良好」和「一致性」等受到期待或更好的狀態。運作良好的家庭支持每個人個

別性的發展，這和為了符合群體行為模式的「適應」或「調適」相當不同。對薩提爾來說，真正的治療必然會促進成長。

在心理治療中，以家庭為治療單位似乎是經驗和研究必然的結果，在這些經驗和研究中，相關人類行為所得的新知識採用了不同取向來看待行為意義和因果關係，使得不同的治療程序成為可能。

將家庭視為一個治療單位的意思是，讓所有家庭成員在同一時間、同一地點聚集，一起見一位治療師，或是和男性、女性治療師共同工作。整個家庭被視為是一個系統，畢竟這個系統最初是由一個成年男性和一個成年女性一起發展出來，他們是家庭的「建築師」。

家庭成員的症狀在特定時間等同於家庭系統運作不良的一種註解。有症狀的當事者，也就是被指認的個案，被視為是成長扭曲、否定或挫折的訊號。同時，他也發出訊息，表達他和賴以生存對象的關係是痛苦、不自在和令人困擾的（賴以生存對象指的是供給和持續提供滋養、經濟支持和指導功能的人）。家族治療所採取的主要治療方法是應用和互動、交流溝通有關的概念和程序。

開始關注一個家庭系統時，我們可以提醒自己，每個家庭的每個成員都無法避免的忠於自己的家庭系統，只因為那是他生命開啟的地方。若系統是開放的，他就能夠在成長過程中善用。隨著生命成熟發展，他移出遷入移出遷入……直到最後離開，然後，自己成為建築師，建立原生家庭系統的分支，在其他情境下和其他人互動。

家庭要以一個開放系統的狀態存在，需要規條（rules），允許開放、直接、明確且合宜地面對改變。由於生命和生活的

本質不可避免會發生三種變化，我們需要擁有擴展和重塑的能力。這三種改變包括：

1. 個體成員內在的變化：例如在出生和個體成熟的過程中，感知並行使權威、獨立、性和生產力時發生的改變。

2. 家庭成員之間的變化：例如，大人和小孩從出生到發展成熟期間的關係、孩子出生前後夫妻的關係、一個人生病或受傷，或夫妻年齡增長時。

3. 社會環境所要求的變化：例如，戰爭、新工作、學習、鄰居或國家、新制訂的法律。

如果家庭系統是封閉的，為了應對這些不可避免的改變，家庭會試圖維持現狀，從而否認或扭曲這些改變，因而造成現存的改變與承認改變之間的矛盾。在生命和關係繼續往前之前，必須先處理這道兩難問題。

因為必須正視改變，一個家庭系統若沒有可以發揮功效的方法來吸取改變，就會採用失功能的方式。一般來說，若一個系統的規條是要求用過往的方式看待現在，就會失功能。如果系統的規條是可以因應現狀而改變，就會運作良好。而失功能的家庭面對改變時，症狀就會產生。

初期，行為問題的治療（偏差行為）是針對有症狀的個案，直到兒童輔導診所出現，有症狀的孩子和母親一起接受輔導後才改變，接著才又把父親納入治療程序裡。後來，婚姻諮商或婚姻治療（包括丈夫和妻子）開始了。

現在我們對家族治療有一些概念了，包含個人和他們各自扮演的角色：夫或妻、父或母、子女、兄弟姊妹。更進一步，我們從原生家庭經驗所得到的結論會影響我們如何選擇配偶、如何育兒教養。症狀是關於帶有症狀的個人、他的家庭、家庭系統的規條的整體彙報。要理解症狀，不僅要理解帶

有症狀的當事人，也要認識他的家庭和家庭系統。

這表示，如果父或母已經有症狀，諸如精神狀態異常，他／她在婚姻裡和育兒親職上都會遭遇障礙。同樣的道理，孩子的症狀意味著婚姻關係的失功能。因此，透過將整個家庭聚在一起，我們可以同時提供治療方法和預防措施。

我們相信，透過觀察和學習家庭的溝通，可以發現規範每個人行為的規條。家庭系統的規條是關於：

1. 自己和自己的展現，「我如何呈現」；
2. 對自己和他人的期待，「我可以期待你什麼」；
3. 自己和對家之外的世界的運用，「我如何走出原生家庭」。

家庭成員不一定意識到這些規條，我們相信這些規條是透過互動的經驗才形成，是每個人試圖生存、成長、接近他人和創造時學來的。

因為每個人並不是帶著和他人這樣互動方式的藍圖來到這世上，而是從一出生必須在成長過程中發展出來。一開始，這頁藍圖是由身邊的人所勾勒出來的，這些大人透過滋養、經濟支持、指導孩子的行為、提供他可成為的樣子的榜樣，來確保他的生存。

大多數成人對於自己是如何成為孩子心中的榜樣的重要性，幾乎沒有什麼概念。他們的行為舉措就像孩子只看到、聽到大人要他看到、聽到的東西。如果大人彼此之間的應對、面對外界的行為表現，跟他們要求孩子的行為並不一致的話，孩子是會感覺到之中的差異的。此外，由於孩子受到的限制包括：如何轉述紀錄、還沒有能力判斷，以及缺乏一套完整的紀錄符號，大人可說是受騙般地相信，自己已經成功標示好孩子應該看到和聽見的訊息了；換句話說，父母相信，只要自己沒有直接指引孩子去看去聽，孩子就不會看到也不會聽見。在家

族治療中，我們認為孩子的症狀雖然是扭曲的，卻是對他們所經歷和正在經歷的差異明顯可見的詮釋。孩子必須面對這些無法公開表達意見的重要差異，否則就無法成長。差異本質的線索可以在家庭如何溝通中找到。我們透過觀察和理解溝通的**涵義**來分析，如何透過使用文字、聲音語調、臉部表情、緊繃的身體和狀態，來給予並接收訊息，以及彼此是如何核對訊息的意義，然後檢視結果：溝通歷程中真正發生了什麼，什麼是共同決議或彼此理解的。

接下來，為了闡明這些結果是如何演變而來的，我們研究特定歷程：

1. 每個人是如何展現出自己的獨特性和個別性？
2. 如何做出決定？
3. 如何應對差異？換句話說，我們試圖辨別以下的規條：
    a. 表現自己，並認可其他獨特性和個別性。
    b. 做決定。
    c. 承認差異的存在，對差異有所反應，運用差異。

在治療中，我們的目標也關乎家庭溝通的分析，企圖在家庭系統中產生三個改變：第一，家中的每個成員都要能夠在他人面前展現一致性、完整地表達對自己和他人的所看、所聽、所感和所思。第二，每個人都能談論並連結起自己的獨特性，如此一來，在做決定的過程中就能夠充分探索和協調，而不是取決於誰有權力。第三，差異可以獲得公開認可，並運用於成長。

當這些改變可以達到預期的效果，家中的溝通便會發展出**合宜的結果**，意思是所做出的決定、所表現出來的行為，都符合年紀、能力、個人角色、當下情境，以及家庭未來的共同目標。

我想舉一個例子，來說明溝通的規條和行為之間的關係。

假設現在，你必須回報我所說的資訊，但其實你無法理解我的意思。有個規條是，你不能問我是什麼意思，因為害怕讓你或我**曝光**（可能據此做出關於你或我是糟的、病態的、愚蠢的或瘋狂的決定）。若以上這些狀況出現了，你可能有所埋怨，這時可以怪罪的對象有三：你自己、我或情境。

接下來你會經歷某種不舒服，覺得焦慮、對我有敵意、對情境感到無力（焦慮：「我不好」；有敵意：「你不好」；無助：「我渺小又不中用」）。你大概會如此經歷這三種情緒：焦慮、感覺敵對、無助。這些情緒會是因為你無法保持忠於你自己的事實而引起，而你無法保持忠於你自己則是因為我們的規條規定你能問什麼類型的問題。

然而，如果規條是允許你冒著曝光的風險，允許你在混亂或蒙昧不清的情況下去澄清，你便無須經歷焦慮、敵對和無助的感覺。可以冒風險的前提是你能夠感知自己在面對彼此痛苦、憤怒和受傷的情況之下可以生存下來，而且另一個人不會因為經歷自己的痛苦、憤怒或受傷而在這個脈絡裡陣亡。痛苦意味著「我受傷了」，憤怒意味著「你傷害了我」，受傷意味著「我不重要」。

直接提問通常被視為**風險信差**（risk runner）。一個存在諸多問題的家庭中，沒有能力溝通的信號之一便是不常使用直接提問；另一種信號則是不常叫名字。

截至目前為止，更清楚的是，我相信人類會不斷尋求融入。缺乏融入的成功經驗，會出現在症狀中。沒有能力透過直接提問和做出正確回應的探索，並沒有辦法阻止探索，反而是讓探索以混亂、間接或不清楚的方式，在症狀或不適當的結果中現形。

因此，分析症狀始於分析溝通和紀錄結果，接著探索家庭系統，讓維繫系統的規條浮上檯面，並指出落實這些規條的個

人歷程。

　　家族治療以互動概念的應用為中心，透過探索家庭系統來處理現有的規條和個人歷程。連結行為和互動歷程的理論早有所聞，如佛洛伊德曾以此治療小漢斯（Little Hans）[1]，其他諸如：哈里‧斯塔克‧沙利文（Harry Stack Sullivan）、雅各布‧莫雷諾（Jacques Moreno）、奈森‧阿克曼、西奧多‧利茲（Theodore Lidz）、史蒂芬‧弗雷克（Stephen Fleck）、莫瑞‧鮑文、格雷戈里‧貝特森、唐‧傑克森和艾瑞克‧伯恩（Eric Berne）等，也運用互動概念來理解人類行為。當今，人們已經更能接受並理解這套納入互動作用現象的人類行為理論。而將家庭作為治療單位，是更一步運用、發展這個理論的途徑。

【參考文獻】

Ackerman, N. Beatman, F., and Sherman, S.W. (1961) Eds.: *Exploring the base for family therapy*. New York: Family Service Ass.

Brodey, W.M., Bowen, N.M., Dysinger, G. and Basamania, B. (1959). *Some family operations of schizophrenia: A study of five hospitalized families each*. A.M.A. Arch gen. Psychiatry, pp. 379-402. *Jackson, D., (1960). *Etiology of schizophrenia*. New York: Basic Books. MacGregor, R, Ritchie, *A.M., Serrano, A.C. and Schuster, F.P. Jr. (1964). *Multiple therapy with families*. New York: McGraw Hill.

Overton, A., Tinker, K.H. (1959) *Casework notebook*. St. Paul, Minn.

---

1. 編註：詳見心靈工坊出版的《小漢斯：畏懼症案例的分析》。

Satir, V. (1964) *Conjoint family therapy.* Palo Alto, California:
Science and Behavior Books.

第三章

家庭系統與家族治療取向

引言人：葛洛麗亞‧泰勒（Gloria Taylor）
加拿大前滑鐵盧路德教會神學院（Waterloo Lutheran Seminary）兼任教授

這麼多年來，讀者對於薩提爾在一九六六年對家庭所提出的發展進步和洞見，還是感到振奮。就好像薩提爾可以看到並預測未來，那些時代的發現將成為未來理解家庭和家族治療的基礎。如同她說：「就人類而言，我們生活在一個非常偉大的時代。」

正如她所指出的，那些時代的試驗揭示了家庭成員彼此之間的關係、這些關係的特殊性，以及家庭的各個部分是如何更大於整體。因此，她設定了處遇階段，「改變」互動模式，以達到整體的豐厚。薩提爾的激情和熱情在本章的開頭和結尾段落中都展露無遺。她以「在看待人際關係上，我們正處於一個非常激動人心的時期」結語，並說「對我和其他人來說，這是令人興奮的，而我希望它也適合你」。薩提爾所提出的理論在一九六六年是真切、符合現實的，在二〇〇六年也是如此。彷彿我們正在回顧一位有遠見的人，她那非常個人殊異的一瞥。多麼榮幸！

如今，學習家庭系統理論的學生受惠於薩提爾提出的「診斷和治療會隨時間改變」的觀點。當個案被標籤為精神疾患，施以藥物、電擊和胰島素逆行的治療，好控制他們的「瘋狂」行為時，薩提爾認為這樣的治療更是一種懲罰。這種懲罰概念成為她的成長模式 VS. 普遍存在的賞罰模式的核心主張。

薩提爾的幽默感深具感染力。在她現場演示和家庭工作的示範中，許多時刻她靈光乍現，跟參與者分享腦海中出現的許多圖像，尤其是需要她運用生動活潑的幽默感平衡當下的壓力時。她非常重視幽默的價值，因為幽默創造出安全的空間及親密感。如同她指出的，這裡最初的假設是孩子的行為是受母親影響的，而「父親的部分則是後來才被發現的」。當她說這時，聽眾和讀者如何能不莞爾一笑呢！

薩提爾也指出：「孩子的存在是為了幫助先生和太太好好相處。」家庭系統理論也指出，兒童會在無意中站在那個無形的位置上並承擔起任務；這樣的觀點也提供了家族治療中新的觀察方法和處遇手法。

薩提爾提出這個觀點的卓越之處在於，要謹慎地把標籤與人分開來看。她曾幸運地與貝特森和鮑文共事；在彼此的陪伴下，這些大膽有魄力的臨床醫生擺脫當時的觀點，提供嶄新且更有用的方式，在自己更深且錯綜複雜的層次上檢視我們是誰。

系統理論是從科學領域（生物學家卡爾・路德維希・馮・貝塔郎非〔Ludwig von Bertalanffy〕）發展出來的，卻是首次應用於家庭。正如薩提爾所指出的，當時用於家庭的語彙令人無法滿意，所以她巧妙地在本文末提供了一個詞彙表。非常可愛！！

薩提爾接著精確地描述關於接收者和發送者之間如何溝通，以及這個過程如何影響自我價值。這似乎值得仔細審視一下，遠在自己／他人／情境成為一個概念之前，她已經走在創新的路上了。這是一個正在成型的概念。

更進一步說，「我相信我們的整個身體系統是

由很多部分組成，但我們並沒有和這些部份聯繫起來……」這段話反映出薩提爾對我們內在存有的覺知和關注，也是後來冰山的隱喻。

人們照顧自己的方式很微妙，發展在家中學來的應對策略，而且絕大多數是心照不宣的潛規則。我們可以看到家庭規條的相關性，尤其是關於評論的規條，以及在這個過程中，家庭規條如何隱藏起來，期待又是如何傳達出來。生命早期所學的形塑了成年時期的觀點、期待和行為。正如薩提爾巧妙地指出，我們在壓力情境下所給出的解釋，就像我們長期以來怎麼解釋偏差行為。

薩提爾相信人類不是天生就具有破壞本能，帶著系統觀點的家族治療可以、也能預防關係變成災難。在這一點上，已經有許多研究和培訓驗證了她的期望和曾令她振奮的主張。而我們多麼幸運，能和這位偉大、深具遠見的老師一起回顧過往時光。

我想要把一些有趣又令人振奮的事情和想法——對這個國家的其他人、對其他地方的人應該也是如此——組裝、統整起來。工作之故，我從家庭單位這個媒介接觸到勞工和他們的問題。我相信我們正活在一個非常了不起的時代，所以我想追溯那些成長和變化的起源。許多新研究正冒出頭來，如社會精神病學、社區精神病學、存在主義和自我實現的影響，充斥著實驗的精神，教人興奮。我也因此可以發展一些我認為會引導我們理解家庭單位的想法，這比任何特定形式的治療，例如和個人或團體工作，都跨出了更進一步。

我想快速地瀏覽數百年來的歷史。我所看到的是現階段所運用的每種治療實質，都源自女巫、貧民、傻子、病人和罪

犯，我們目前感興趣的領域便是從這五類型人發展而來的。我們從**女巫**發展精神病學，從**罪犯**發展出犯罪學，從**病人**發展出醫學，從**貧民**發展出社會工作，從**傻子**發展出心理學。雖然不盡然如上述，是一個實體對應一個發展，但所有這些特質在某個時間點都被視為偏差，其中的因果關係不明，接著便出現了第一個診斷類別，然後，如同所有的診斷類別一樣，一連串的因果關係及一系列的治療開始了。從偏差的標籤和原因到開始治療，我們回顧時發現，其實我們並不知道偏差因果關係的第一個理論是什麼，治療反而間接或直接地導向了死亡。

我回溯許多年自己開始發展這三線索：在偏差架構下的**標籤、因果關係和治療**。我想了解我們現階段所處的位置。看到偏差行為了卻不知道原因為何，是無法教人滿意的。人類很好奇，會試圖弄清楚這些事情。當他們開始看到這些偏差時，腦海中出現關於因果關係的第一個想法便是，外界諸如神靈之類的，無以名之的在特定的時間點滲透到身體了。現今一些文化習俗中，特定宗教信仰仍保有這些內涵。多年過去後，人們不再認為這些偏差是源自外界干擾，比較像是，出生時個體的遺傳基因所致。如果是一個人出生時就帶有的，旁人能做的便不多，而當事者能做的便是找出意義，承擔它。社會或許會試圖將基因不全的人隔離開來，安置在其他地方。

到目前為止，我們有三種關於因果關係的理論：未知論、外部滲入論和基因論，治療方法是處死或隔離。隨著時間進展，人們發現個體的行為似乎和意志力有關，也就是說，一個「脾氣暴躁的傢伙」，就是這個人麻煩所在。當他被指認只不過是一個「脾氣暴躁的傢伙」時，似乎意味著那是他的行為引起的，處理的方式就是懲罰。現在，我們有了另一種治療方法。在更多的探索研究之下，人們發現個體的行為和居住的環境可能有關，於是自然又合乎邏輯的結論就是：把他安置在不

同的環境，因此，監護照護應運而生，許多相關的後遺症也出現了。

後來我們發現，個體的行為似乎和誘發男人或女人的某部分有關，只是個體本身並沒有覺察到。當然，這是無意識（unconscious）層面，治療的方法就是去發現無意識，並試圖幫助個體更能掌握自我。精神分析是這種特定治療方法的主要工具之一。接著，研究者發現個體行為似乎與互動的人有關，於是人際關係行為理論誕生了，處理人際關係和環境便顯得合情又合理。

我在此簡述一般對於因果關係和治療的理論，一個對應一個，之後開始出現了不同的觀點，比如沙利文在二十世紀所寫的人際關係理論，同時期，莫雷諾、薩繆爾·斯拉夫森（Samuel Slavson）和其他人掀起了所謂團體治療的旋風，伴隨而來的是治療個體的新想法，也就是讓處於相同位置的個體和同儕一起接受治療。這種團體治療或同儕團體治療都是基於一個原則：透過人際關係運作來改變一個人的行為。個別和團體治療這兩種方式在二次世界大戰之前就已經開始運用。

兒童輔導診所（child guidance clinics）在二十世紀初現身，首次提供奠基於人際關係的治療形式。由於這種治療形式的前提是，兒童的行為是受到母親影響，所以讓母親和孩子成為治療單位。父親的影響則是之後才發現。我們也有兩種運用人際關係的方式，一種用於自己、兒童輔導，另一種則是用於團體治療。二次世界大戰後出現了另一種治療方式，針對丈夫和妻子兩個人進行的婚姻諮商。我看到的大多數情況，婚姻諮商不是由精神科醫生、社會工作者等人所帶來，而是神職人員、社會學者和——請包涵我這樣表達——一般非精神疾病健康專業的其他人。我使用這個語彙，是因為我們所有人在精神病學、社會工作、心理專業等領域都是精神疾病健康專家，現

在我們有了另一種心理治療單位，也就是丈夫和妻子。

我們已經了解如何進行個別治療、個人組成的團體治療、母親和孩子為單位的治療、丈夫和妻子為單位的治療。如果你從家庭角度來看，就會發現還有兩個遭到忽略的單位：父親和孩子、兄弟姊妹。因此，當我們將兄弟姊妹、父親和孩子這兩個單位加進來，包括母親和孩子、丈夫和妻子，所有的家庭單位就到齊了。

當我們將這些單位都放在一起時，就可以開始研究家庭。更進一步來看，我們認為孩子的存在其實間接地幫助了丈夫和妻子如何和彼此相處。此外，所有這些觀點也在告訴我們，一個人如何受教負擔起婚姻和父母的責任。以上所述，是直到二次世界大戰時期的演變。

思覺失調症這個精神病學狀態已經存在甚久，也是個鮮明標籤。過去這麼多年以來，人們相信已經無法再為思覺失調症個案做任何事了，雖然，偶見零散的報告提到治療的進展或復原效果，但大體來說，思覺失調症的治療預後都不是很好。上一次大戰後，有些好奇的人開始思索，一個貼上思覺失調標籤的人會如何看待自己的家庭。身為人類學家的貝特森曾在心智研究所與我們共事，他就是對於標籤為思覺失調個案的家庭感到好奇，於是在一九五四年開始研究；同一時期，任職國家精神健康研究院（National Institute of Mental Health）的鮑文則是讓全家住院就醫，以利繼續觀察。在研究思覺失調個案和個案的家庭時，出現了一些很有意思的事，當我說「思覺失調」指的是貼有標籤的個案，而思覺失調個案的表現和家庭之間，似乎存在著一種重覆、可預測的模式，一種直接的關聯。這個發現真教人振奮，因為行為理論歸類了所有一切，從未知和基因到我之前提過的其他事。這個觀點引導我們發現一些新的東西，在一個人的行為上看見曙光，以這個例

子來說，就是思覺失調症個案的行為。我們觀察其他類型的行為，研究任何個人的行為是不是能和他隸屬的系統產生關聯，相信這在不久後便可著手進行了。

早期我們很少談到系統，只知道看到了一系列模式，而且彼此之間似乎存在著某種類型的關聯。再者，為了出現一個單一結果而必須群聚一起的每一組關鍵要素，則形成一個系統。為了達到目標，這些部分必須以有計畫、條理分明、井然有序的形式一同運作，形成規律和平衡，也就是說，這些特定的要素就是因此孕育而生的。每個家庭彷彿是根據自身的要素發展出一套系統，這個系統在某種程度上可以保持整個家庭的平衡。不過這是一個還不夠成熟的開始，我們只是觀察到家庭是個系統，像一輛汽車般運作著。從生物學觀點來看，我們相當熟悉這套系統，家庭似乎就是相似的系統；我們在心智研究所時花了非常多的心思來了解家庭系統，不僅試圖找出它們是如何運作的，也試圖理解需要什麼樣的介入，才能把一個不是朝向成長運作的系統轉化為朝向成長系統。這帶來了一個新觀點，我們用了一整套的標準嘗試確認一個個體的行為是否健康，而當我們正視行為和系統之間的關聯時，這些標準又變得不適合，不得不尋找其他選擇。可以用來描述功能良好的個體的詞彙，不見得可以用來描述功能良好的系統。由於找不到可以用來談論人類系統的詞，我們必須發明新的語言。我對於我們設計出來談論系統的語言雖然不是很滿意，但我認為我們會從中學習更多。

心智研究所成立於一九五九年，專門研究個體行為和他所屬系統的關係。當我們開始探索時，我們必須回顧我們所知道關於個體發展的一些事情，然後「**系統**」這個概念就會變得更明晰。當你想到它時，你們或許都知道，你之所以身處目前所在之地，成為你當下這個時刻的樣子，是因為一套三人學習系

統：男性祖先、女性祖先和你自己。如果你現實生活中沒有這些人的任何一位，他們的形象也會在。所以，我們知道每個個體都是三人學習系統下的產物，也就是他的父母親（一個男人和一個女人）以及他自己。我們也知道，要提醒自己，每個孩子出生時只帶著成長這個成分，而不是已經發展好的藍圖。當然，也沒有任何記錄記載過哪個孩子一出生旁邊就有一小袋說明書，告知孩子會如何成長和發展。我們都體認到的重要一點是，這個藍圖必須隨著孩子的發展繪製出來。顯然，這個藍圖取決於這個男人和女人所要傳承、並交給孩子要如何成長的方向。從表面上看來似乎很簡單，一對夫妻只要共同商量好要為孩子規劃或寫下什麼樣的藍圖即可。然而，落實現實時卻不是這麼簡單。當兩個成人在一起時，即使是孩子的父母親，對於怎樣才是最好的藍圖，也無法擁有始終一致的看法。他們不一定都能傳遞訊息給孩子、給對方，所以沒有辦法確保孩子從父母親那裡所獲得的自己應該如何成長和發展的訊息是清晰的。然而，當我們觀察成人如何將自己對孩子發展的觀念傳遞給孩子時，我們發現非常重要的事：溝通。

溝通，一個長久以來耳熟能詳的詞，每個人對於大眾傳播中的溝通交流都有些了解，也都和它脫離不了關係，但是我們還要更進一步的定義它。我們說溝通是一條雙向道，發生在一個發送者和一個接收者之間，交流的溝通既仰賴發送者，也仰賴接收者。每個孩子都會有兩個訊息發送者，一個成年男性和一個成年女性。我不知這是幸還是不幸，孩子的周遭甚至還有其他的訊息發送者，比如祖父母或者姑姑阿姨們。換句話說，孩子周遭至少會有兩個以上的訊息發送者，而他是唯一的接收者。

因此，我們編造出這個想法：假設你是一個無線電接收器，正在接收來自兩個不同電台的信號，但兩個電台都不知道

對方正在傳送訊息，還必須以相同的波長進入。你知道會發生什麼事嗎？靜電干擾。身為訊號接收方，你的義務是，不管發生什麼或現實是什麼，你都必須理解訊號，並且把它們當作合適的訊號來運用。這種現象在下列情況尤其真實：有一條規條規定發送方和接收方不能互相評論，或是接收方無法回傳任何內容，或是無法評論接收到的內容其實並不合適。

我們常見針對家庭的分析是，每個孩子似乎都捲入這樣的情境，並依賴這樣的情境來發展自我概念。我們都具備與個體工作的知識，我們知道一個人對自己的看法和自我價值感，對自己如何行為舉措、自己如何成長、自己如何感受，以及自己如何行動，有著非常重要的影響。因此，為了孩子的利益，更仔細地審視成年男性和成年女性的互動是很值得的。

此外，我們還發現跟原先想法相反的一件事，並非所有孩子從父母那裡所接收到的訊號都是父母打算給予的。我們都曾經經歷過這樣一個階段，自己很清楚很有把握世界上所有的壞事和媽媽有關，是壞媽媽造成了所有的傷害，所以我們也發展出一些應對技巧。但是，我們發現父母的意圖與孩子接收之間並沒有太多關聯。同樣地，兩個家長發出訊號之間的關聯也不大，尤其是雙方並沒有覺察各自發送了不同的訊號。我們理解到，相較於父母對孩子的計畫意圖，孩子不一定會排斥父母眼中認識理解的自己。於是，這是有史以來第一次，我們看到「指責」架構外可以使力的地方。

觀察事情如何運作，和指責或獎賞事情運作的方式是很不一樣的。在此，我想說我工作過的世界各地和所有團體中，當人們試圖解釋原因時，就是仍處在一個「指責」的框架內，很難不引起別人的防禦、很難不讓人感覺不舒服，也很難不讓人反抗，甚至是用一種漫無目的方式對抗。

倘若成人和孩子溝通時，帶著不盡然要完全依照自己希望

的方式讓孩子接收到訊息，我們就需要更仔細地檢視訊息。在這個過程中，我們討論出一些非常簡單的東西（我相當有把握，世界上簡單的事情最常遭到忽略，而且，假如我是任何領域的專家，我認為自己就是那個最明顯也最可能被忽視的領域的專家），我們發送給接收者的訊息，很可能是自己並沒有覺察到的訊息。這裡有個很簡單的解釋：當我們全神貫注在自己內在時，並不會意識到我們所呈現的外在是什麼樣子，但孩子會注意到。我們發現父母通常都有個錯覺，他們認為孩子只會聽到他們希望孩子聽到的、看到他們希望孩子看到的。我們也發現父母就是會送出所謂的**雙重訊息**。

這是貝特森的貢獻之一。接著我要跟大家談談**雙重**，因為我們一直都身處**雙重**狀態下。雙重本身並不是病態的。這些訊息只是告訴我們，孩子並沒有接收到父母的意圖。讓我來定義一下雙重訊息。假設我臉上帶著燦爛的笑容，跟大家宣告大樓失火了。這裡頭就有東西不對勁。現在，假設你站在我面前，而我面帶笑容地跟你說：「這個地方正在失火。」你會面臨兩難的困境。如果你接收到是來自我笑容的訊息，你直覺是有趣的事。然而，若這個地方正在失火，沒有人會感覺愉快。所以當你聽到的是我說這個地方正在失火，那麼你要如何回應我的笑容呢？這就是雙重訊息。或者，假設當我和朋友在一起時，突然感覺到一陣疼痛，但是我們還有其他事情要做，所以我不希望朋友知道我不舒服。可是朋友就是看到我臉部肌肉僵硬、緊張，她問了：「你還好嗎？」如果我回答：「我很好。」但真正表達的是：「你不需要關心我的疼痛，我們可以繼續我們正在做的事。」然而，光看著我的臉，朋友很可能得出以下的結論：我很愚蠢、對她說謊、沒有把她當成可真誠以待的朋友，或者其他類似的想法。這些也是雙重訊息。

雙重訊息往往在人們沒有意識到的狀態下出現，而就我的

觀點，也無關乎病理，但是如果雙重訊息針對的對象本身無法以某種方式評論或認知雙重訊息時，就會造成病理；說明，至少提供了一個機會，讓人可以理解到底是什麼訊息不適當。我跟團體談話時，許多時候人們都認為雙重訊息是不好的，不該讓它出現，但我不認為我們可以沒有它。我相信我們的整個物理系統是由很多要素組成，只因為我們沒有和這些要素聯繫起來，以至於沒有注意到其中的大量線索。

當我們說話時，相較於外在事物，每個人更關注內在；傾聽時，我們會更意識到表現於外的是什麼，並從我們所看、所聽之中找尋線索。如果我們無法評論線索，就必須自己確定產生矛盾的原因。這時候，如果你是一個低自我價值的人，很可能以浮躁、衝動的方式來解釋矛盾，認為這是一個謊言，或某種教人覺得噁心、惡劣、愚蠢或瘋狂的行為。除非你好好檢視這個矛盾，否則很可能持有錯誤的解釋。

孩子來到這世上，並沒有事先預備好要給予任何具體的回饋，而且通常要到十二個月之後才會說話。在這十二個月的生活裡，無論是孩子自己想像或是實際和父母相處的經驗，他都必須自己闡釋這兩者之間的差異。當他開始說話的時候，已經擁有豐富清晰的線索，所以日後用詞彙表達出他的期待時，往往讓聽到的大人大吃一驚。

我們感興趣的是，有什麼可以幫助我們解開謎團：為什麼一個立意良善、充滿愛的好人卻傳給孩子錯誤的訊息？我相信你已經注意到，對那些家庭有問題的人來說，愛、友善及努力工作之間似乎沒有太大關係。一個心地善良、關愛和個性開朗的人仍然會有發展不好的孩子？我認為答案在於我們不知道成人會發出雙重訊息，而孩子必須從中找到某種意義。我有時好奇，孩子身邊圍繞著很多成年人，尤其是在人生的第一年時，他們是如何整合自己的。

在心智研究所裡，一件很有趣的事便是使用錄影帶。我覺得最重要的是讓家庭理解，實際上他們認為自己看起來、聽起來的樣子，和他們真正看起來、聽起來的樣子是不一樣的；別人從他們那裡獲得的訊息不見得是他們以為的訊息。另一個迷思是，一個人應該始終對於管理自己的方式擁有十足十的把握。雖然透過電視錄影容易消除這種期望，但你總不能一直用錄影機錄下一切。我們在尋找其他方法，讓人們可以意識到自己看起來和聽起來的樣子並不一直都是他自己認為的那樣。如果你不相信我，今晚一進家門，請你看到的第一個人好好看著你，然後告訴他你認為他看到了什麼。充分描述你的眼睛、鼻子和耳朵、脖子的肌肉狀態、你有沒有臉紅，然後比較一下他所看到的畫面。這是一個描述性的練習，沒有人會疑惑你怎麼了，你只是在比對畫面而已。

還有一件可以做的事，我們之中很少有人看過自己真正的樣子。走到鏡子前，貼上一張寫有你名字的卡片，看著鏡子，你會看到卡片上的名字是反向的。如果你從未看過錄影帶裡或是影片中的自己，那麼你就是帶著自己看起來是什麼樣子的錯覺在生活中奔忙。你一直都是在拿錯覺，而不是現實，來和回饋比較。同樣地，當你第一次從錄音機聽到自己的聲音時，你跟自己說：「這不是我，我的聲音比較低沉，或者比較高。」但其他人都說這就是你的聲音。一個很簡單的物理原理可以解釋這種差異：從同一個孔內發出的聲音聽起來，和從孔外發出的聲音是不同的。再次，我們可能出現錯覺，我在這裡使用**錯覺**（delusion）這個詞彙，取的是它微妙的意義，我以前擔心使用這個詞彙，現在不會了，沒什麼好排拒的。人帶著錯誤的想法在生活裡奔忙，這些錯誤的想法包括，他們以為他知道自己看起來的樣子、聽起來的樣子、想要說什麼。這個信念的第四部分是，不管人們希望自己看起來和聽起來是什麼

樣子，他們都誤以為自己看起來和聽起來就是那個樣子。

我們在治療措施處遇方法上的進展，很多都是基於孩子最初接收訊息的方式如何影響了他發展藍圖。孩子有很多的方式接收訊息，讀者可以從我所描述的看到，一個孩子在接收父母訊息裡所傳遞的期待時，面臨多少陷阱。如果同時還伴隨著規條，當孩子可以表達卻不能評論自己看到和聽到的，那麼他就會在父母沒有覺察的狀態下，繼續他早期對原始意圖的誤解。這種情況很可能持續到孩子上學，突然對於成長過程有了一些自己也無法理解的需求時，狀況就會現形。

我想要提出另一個看待孩子成長的觀點：我們都曾經是孩子。當我這麼說的時候，聽起來有點滑稽，但許多成年人都忘記了自己曾經是孩子這一點。我們最初都是孩子。就因為我們曾經是孩子，我們都有孩子應該如何不同的想法。所有成年人在自己的腦海裡都有一幅理想孩子的圖像。他們從哪裡得到這個理想孩子的畫面呢？你又是從哪裡得到理想孩子應該是什麼樣子的想法呢？這種想法其實源自於你不是的那些部分、源自父母做得不夠好的時候、源自他們告訴你應該要成為的樣子。每個人都希望事情符合自己的理想，因此成為父母時，每個成人都會將自己的理想放在孩子身上；我們認為這是社會遺傳發生的方式之一。人們似乎會從家庭中學會關於評論的規條，並發展出自己的規條，可不可以評論、可不可以批判，或者可不可以表達關愛。愈沒有評論的能力、愈無法自由地評論，一旦日後面對可以表達意見時就愈可能失真、壓抑和充滿限制。

人們帶著規條長大成人，這些規條允許他們只能評論某些特定的事，其餘的可能只是想像或者信念，即使在現實中並不見得存在。結婚後，婚姻關係可能建立在兩人理想的基礎上，如果不要求在現實中被驗證，那麼應該可以容易達到。一

個女人很容易因為媽媽說爸爸才是家裡的老大，而相信男人必須一直是那個負全責的人，即使實際上她的家庭並不是爸爸決定一切，所以她的觀念就是要男人告訴她應該做什麼，戀愛期間，他告訴她要做什麼意味著他對兩個人可以往哪裡去一直都有概念。接下來的進展千篇一律，但是她的感受再也不一樣了。那個以往感覺是照顧她的大男人，後來卻像個試圖壓制她的霸凌者。她從哪裡得到這樣的錯覺呢？不只是源於她自己內在，也源於以前的經驗，當他說：「我們去看電影吧！」她說不，而他仍堅持「去」時，她覺得他是個強大的男人。這就是她的幻想，她根據這種幻想將自己和他連結起來。只要你不對此發表意見，就不用打破這個幻想，你可以持續下去。

然而，有些時候現實現出真面目了，幻想生活無以為繼。我們認為當現實不能繼續撐起幻想時，症狀就會出現。已有相當的證據幫助我們走到今天，我認為這是非常有成效的開始。我們發現人類是不會輕易放棄的。即便那個女人發現丈夫試圖壓制她，她仍會嘗試用某種方式來理解，並維持自己的症狀，因為人們不會輕易放棄。情況開始這樣發展，例如女人會想：「我不值得被愛，這就是證據。」然後她更加退縮，他看到自己是讓她更加退縮的原因，所以他一定有什麼問題。接著，我們就回到那個神奇的想法：他生來就是這樣，和錯誤的人一起生活，腦子裡有個內在小孩告訴他要做什麼。這些開啟了 些解釋。人們此時的解釋和我們 直以來對偏差的詮釋如此相似，這不是很有趣嗎？

我們正處於讓人振奮的時代，因為可以關注這些關係，首先是家庭系統中理想的自我概念有了演變，所伴隨的溝通模式類型也是。現在，由於成年人有更多的認識，我們也致力於一些育兒的觀點。了解溝通比了解自我概念容易多了，顯然地，也比較不會產生防衛。我們正努力尋找一些方式，讓年

輕父母用不同的方式來養育孩子。我們致力於「健康家庭服務」（well family service），我們認為可以發展出一些預防措施。我們現在看到每個家庭都有可預見的運作體系和一系列的期待和可預測性，這些期待和可預測性是每個家庭成員自我概念發展的一部分，透過行為和溝通展現出來。如果我們把這些都放在一起，當那些導致破壞的行為出現時，就會知道如何提供協助。我們希望更多人能夠幫助我們，一起投入！對我和其他人來說，這是令人興奮的，而我希望它也適合你。

精選的概念和術語

術語	說明
聯合、結合的 （Conjoint）	在一起（Con）：將所有成員視為單一系統的貢獻者，每個成員也是接收者，而不是視為服務另一個人的人 連結（Joint）：讓所有家庭成員同時出現在一個地方，與同一個治療師共處 著重（Emphasis）：在感知、互動、交流和溝通上，而不是內在心靈的現象
動態平衡 （Homeostasis）	一個家庭在自己的內在找到平衡的力量，以達到合一和運作秩序的歷程
自我概念 （Self-Concept）	自我的內在感知
自我價值 （Self-Esteem）	一個人思考時、感受時的價值 對自己和環境的掌握感，很大成分是來自自己對於他人如何看待自己
一致 （Congruent）	事情相符
一致的表現 （Congruent Manifestation）	言詞表達、聲調、臉部表情、肢體動作，都給出了清楚、明確的訊息

術語	說明
不一致 （Incongruent）	事情不相符
不一致的表現 （Incongruent Manifestation）	一個人的言語和表達出來的是完全不同的。 說的是一套，但是聲音和／或手勢似乎意味 著另一套導致矛盾、落差
兩難 （Dilemma）	呈現兩種或更多的解決方案；在自己和他人 之間，無法對完全令人滿意的構想達成協議
整合 （Integration）	一個人能夠看見、感受、思考、聆聽；能夠 理解自己所看、所感、所思、所聽聞；能夠 自由地回應或評論，而且給予回饋
運作良好 （Functional）	整合──一個人覺得自己能夠自由地評論或 回應，而且給予回饋
失功能 （Dysfunctional）	無法整合──一個人無法自由地評論或一致 地回應，而且無法給予回饋
差異 （Differentness）	涵蓋一個個體的全部；每個人天生都與他人 如何有所不同
成長 （Growth）	當生存、親密感、生產力、有意義且有秩序 的生活需求獲得滿足時，成長發展就有可 能；利用事件和經驗
治療歷程 （Therapeutic Process）	創造一個開放系統：讓一個人意識到自己如 何選擇、為什麼下決定；擴展覺察的能力； 發展新的應對方法
應對方式 （Coping）	在特定情境下、特定時間點，處理並平衡 你、我和情境的需求
希望 （Hope）	一個人覺得自己有成長的機會
信任 （Trust）	一種特質，允許一個人主張自己的想法、願 望、感受和知識，而不害怕遭到其他人摧 毀、波及或抹煞，也不害怕傳達給另一個人
改變藝術家 （Change Artist）	任何帶著「我助人」標籤的人

術語	說明
生活需求 （Life Needs）	生存、親密感、生產力、有意義和有秩序

第四章

我，一個家族治療師的成長歷程

引言人：嬪蒂・芭迪爾（Pindy Badyal）博士
心理學家、美國婚姻及家族治療協會認證督導

在閱讀這篇文章時，薩提爾想要成為一位家族治療師的殷切渴望深深打動了我。同樣是家族治療師的我，也受到她強調治療師持續成長的啟發鼓舞。她和人連結的能力、創造的意願、關注個人的正向資源、敢於冒險的勇氣，讓她成為家族治療真正的先驅。薩提爾對人類生存和繁榮能力充滿好奇，加上她對探索人類的內在資源一直保持著濃厚興趣，以及她所具備與個人在深層層次連結的能力，都使她成為一個真正具天賦和富有技巧的家族治療師。

在本章一開頭，薩提爾簡短地介紹了她在一九五九年時如何「無意中……闖入後來人們所稱的家族治療」。她生動地描述了她與個案及其家庭工作時的創新風格。一九五〇年代早期，當其他同行遵循心理動力學觀點著重病理時，薩提爾則運用創造性的治療工具，鎖定工作個案的正向資源。隨後，新的可能性和新遠景為她開啟新的一頁。她聯合唐・傑克森和朱爾斯・里斯金（Jules Riskin）在帕洛阿爾托創建了心智研究所。薩提爾相當感興趣也非常關注要如何進一步發展、完善她的自我價值理論。一九六四年，薩提爾到伊薩蘭時，更熟悉其他實務工作者和他們的治療模式，包括弗里茨・皮爾斯和他的完形治

療、艾瑞克・伯恩和他的人際溝通分析、亞歷山大・羅溫的能量生物學等。薩提爾的確是一個真正的合作者，她不僅與個案合作，也與同事合作。

隨著與更多家庭一起工作，薩提爾更加確信自我價值的重要性。除了致力於深化自我價值理論的發展，繼續創新不同的治療工具，包括生存應對姿態、模擬家庭、家庭重塑、家庭圖，所有這些工具至今仍廣受家族治療師的歡迎。她和家庭的工作也讓她相信，治療聯盟（therapeutic alliance）是促進個案改變的一個重要因素。她指出：「……我現在知道我所做的是有影響力的，可以促進家中每個成員的自我發展，並在家庭創造滋養的互動關係……」值得注意的是，治療聯盟的重要性受到當代許多學者、臨床治療師和研究者的關注。

本文介紹了眾多的治療技術，對那些有意拓展家族治療工具的治療師很有幫助。薩提爾對人們言語和非言語互動訊息的敏銳度，令人印象深刻，而且在更深層次上和個案連結的直覺力非比尋常。她堅信強而有力的治療聯盟對個案來說至關重要，要允許個案去冒險、展開改變和成長，這樣的信念持續在這個治療領域中，饒富影響力。想成為一個成功的家族治療師，就必須確保和每個家庭成員建立連結，持續關注不同家庭成員間言語和非言語的互動……這些在本文中都會得到驗證。

一九五一年一月，我無意間見了第一個家庭，帶著要「治療」他們的企圖；就這樣，我可以說是一頭栽入後來的「家族治療」。那時的我是一名以精神分析為導向的心理治療師，

從事個別治療已有八年經驗。病人需要很長的時間才有所改變，但整體來說，結果還不錯，所以我才敢從事私人執業。我的經驗包括在中小學教了六年書，以及八年個別治療，顛簸的助人經驗。當時，我接手了一位被診斷為「走動的思覺失調症」（ambulatory schizophrenia）的女個案，二十四歲。經過大約六個月、隔周一次的療程後，我卻接到她母親來電威脅要告我，理由是我造成她們母女疏遠了。那天，無論是出於什麼原因，我很清楚聽到她口出威脅，但也接到弦外之音：藏在威脅裡頭的懇求，還有傷痛。因此，我的回應是，邀請她加入女兒和我的治療會談，她馬上就接受了。

可是當母親加入會談後，個案立即退縮到我和她初次見面時的狀態，這段期間所有的進展都從我眼前消失了。我瞬間經歷了許多情緒：難以置信、憤怒、自責，直到最後，大腦要我停止指責，轉而觀察發生了什麼事。重整自己後，我不再聽取文字訊息，而是觀察母女之間你一言我一語的非言語訊息。我開始注意到重覆的模式，似乎女兒與母親相處的情況不同於與我相處。更進一步地，她與母親建立的模式的力量比與我的更加強大。很久以後，我建構出理論，得以說明她之所以會那樣，是因為她和媽媽的關係是建立在求生存的基礎上，但她與我的不是。然後，我開始意識到，除非個案在某種程度上變成發起者和回應者，否則她將無可救藥地成為他人發起的受害者。

雖然當時我還不知道這些，但我開始理解了人類的行為是如何訴說著對當前互動線索的反應，又如何在最終發展為一個可預測的模式，並將自身編織成一個系統來滿足生存需要。我相當清楚自己正違背精神分析治療的規則：「不要跟親戚（相關的人）會談。」後來，在與女兒和母親一起工作五或六周間的某個時刻，我突然想到，就在某個地方，應該有個父親

存在的。我問她們，賓果。

　　當然，我再一次違反了基本規定，在那個時候，病理畫面中只會看見母親。父親接受我邀請、加入會談後，模式擴展了，包括更多動態互動，這些動態互動和我所看到母親和女兒之間的情況一致。當時我沒有意識到這一點，但我其實正在研究的，便是後來貝特森和傑克森命名的**雙重束縛現象**（double-bind phenomenon）。這個模式在思覺失調症的家庭相當常見。後來，病人的「好哥哥」也加入會談，這個家庭的圖像終於完整了。整個過程中我一直是「摸石過河」，在沒有客觀依據、茫無頭緒的情況下，憑直覺行事。

　　但事情進展順利。我認為拯救我並鼓勵我進行下去的，是我忘了治療這件事，我所做的只是觀察並針對我所看到的評論，理論是直到後來才出現的事。當時除了佛洛伊德的個案小漢斯和哈里‧斯塔克‧沙利文的人際理論外，我找不到任何相關文獻記載。我所認識的人都是以個人為基礎進行會談。我當時相當孤單，而且那段時間，我的生計完全依賴私人執業的收入。為了生活，我必須獲得「顧客滿意」；為了保有專業聲譽，不能出現自殺或他殺的案例；為了尊重自己，我更不能強迫任何個案為我自身的目的服務。那個年代，精神分析在心理治療的比重相當重，我也努力遵循這個原則。此外，這也是我當時唯一有的治療取向：我唯一擁有的工具就是精神分析。

　　此後，我開始邀請其他病人的家庭成員加入治療會談，看看是否存在著類似的情況。事實證明確實如此；而我則陷入一個狀態，那就是我對我所觀察到完全不理解，也不知道如何有創意地處理。

　　從這些經驗中出現了新的曙光，一個我稱為**家庭生活事件年表**（family life fact chronology）的工具。當所有家庭成員都在場，我記錄每個家庭成員的生活事件中的精華，也就是誰

在場、何時、發生了什麼；這並不是社會史，而是家庭年代史。我學會採用事實，強調發展事件和創傷插曲。我從一個簡單的想法開始，畫出父母雙方從出生那一刻開始到此時的時間軸，然後逐年填寫。在這個過程中，我感受到家庭的連續性。這個工具讓我有機會了解家庭中每個成員是如何經驗「年代史」中的事件。在詢問的過程中，我發現家庭成員對自己的事實了解甚少，對彼此的觀點又是多麼不同，而且在許多情況下，他們對事實的看法也相當分歧。雖然家庭生活事件年代史是在談論過去式，事實上它最大的貢獻或許在於，透過構建當前家庭現況，讓家庭成員開始和彼此溝通──補充說明、校準錯誤、告知、面質。此外，對我來說，獲得有用的資訊不僅有助於我理解他們的過去，也讓我找出目前家庭中各種糾結力道的線索，提供家庭一種連續性。這個年代史是個可靠的工具，把家庭和時間、地點連結起來。我試圖以一種出門探險、充滿未知的方式來呈現。不管家中所發生的事是正向還是負面的，我都充滿高度興趣、密切關注，主要目的就是讓家庭成員把注意力放在他們各自如何回應訊息。回想起來，我覺得這個工具真正的價值是，提供家庭一種真正在當下互動的方式，而且是家庭成員可信賴、理解的方式。我開始掌握真正的線索──那就是家庭中每個人對其他人的想像和期待，而這些他們所認定的事實卻從未得到澄清。解開這個問題成了我目前溝通理論的基礎。

在服務幾百個個案後，我開始看到家庭中**系統**的出現和影響，這使我更有信心。家庭生活事件年表這個工具成為我現在幫個案進行**家庭重塑**（family reconstruction）──另一個我發展出來的工具──之前做準備的基礎。我開始明白，一個人在生命早期所習得的觀點如何成為他衡量所處世界及他人的標準，就彷彿他的童年生活仍然沒有改變一般。這不一定是個新

觀點，所以我稱這些為「**舊學習**」（old learnings）。但這個觀點之所以新奇，在於我能夠沒有威脅地幫個案更新並理解自己實際所處的背景，而不是好像還處於早期的情境般來理解事情。我是和家庭一起工作，經由角色扮演後，研發出這個工具。我的假設是，不管我們從過去學習到什麼，都是個人所建構出來的，也是我們所擁有的最好的，問題是它很可能和實際發生的事沒有太大關係，或根本沒有任何關係。儘管如此，我們仍透過自己建構的鏡頭去看，因為它已成為我們的一部分。一直以來，我所學的都是用病理學的觀點看待病人的行為，但當我開始觀察家庭時，我發現他們的反應大多和當下的自我價值需求有關，可能是有意識到的，也可能是沒有意識到的。在那個時候，我開始仔細地審視精神病學的命名法和佛洛伊德的無意識理論。我在一九五五年到一九五八年間，在伊利諾伊州精神醫學研究所為住院醫師授課時，必須認真檢視並思索我所教授的內容，因為住院醫師們會問一些我從來沒有思考過的問題。這些經歷讓我覺得有必要真正發展我自己的理論基礎，也因此為我打開了嶄新的視野。

我與傑克森、里斯金在加州帕洛阿爾托（Palo Alto）的心智研究所共事，同時繼續發展完整的**溝通**的概念，這也是現在我認為是人類系統運轉的能量源泉。燙手的問題轉變成：什麼樣的系統導致健康的功能，什麼樣的系統導致不健康的功能？一個人用來判斷的明顯線索是什麼？

一旦我更充分地意識到口語訊息實際上包括兩種訊息：口語和非口語時，我便看到可能相互矛盾的兩種訊息。把這個發現和我發展出來的**自我價值理論**（self-esteem theory）連結起來僅有一步之遙；也就是說，人們關係的主要推動力是心理上的求生存。此外，一個觀點認為，人類很多行為並不在意識層面上，那麼我要如何幫助一個人意識到自己的行為，讓他有機

會決定自己是不是想改變？

　　我將自己知道的連續性、溝通和自我價值、**模擬家庭工具**、**溝通姿態**和**遊戲**以快速的序列結合在一起。

　　順帶一提，我大部分的治療工具都是在偶然事件或根據某一刻的治療需要而成形的。例如，模擬家庭工具是在一九六二年到一九六三年期間，我在科羅拉多州福利大會示範家族治療時發展出來的。當時，不知是哪個環節遺漏了，工作人員竟然忘了安排一個我要一起工作的家庭來到會場。知道這事之後，我努力克服隨之而來的恐慌，告訴自己：「好吧！維琴尼亞，既然你精通家庭系統，應該也能夠模擬出一個家庭。」我腦中不知怎麼就突然冒出這個想法。我嘗試了，後來證明它不僅有用，還成為我日後一直使用的工具。當我和一群家庭工作時會使用它，我將學習家族治療的學生放在不同類型的模擬家庭中；當我進行家庭重塑時，也會使用。在模擬家庭中的體驗有助於人們快速理解家庭系統動力，同時體驗到家庭系統的普遍性。

　　一天，我正在思考我所看到的各種溝通反應時，溝通姿態就在我腦海中歸類出五種不同的方式，這個分類與我多年來在人們身上所觀察到的幾乎是不可思議的相似。這五種行為的目的似乎都是為了生存，但是表現出這些行為的人卻幾乎沒有意識到。現在我相信一個人的內心感受和外在表現出來的，完全有可能是不和諧的狀態，我稱為**不一致性**。這並不是新觀點，只是我增加了圖像的、身體的姿勢畫面。

　　我認為畫面比文字更有力、更清晰，所以我發展出身體圖像，即現在所謂的溝通姿態。我注意到特定類型的身體姿勢和情感會伴隨著特定類型的語言表達，我只是把它們擴展為誇張的描繪形式。舉例來說，針對一個憂鬱的人，我讓他以一種笨拙、失去平衡的姿勢跪著，頭向上看，肩膀弓著，彷彿乞求某

人的拯救，成為他活下去的理由。

隨著時間的推移，這些姿勢也意味著雕塑互動的方式，包括人際距離和高、低。我也看到人們如何同時傳達兩種訊息，例如「過來」和「走開」。我稱這是**家庭雕塑**（family sculpture），這個工具持續演變中，現在已成為提高意識的有力工具。

一九六四年，我來到伊薩蘭時發現，一個全新的維度為我開啟，粗略稱之為**情感領域**（affective domain）。我遇到一些人，他們一輩子研究這個領域，其中某些部分我已觀察到，但他們探索得更深遠。這些人都對理解和改善人類境況很感興趣，這也是我的興趣所在。這些人包括弗里茨・皮爾斯（Fritz Perls）和他的完形治療（Gestalt Therapy）、艾瑞克・伯恩和他的人際溝通分析（Transactional Analysis）、亞歷山大・羅溫（Al Lowen）的能量生物學（Bioenergetics）、夏洛特・塞爾弗（Charlotte Selver）和伯尼・岡瑟（Bemie Gunther）的身體覺察（body awareness）、唐・早川（Don Hayakawa）的一般語義學（general semantics）、喬治・普林斯（George Prince）的共辯模式（Synectics）[1]。我還了解了催眠術（hypnotism）、EST（Enriched Supportive Therapy）、LSD、超心理學（parapsychology）、睡眠研究、意識的轉化狀態（altered states of consciousness）、馬拉松、裸體和穿衣按摩及身體形象工作、占星術、心靈治癒（psychic healing），以及瑜珈、艾倫・瓦茲（Alan Watts）和東方思維。上述這些人和他們的治療方法提供我豐富的養分，我用三層漏篩來檢視：這些學派如何解讀人類？如何看待人類變成失

---

1. 編註：由美國心理學家威廉・高登（William J. J. Gordon）與喬治・普林斯創立，是一種利用模擬與隱喻啟發思考、開發創造力的方法，能協助人分析問題並產生不同觀點。

功能？如何重新引導一個人成長？我發現每個學派都能提供我一些東西，我可以轉而運用到家庭。

自我價值一直是我工作的核心，對我來說，自我價值與我們神聖的部分——靈魂和精神的關係，就如同與身體、情緒、智力、我—你關係的體驗、信念一樣，息息相關。於是，我更加明白，不管什麼時候，當我們開始試圖幫助他人時，末了我們都必須深深感謝人類的靈魂。二十年前，我非常小心地避免提及，甚至研究靈魂，因為那是屬於有組織的宗教領域，在心理治療的「科學」裡並沒有靈魂存在的位置。

但是現在我認為，如果宗教真的有用，那麼精神醫學可能永遠不會誕生。我現在看到的是，人類的靈魂用不同的方式展現自己。對我而言，靈魂的感受反應了我們是如何看重自己身為人類？如何對待我們的身體、情緒，以及周圍的動植物的生命？滋養是經常出現在我思緒的字眼，不同於依賴或放縱自己，而是意味著真正愛自己、尊重自己的自由。我懷疑一個真正滋養自己的人會虐待自己或虐待他人。此外，我相信人類的靈魂確實是一種生命力和能量的展現，這種生命力和能量可以繼續形塑和改造自身。

我相信我們正站在一個全然嶄新的精神世界關鍵點上。我認為實現自我價值的人，不需要從他人那邊不勞而獲（freeload），因為他們明白，生存更是取決於擁有完全為自己決策的能力，因為他們就是自己的反應和行動的主人。他們堅信，生命是一個發展過程，總是有能力改變，而且他們有勇氣，願意冒險。我現在認為治療師的工作就是協助人們達到這個目標。因此我清楚如何改變系統，使它朝著往這個目標發展的方向努力，而不是反對的方向。

我自己不斷成長的經驗告訴我，所謂的生命力或宇宙心智（universal mind）是確實存在著。我知道這股力量包含了許

多向度，強有力地塑造人類的行為。對我來說，它有點像電流，一直都在，等著人們去辨認出來，然後學會如何有效地利用。這大概就是所謂的心靈力量（psychic power），如同我們都體驗過類似氛圍的東西。這樣的觀點其實早就出現，每個人的身體就像一個獨立的發電機組。我們的能量發動器，所能使用的電力大小，主要是由自我價值的信念和感受所控制。我知道當自己處於低自我價值的狀態時，能量就會跟著低落，而且常常誤導，多數時候，都是針對自己。對我來說，這是一個內涵非常豐沛、有成效的方向。事實上，這麼多的訊息汩汩湧現，我不得不朝向這個方向繼續探索。

現在，讓我們回到另一個「成長歷程」（growing edge），這是一個有趣的層面，在比喻家庭系統和機構式家庭這兩者時，提供了關鍵線索。事實上，我在組織、社會和政府系統中，看到了我在家庭中所看到的現象。我認為家庭是所有人類系統的縮影，和家庭工作的經驗，為我現在與更大的機構工作奠定了良好的基礎。

一些初出茅廬的概念開始出現。一旦進行類比，不難發現家庭角色和機構的角色是相似的，父母和孩子的角色就類似總統和內閣，婚姻角色則類似國會和總統。事實上，幾乎任何團體都能夠找到這些相似的類比。如果家長的行為宛如老闆，家庭系統就可能以懲罰－獎賞的方式運轉，他和他的「婚姻伴侶」可能是競爭或是共生的關係，而「孩子們」則不得不成為奴隸，或用競爭或放縱來獲得認同。每個人都在受苦。聽起來熟悉嗎？

相反的，如果家長是個領導者，他可能給予「孩子」機會與能力和創造力連結，他也可能有一個能真正分享的「伴侶」。你可以在學校、企業、教堂或任何政府單位，視各個單位的規模試試看。

我曾有機會和整個省級單位、醫院及學校組織一起工作，而這些地方都有自己獨特的機會和問題，我認為以我對系統的認識，能夠更理解這些機會和問題，而且產生創造性的改變。舉例來說，如果沒有規劃好的外部監督者，我說的不是像警察那樣的角色，而是雷達塔中指引飛機著陸的導航員，任何組織系統不會保持開放狀態。如果沒有來自外部的投入，系統中的人們就會安於現狀，於是現狀慢慢滲透到系統裡，以致輸掉每一項挑戰、停止收集最新的資訊，用理所當然的事物來滿足自己。家庭成員中有人過世了，或者有人離開、有新成員加入，都會撼動這個系統；若沒有新的資訊進入，雖然成員離開帶來的冷清，或是新成員加入而衍生出的預算，都可能引發短暫的混亂，但是不久就會以同樣的舊方式安定下來，相同舊的無足輕重症候群（cog-in-the-wheel syndrome）的重演。

　　作為家族治療師，我現在知道我所做的是有影響力的，可以促進家中每個成員的自我發展，並在家庭、機構和全世界創造滋養的互動關係。

　　很顯然這不僅僅是個技術問題。在我意識到自己是個治療師或老師之前，我並無法在家庭治療和培訓方面走得如此遠。這個覺察是個關鍵因素，讓我教會人們開始冒險去改變，並且發展出真實可靠的信任。

　　因此，對我來說，我繼續前行的方向就是觀察和體驗所有能夠開啟我新視野的事情。就這樣，隨著在我眼前展開的遠景，我的「成長歷程」將持續精進。

【第五章】
讓單親家庭運作

引言人：葛洛麗亞‧泰勒

我們無法確定這篇文章撰寫的時間點，毫無疑問的，當時社會上的離婚率和分居率都遠遠低於現在，儘管如此，薩提爾所提出的觀點至今仍具相當的價值。

她開宗明義地指出家庭單元是由兩個家長組成，他們在二十多歲時結婚，維持著婚姻關係，直到過世。從當時普遍的觀點來看，次等家庭（second-rate families）包括了單親家庭、重組家庭和其他非傳統型態的家庭。從那時到現在，人們的看法如何轉變，則留待讀者去評論。

薩提爾的信念在當時是相當前衛的，她認為任何家庭型態都能夠良好運作。任何一種家庭型態，只要能幫助健康完整的孩子成長為和諧、整合的成人，並擁有有價值的生活，就是運作良好。正如她在本章所提出：「家庭是否運作良好並不是取決於型態，而是家庭成員的關係，關係才真正具有影響力。」薩提爾寫道，她見過許多新型態的家庭，在這些家庭裡，孩子是由一位與自己具有合法關係或血緣關係的成年男子或女子獨自撫養。根據她所指出的，約有三分之一的孩子是在單親或重組家庭中成長，而且數量似乎還在增長。如果她有機會在今天閱讀自己的文章，她可以理所當然地認為自己是個預言家！她應該也不會驚

訝加拿大的法律認可同性戀。

　　如薩提爾所堅信的，這些新的家庭型態可以運作良好。雖然她談的是單親家庭，但她的觀點可以適用於任何新型態家庭。針對家庭成員關係的重要性，她強調：「不管是哪一種家庭型態，其關係品質在某種程度決定了家庭運作的情況。」

　　薩提爾也談及孩子的智力、情緒、生理和心靈的發展。她認為成熟的父母，是具有高自我價值的完整個體，可以幫助孩子發展出依靠自己內在的智慧，並以這樣的方式成長。所有這些對成年人來說卻都是挑戰，因為他們要指導和教授給孩子的，是自己都還沒有能力掌握的。對這些有所理解後，薩提爾開創了阿凡達（Avanta），「維琴尼亞·薩提爾網絡」（the Virgina Satir Network）作為培訓薩提爾模式的媒介，而這些受訓者也能在全球繼續培訓他人。她自己寫書，也和他人合著好幾本著作，同時，許多工作坊都有錄影，直至今天仍廣為流傳。

　　當薩提爾看到單親家長內在可能存在的恐懼和怨恨時，她溫柔地敦促人們為自己尋求幫助，因為用一致性來撫養孩子，不是僅靠自己一個人就可以處理來的。

　　關於孩子和沒有監護權的父親或母親接觸，她強調應該給孩子自行決定。當時，如同現在一樣，把所有的事都怪罪到另一方頭上是相當常見的，甚至會讓孩子知道對方的不是。我們現在教導父母不要將孩子捲入三角關係中，讓他們陷入屬於父母的悲傷和怨恨裡，畢竟這些情緒並不是孩子的。如果薩提爾是在今天寫下，她會寫出如何將孩子納入這個歷程，例如與

他們分享，而不是為他們做決定。

　　薩提爾用溫柔的方式鼓勵人們要哀悼失去的關係、遺落的未來的夢想，因為重建生活將取決於這段歷程。她敦促人們找到友善的傾聽者、朋友和其他處在同樣情境下的人，跟他們訴說，然後就是好好的玩吧！玩樂是薩提爾信念的一個重要特徵！她在文章後幾頁提醒讀者：「我建議你和你的孩子培養出強烈的幽默感。」

　　薩提爾允許感受、混亂和恐懼的存在，也對改變歷程提供了重要且有用的建議。她的文章在今天讀來，仍如同她最初下筆時一樣，深具意義。

　　許多人依舊相信二十多歲時結婚、生小孩、婚姻關係至死方休，就是一個好的家庭，而孩子在這樣的家庭，才能從同樣的成人那裡獲得所有的照料。幾世紀以來，這樣的家庭型態一直被認為是唯一且一流的。在許多人的眼裡，其他所有的型態（單親家庭、重組家庭、沒有血緣關係的延伸家庭和其他非傳統型態的家庭）仍屬次等。

　　然而，我相信任何型態的家庭都能夠運作良好，我所謂的運作良好，指的是孩子能夠成為一個整合良好的完整個體，而照顧他們的成年人也能過著有意義的生活。我在每一種家庭型態中都看到長得漂亮又健康的孩子，以及自我實現的成人，也在每一種家庭型態中看到不健康的孩子和成人。家庭是否運作良好，並不是取決於家庭型態，而是家庭成員之間的關係。

　　任何型態的家庭都可以運作良好的這個觀點，就現在的我們來說，其實是很重要的。許多新家庭型態出現了，特別是在西方國家，其中最常見的就是單親家庭，孩子是由一個與他／她具有法律或血緣關係的成年男子或女子獨自扶養。我們也看

到很多家中的成年人不見得是孩子的親生父母，而是因為離婚、再婚或收養而組成重組家庭。事實上，據估計，約有三分之一的孩子是在重組家庭或單親家庭中成長的，而數量似乎還在增加。既然有這麼多的孩子是在新家庭型態中成長，很重要的是，我們要記得這些家庭型態也可以運作良好。

在這篇文章中，我會直接針對單親家庭，不是討論單親家庭發展的成因，而是以既定存在的事實來討論，分享如何讓單親家庭成為一流的想法。這裡的大問題是：「如何能以讓家庭裡每個人都贏的方式運作呢？」這就是本篇文章的主題。

我這篇文章特別針對那些從懷孕那一刻起，就理所當然地認定自己會和另一半一起扶養孩子直到成年的人。我也相信我所寫的大部分內容，適用於任何獨自扶養孩子的人。我留給讀者自己選擇適合的部分。

閱讀本文的治療師或人類教育家能找到創意方法，和個案溝通、交流，我在這裡強調的一些觀點，對治療師和接受治療的家庭來說，都是有幫助的。重要的是我們要記得，單親家庭可以運作良好，挑戰在於如何實現這個目標。

正如我之前所提，不管家庭型態是什麼，能否運作良好，很大程度是取決於關係的品質。所有家庭都有的共同分母是：關係運作良好的一個關鍵因素是每個家庭成員都有相當程度的自我價值感。一個擁有高度自我價值的人不僅能夠理解周圍發生的事情，還能成為獨立自主的個體，對自己有信心、與其他人建立親密關係、與同性異性都能維持具有意義的關係。

單親家庭主要的關注點在於，如何照顧成熟中的孩子，所以了解孩子和孩子成熟過程是很有幫助的。孩子是一個新生命，需要他人幫助才能夠成熟。成熟包括許多面向，以下列出一些概要。

孩子有生理發展的需求，需要適當的生理照護才能夠健

康、強壯地成長，因此也需要獲得如何照顧自己生理機能的相關知識。

孩子的智力發展需要心智上的刺激，包括正規和非正規教育，深化心智，使其變得多彩豐富而有力。

孩子有情感的需求，需要學習如何認識、引導、善用感受，以便成就健康和豐富的自我。

孩子有社會化的需求，需要學習如何豐富自己和他人的生命、如何與不同性別的人建立有意義的關係等社會經驗，以及如何進入與他人合作、建立建設性的關係。

孩子有知覺的需求，需要學習如何使用感官去體驗多樣化的生命，如世界上的歌曲、舞蹈、香味、顏色和紋理，發展知覺。

孩子有靈性的需求，需要去體驗他／她自己的生命力，理解我們所有人的生命能力都共同相連結。

孩子需要父母的協助，發展、整合上述的各個面向，這樣他們才能夠在逐漸成熟的過程中，成為一個整合、具有高自我價值的個體。同時，父母也需要協助孩子發展出自己的能力，去找尋和仰賴自己的內在智慧。

對任何肩負扶養孩子之責的父母來說，幫助孩子在所有面向邁向成熟是一件艱鉅任務，尤其對本身尚未完全成熟的父母來說，更是挑戰，因為父母面臨的情況是，他們必須教授和指導孩子的那些東西是他們自己都還未能掌握的。若你覺得自己正處於類似困局，我建議你尋求幫助，不管是跟家庭其他成員求助，或是尋找改變團體或專業諮商，他們都可幫你學習到你所需的。任何家庭型態的成人都會面臨這樣的挑戰，只是單親家庭的挑戰更加顯著。

有些人對於在自己成熟的過程中尋求幫助，總覺得有點丟臉；其實不需要。當你發現自己想當什麼樣的父母，但和實際

上能做到的有很大差距時，明智之舉就是尋求協助。這種理想和現實的差距往往帶來很多恐懼、挫折和怨恨，然後在不知不覺中轉移到孩子的身上，進而認定是孩子出了問題，而不是成人自己有狀況。因此，非常重要的是，判斷到底是什麼樣的問題，並認回那些你所助長的問題。

孩子在成長過程中，需要學會用愛和接納來看待自己的性別，用平等的態度看待異性。父母的價值觀會在孩子身上反映出來；換句話說，父母看重自己、珍視異性，就會幫助孩子看重自己、珍視異性。

為了做到這一點，單親家庭的家長需要自己先擁有或吸收這樣的價值觀，然後，找機會和異性朋友往來，鼓勵兒女效法，因為沒有什麼比身教更好的了。

其實，每個孩子的內心深處都知道，父母親是如何看待同性和異性；出於對父母的忠誠，孩子常常把父母的價值觀視為自己的價值觀。

沒有一個男人能真正了解做一個女孩或女人是什麼樣的感覺，也沒有一個女人能真正知道做一個男孩或男人是怎麼樣的感覺。成長中的男孩需要可信賴的成年男性和女性的指導，成長中的女孩也是一樣。負責照顧家庭的成人需要有意識地尋找、鼓勵這樣的指導者出現在孩子的生活中。家裡或許有這樣的家庭成員：祖父母、叔伯阿姨、堂（表）兄姐、親密朋友、另一個家長等等。倘若家中沒有這樣的指導者，你可以向外尋求，例如男孩俱樂部（boys' clubs）和女孩俱樂部（girls' clubs）、教會，以及孩子學校的好老師們。重要的是你看到孩子的需求，孩子需要可信賴的兩種性別成年人的陪伴，而你有把握他們和這些人保持聯繫。

父親或母親其中一人離開家與孩子的年齡是有關鍵影響的。從孩子的角度來看，父親和母親是一直都存在的，即使有

人離開家了或者是死亡。即使父親或母親已經不在孩子的現實生活中了，他／她仍會存在他的想像世界裡，因為那就是孩子內在生命的一部分。

正如我在「合作父母」（co-parenting）段落裡所解釋的，如果可能，讓孩子和離開家的父親或母親保持聯繫，這非常重要，如此一來，孩子可以形塑真實的父親或母親的樣貌，而不只是幻想。如果孩子無法和他／她保持聯繫，那麼負責照料孩子的家長在談論缺席的另一人時，要盡可能地真實呈現。有時，家庭的生活氛圍會抑制孩子的幻想。當其中一位家長離開家了，失落悲傷的情緒懸而未決，或者無法表現出憤怒時，很可能會轉化成壓抑。當然，任何一個夢想破滅時，悲傷和失落在所難免。允許自己和孩子們充分表達出悲傷，會幫助確保在家中不需要壓抑情緒。

父母離婚了，很重要的是，要讓孩子擁有和父母雙方同樣接觸的機會。需要這麼做的理由有很多，最重要的一個是，既然單親家長要盡可能地尋找資源養育成長中的孩子，那麼另一方就是那個非常重要的資源。對任何單親家長來說，要讓孩子自由地和另一人保持聯絡是相當不容易的，尤其是在雙方是因為最初的夢想破滅，彼此之間變得非常不愉快的情況下分手時；或者另一方在分手過程受到非常多的責難。不管如何，孩子都需要擁有這份自由，可以自由地和離開家的父親或母親保持聯絡，這對孩子來說是非常重要的。

多年來，我們的社會和法庭面對離婚時往往營造出敵對的局面，也就是父親或母親有一方是「錯的」，另一方則是「對的」的，於是，傳統上，孩子會由「對的」一方來養育（通常是母親），「錯的」一方（通常是父親）只得到受限的探視權。現在，越來越多人意識到，雖然夫妻離婚，但父母和孩子不會因此斷絕關係。他們看到離婚對孩子最大的破壞性影

響之一,便是虛擬的失去父母一方。現在,人們知道,孩子不僅需要一個有生氣的媽媽,也需要一個有生氣的爸爸。夫妻即使離婚了,如果可以雙方好好「清理」掉兩人共同夢想破滅所殘留的種種,並放下指責和內疚,還是能夠以有助益的方式彼此合作,幫助孩子順利成長。

對孩子來說,另一件重要的事是,孩子要擁有父母的真實樣貌,最容易的方法就是讓孩子與兩人都有同等的接觸機會,那麼父母和孩子都可以從中受益。就我的經驗來說,當離婚父母下定決心為了孩子好,必須找到繼續合作的方式時,常常會發現自己從不知道的一面。許多離了婚的個案告訴我,為了孩子的利益而共同努力的過程中,他們反而變成更好的朋友。

無論失去父親或母親的理由是什麼,重要的是所有的家庭成員,包括孩子和成人,都需要自由地哀悼這份失落,也就是允許自己全然地體驗失落、對失落的感受和所伴隨而來的痛苦。只要能順利地度過這個脆弱和痛苦的階段,就能打開心迎接新的可能性。如果你試圖不去面對失落,只是繼續過生活,就會因為「清理工作未完」,不可能擁有新的生活。能否形塑一個令人滿意、有價值的新生活,取決於你的情緒是不是可以任意且完全地哀悼你失去的舊夢想,以及曾在夢裡的伴侶。

哀悼過程的步驟如以下所列:第一,你意識到生活走到了你無法控制的境地,對或錯都不是重點了。當事者往往因此在自己身上發現從未知道的東西。

倘若離婚的一方再婚,又是另一個要面對的階段。非再婚的另一方或許會產生強烈的情緒感受,此時,他或她所需要的就是承認、表達和擁抱那些感受。雖然新伴侶要融入家庭可能會遭遇困境,然而,若孩子有機會在生活中擁有更多愛他或她

的成年人，何嘗不是件好事。若單親家庭一直運作良好，對於父親或母親再婚的新伴侶而言，就會更容易融入（當然，這是另一篇文章的主題了）。

第三，你需要擁有自己的情緒感受，例如：「我很生氣！」、「我覺得很難過」、「我感到非常無助」。話雖如此，人們仍經常為自己的感受指責對方，例如：「你讓我感到很生氣！你讓我感覺很糟糕。」有時候指責的感受會以這樣的方式表達出來：「為什麼你這樣或那樣對我？」或「為什麼這種事會發生在我身上？」

重要的是，你知道擁有自己的感受和你指責自己或他人是不同的。只要你因為自己的情況或痛苦而指責他人，就很難為自己創造出充滿希望和快樂的新生活。

如果你深陷指責的感受，或是你覺得因此動彈不得了，尋求專業協助是很重要的，因為你將精力放在非成長（non-growthful）的地方上，所以你不僅正在扼殺自己的成長，也嚴重威脅到孩子的成長，特別是當他們還小的時候。為了你的快樂幸福，也為了可以給孩子明智的指引，你需要經歷這段脆弱痛苦的階段，然後走出來。

第四，不管出現什麼樣的感受，你都要原諒自己。感受當然是屬於你，但只是一部分浮現出來的你。允許你的感受出來，才能開始整合隨之而來的新生活。長遠來看，對你和孩子們來說，即使感受只是暫時的，表達出來卻是必要的。失落悲傷歷程的一部分就是去經驗你對離去者的感受，這意味著表達出你的痛苦和憤怒，以及珍貴的部分和愛。

能記住這段期間，我們所有人都有所謂「好」的部分和「壞」的部分，是有幫助的。記錄著聖人（全「好」）或魔鬼（全「壞」）的案例非常少，你是這兩個部分的結合體，你失去的那個人也是。如果你發覺自己只在意你失去的那個人的

「聖人部分」或「魔鬼部分」，那麼你記得的只是對這個人的刻板印象，而非一個完整的人。

倘若你有上述的情況，我建議你找個信賴的人，跟對方分享你這段日子的感受。獲得支持往往有所幫助。你曾經受傷，當你允許自己去感受所受到的傷害，你才能療癒自己。

長遠來看，這些失落悲傷的感受是短暫的，但要表達出來可能很困難，尤其是所謂的「負面」感受，如生氣和悲痛等。大部分人會拒絕新東西，當伴隨著感受的是很深的失落和痛苦時，這種抗拒會更加強烈。然而，若要重建生活，哀悼就是必然的，鼓勵你的孩子哀悼也是必要的。如果這對你來說真的很難，建議你找其他人幫助你度過這段歷程。

重要的是，記得這一段歷程不會一下子就來到。當我們身處痛苦時，很難客觀地看清周圍的情況。要對自己有耐心。此外，當我們經歷非常強烈的情緒時，心智常常會失靈，我們可能發覺自己的反應就和還未經歷失去前一樣。我還聽到有人談到自己想伸手去碰逝者的手；也有人告訴我，他們發現自己在失去幾個星期和幾個月之後，仍會期待離去的那人會在某個特定的時間回來。凡此種種都在告訴我們，給自己時間去調整和適應新的生活是必要的。即使過程困難重重，也是值得、豐厚的，它可以讓你塑造出令你滿意的新生活，你的新生活將有所不同，可以是很有意義又充實。你要有信心，相信自己的能力和擁有的資源，相信經歷哀悼階段時的智慧。當你順利地度過這個階段，將體驗到一個全新的整合的自己，帶著希望的新想法和可能性的圖像開始浮現。你如何應對身為單親家庭家長的現實和要求，將與你發展的自我價值程度，以及與自己感受接觸的自由度有關。

因為我們是人，需要知道事情發生的原因。遭逢失去時，我們可能找到兩種解釋：（1）「可憐的我」（指責自己）

或（2）「都是他／她的錯」（指責他人）。指責自己代表的是「我什麼都不是」，心生內疚；指責他人則與指責自己相反；兩者都會阻礙我們重建新生活，也會對孩子產生負面影響。

舉一個例子說明應對姿態如何影響孩子，一個單親媽媽指責自己或前夫，孩子從她身上就會學到直接了當和隱約曖昧的兩種訊息，然後將所學反映在他們的行為和態度上。例如，女兒可能學到的事是「永遠都不要相信男人」或「為了取悅男人，你必須做他要你做的事情。」這種教導會使女兒困擾不已，對女兒形塑正向的自己或看待男人的觀點都沒有絲毫幫助。

兒子則可能學到「不要像你的父親」，兒子因為和父親同性別，可能因此理解成身為男人是不好的。甚至，更具侵蝕性的反應是母親將兒子與自己緊密糾纏在一起，以至於他和其他女人在一起時反而感到不自在、不舒服。

雖然這是極端的狀況，但在現實生活中，的確存有很多這樣的例子。如果是單親父親，也可能掉入相同的陷阱，責備自己或前妻，同樣的結果也會發生在兒子和女兒身上。一旦他是以責備的觀點看待伴侶離開家的選擇時，孩子從家長身上所學習到的就會存有許多變化。

我認為建立一個支持性團體來支持自己是很有助益的，尤其團體中也有其他單親家長。這會幫助你意識到自己並不孤單，也有其他需獨自扶養孩子的單親家庭，這些單親家長能夠和你分享他們的經歷，包括痛苦和快樂、成功和失敗，也能夠提供切實可行的建議。

擁有朋友和生活樂趣都很重要，你能夠和其他人一起做你特別享受的事。如果你的生活只有工作和教養，就會變得非常悽涼慘淡，而且也會反映在孩子身上。所以你需要留一些時間

給自己，保持熱情活力，追求興趣，並擁有其他成人的友情陪伴。

另一個有助益的是，記得你的心理健康、生活觀，與你對生活的滿意度和喜悅感有很大關係。可以支持你的朋友、和家事無關的興趣、擁有自己的時間等，都有助於你維持正向的態度、健康的人生觀和高自我價值感。

對單親家長來說，建立滿意充實的生活是相當巨大的挑戰。對生活不滿意的父母會帶給孩子更多的困境。以下提供你一些建議，可以協助單親家庭運作良好。首先，不管失去另一半的原因是因為對方死亡、離開，或離婚了，允許你自己和孩子經歷哀悼階段。第二，一個家庭成為單親家庭的事實和感受是兩件截然不同的事情。對一個健康的單親家庭來說，我建議孩子應該從所有相關人那兒了解真相，而不是只聽父親或母親單一方的偏見。像成人一樣，孩子需要完全了解事實。如果可能，在事情發生的當下就告訴他們事實；如果不可能，也要盡快讓孩子知道。孩子不會因為還太小不能知道事實，年齡太大更不會是阻礙。

孩子感知到所發生的事情，可能都超過父母的預期；如果沒有告訴他們事實，他們就會編造自己的故事版本，而這個過程常會傷害他們的自我價值。例如，因為父母離婚而責怪自己，或是把感受隱藏在心中，進而導致不必要的痛苦、疾患和情感上的傷痛。

第三，千萬注意，不要讓孩子和另一人作對，或讓另一人來對付孩子。如果這種情況繼續下去，家庭關係就會受傷，而且這樣的溝通方式無法讓孩子表達出來發生了什麼事，他們只得把事情內化，而這正是許多困擾的來源。

第四，孩子的需求不能等。不管父親或母親是因為死亡、離婚或其他原因離開家庭，生活必須繼續下去，食物和居住的

地方、賬單必須支付，生活必須重新安排，再度確認優先順序。即使不容易，還是需要規劃和做決定。

在重新安排新生活時，找朋友或支持性團體提供建議、資訊和友情，應該是有幫助的。一些大學、基督教青年會和當地的機構可能有特定的諮商中心，有資源可以幫助人們在這段過渡期做這樣的決定。如果你覺得可能蠻適合你的，就去尋求相關的協助。當然，如果單親家庭的家長對這些部分的變化已經如魚得水，家庭成員也學會好好合作，所有事情處理起來就會相當得心應手。但如果你的情況不是這樣，就需要找資源來幫助你因應這些事情。

第五，我建議你和孩子培養強烈的幽默感。幽默可以療癒很多事，在你經歷生活的困境時，幽默是很寶貴的。

第六，如果可能，和孩子建立一個相互學習和傳授的情境。我常常對於孩子擁有的豐沛資源印象深刻。他們可以提供許多資源給父母，尤其是對單親家庭的情況特別有幫助。如果你的觀念是「身為父母，就應該無所不能、無所不知」，它會綁住你，讓你沒有機會尋找、發展孩子的寶藏。

第七，另一件要注意的事，孩子需要領導，我指的是領導而不是發號施令。不分年齡大小，家中每個成員都有值得貢獻的價值，而你的職責就是去發掘並培育孩子的價值。

記住，「是」和「不」會傳達出界線和可能性。對孩子說「是」或「不」並不表示你是不是愛他們，或者你拒絕了他們。為了讓「是」或「不」是真正有意義的，重要的是盡可能充分告知。如果你在當下並沒有足夠的資訊，最好的表達方式是：「我現在沒有辦法判斷。」或「我們等等。」而不是在不確定的情況下就說「是」或「不」。

當父親或母親，一個從孩子有記憶以來就一直在他／她生命中全然參與的人，要離開了，通常會出現複雜的情緒，例如

震驚、迷惑、生氣、無助、挫折，有時候則是解脫。這些感受是現實困境的一環，常是單親父母要面對的，而且就和其他現實考量一般，需要創意處理。有所幫助的是，你記得，艱難奮鬥對你或孩子們來說都不是新體驗，我們所有人都需要學會有創意地對抗困境，也是這樣的應對，展現出我們生命的本質。

另一個重要的事，是意識到我們都是人，會做人做的事情，而且大部分的人都盡力做到最好的了。我們生活在一個壓力、威脅和機會共存的世界裡，只是某些時候我們看不清楚這一點。況且，當父親或母親有一人離開時，威脅和壓力會大到讓人難以承受，以致讓人覺得每件事都難以應付。在這種狀態下，你可能很難感受到希望，也很難尋求帶給自己希望的機會。

在這些黑暗的日子裡，要不斷提醒自己：我是奇蹟。所有人都是奇蹟。有什麼生物跟人類一樣具有這麼多的潛能和可能性呢？有時候，我們會忘記自己擁有的資源是如此豐富；一旦我們忘記時就會變得憂鬱、生病和無助。然而，事情不一定就是這樣，還是有其他出路的。

如果我們能夠掌握自己的高自我價值感、冒險的意願，並理解生和死、死和再生都是人類生命的一部分，生命就有無限的可能。生命有點像浮雕，當一件事結束時，另一件事就開始出現。在心裡謹記這個可能性：失落之後是豐富新生命的希望；你就能夠真的去尋找和發現你需要的資源。

你能尋找資源的地方很多，你擁有自己的能力和技巧，你可以檢視自己整合的程度，並在這個基礎上持續建構，你可以從經驗中觀察和學習。在整個過程中，你也許可以重新喚醒你的創造力。

當你關注身為單親的實際問題，例如財務狀況、生活安排、重新塑造你的生活環境等，你記住這些，如此一來你就知

道需要做什麼了。

面臨新的情境會讓我們陷入未知，尤其當這個新情境是因為夢想破滅和失去另一半時，看起來似乎很可怕。類似這樣的失去是令人不愉快的。然而，我的確感受到它們就是生活的一部分，無法預測。如果我們能放下所有「這真是糟糕」和「可憐的我」的想法，就能變得有創意。我們可以釋放能量，讓其他部分成長實現、獲得滿足。生命就像河流一樣，對生命保持開放，就會出現新的可能性。

身為單親家庭的家長，你不是被社會排擠的人，而是社會創造出來的可能性之一。堅持這個信念！

【第六章】
聯合家族治療

引言人：史蒂芬・史密斯（Stephen Smith）
成癮問題諮商師、家族治療師

　　一九九三年，當時我正在一個戒治治療中心工
作，開始研究維琴尼亞・薩提爾的工作；這項持續至
今的研究，轉化了我對治療工作的觀點。本章介紹了
很多帶來轉化的理論和方法，薩提爾闡述了許多她的
家族治療理論和方法要素，她發展這個理論時，正
和貝特森、傑・哈利（Jay Haley）、約翰・韋克蘭
（John Weakland）和傑克森在心理研究所共事。她
提議將處遇的焦點放在家庭系統的關係上，而不是成
員本人身上。

　　這個取向有非常重要的兩個意涵。首先，薩提爾
不再將注意力放在個體引發系統問題的觀點上，因而
解除了對個體的指責，也就是個體不用為症狀象徵的
病理負責。問題不是問題，系統如何因應問題才是問
題。薩提爾認為症狀只是系統問題中可被看見的信
號，而系統問題源於對問題的壓抑，因而又壓抑了清
晰、明確的溝通。其次，如果只治療症狀而不改變出
現症狀的系統，會導致類似或者其他形式的替代性症
狀重複出現。她的治療並不是企圖改正症狀，而是聚
焦於讓整個系統成長。

　　薩提爾接下來就一致性、高自我價值、意識到他
／她是一個好的決策者，而且對選擇的結果負責任來
論述，描述健康的人的樣子。她也用這些詞彙來形容

一個有能力的治療師。她認為在處遇的過程中，治療師變成了系統的一部分，若他／她沒有能力進行清晰、明確的溝通，就無法幫助家庭經驗到更好的改變，因為家庭會以習慣的失功能模式來回應。薩提爾的治療模式將治療師的角色從一個對錯的判決者轉變成一個探索者，詢問個案壓抑的問題。正是這些問題揭露了阻礙家庭成員之間明確溝通的規條。當治療師揭露家庭通常運作的潛規則時，家庭成員就可以決定哪些規條是他們想要保留的，哪些是因為不再適合而想要放棄的。

在本章中，薩提爾清楚地展現出她對人和對治療過程的信念是如何直接影響她的實務工作。她提供任何想學習她的模式的治療師一個機會，發展一種實作方法，創造出信任和尊重的氛圍，引發真正的改變。

互動概念的應用是我的治療核心。透過探索家庭系統，治療直接處遇個體目前的規條和歷程。一個測試的交變網絡就如治療揭露家庭規條和歷程。我認為家庭是一個運作的單位，有維繫自身運作的規條，所有在這個單位的每一個體以自己的獨特方式運作著，這個單位也是一個有先後次序規條的系統，因此，當另一規條和家庭規條衝突時，大家會意識到接下來會發生什麼。

我認為行為是互動的結果。當個體處在持續變化的情境中，為了滿足自己特定的角色，他們會表現出合宜的行為。合宜的行為除了增進自己的愉悅感和發展之外，也促使家庭往共同目標前進。不合宜的行為則是失功能的訊號。我認為症狀是一個現狀的呈現。當孩子出現問題時，代表父母的婚姻關係存在著一些矛盾。雖然他的症狀扭曲了他所經驗到被壓抑的溝

通，但也因此讓問題浮上檯面。溝通是滿足需要的方式。一個人如果不能溝通，就無法滿足自己的需求。人是在家庭系統中學會如何溝通或如何不溝通。一個家庭如果面對的是塑造出來的或是虛擬的現實，而否認看似客觀的事實，就會有成員用症狀把它報導出來。我常發現失功能的家庭極少直接提問，他們暗示，而不是直接和對方說話，或者傾向壓抑問題。我看過一個總是把問題壓抑下來的家庭，最後的結果只剩焦慮、敵意和徹底無助。設想一下現在我是在說話而不是書寫，而你必須記錄或轉述我所說的內容。如果你遺漏了一些，或者有不明白的地方，卻不能提出疑問，可能就會變得焦慮；如果你沒有聽到任何重點，或許就會變得具有敵意；如果你持續遺漏訊息，最後就會變得無助。

　　無可諱言地，問題是一種冒險。如果家庭害怕因問題而被暴露，就會禁止或減少被問問題的風險，這常發生在低自我價值的家庭中。我相信，兩位構築起一個家庭的建築師——一對男女因為性而組成家庭——擁有高自我價值，在這個前提下衍生的家庭系統，讓每個成員都能看重自己的存在，每個成員都能說出個人內在真實感受到的感受，並提出疑惑。所有成員，包括家庭這個單位本身，都能製造並運用靈活的、適當的、讓人滿意和適應變化的規條，而且這個家庭單位與社會所形成的連結將是開放且充滿希望的。

　　我的理論中有個重點是強化自我價值。我是一個正向的人，相信人們會盡其所能地，在自己所知的範圍內做到最好。我的工作有兩個主要的部分：學習和體驗。我教導每一個人和自己的獨特性連結，允許並鼓勵每一個人去體驗。家庭成員需要經驗自己、經驗彼此。我在尋找明確傳達給我的事情時，會運用談話和清晰的溝通，儘管有時候聽起來很簡單且重複。我會使用我發展出來的活動和遊戲，快速增強家庭對溝通

的體驗。這些練習活動和遊戲仰賴的是人類的想像和感官。我努力深化人們的意識，以及增強他們更重視溝通這個能力；我們所看、所聽、所注意、理解、賦予意義等等，都是溝通的一部分。大多數我自己系統化的經驗都在告訴我：身體在溝通中的重要性。當一個人說某件事情，身體透露的訊息卻是相反時，我不會相信他所說的。我認為當一個人內外都是一致的，就是處在一個坦誠的狀態，他的身體、注意力、動作、語言、聲調和面部表情等等，都在同一個水平上傳給我時，我就能聽到他所要說的，我能夠清楚地經驗到他，可以相信他。我的治療目標和方法是要讓人清楚地知道自己是可以溝通的，他們會因為他人可以理解自己而有安全感，也可以理解別人。在治療中，我可以幫助他們體認到溝通的結果，或真正發生了什麼，但這取決他們自己。一個家庭是不是一個好地方，讓人可以生活、享受的地方，取決於能否理解和獲得理解；當家庭成員衷心感謝自己所感受到的理解和被理解，就能意識到自己的價值；他們看到自己和彼此的價值，便能建立自我價值；他們對自己和他人的尊重足以讓他們選擇清晰明白；他們能明確地與人溝通，向自己和他人展現出我是誰、狀態如何；他們因為開放而能夠互相信任，如此的家庭所創造出來的環境便是一個良好、讓人願意待下來的地方。

治療的理論基礎

「症狀是家庭的產物」是在所有家庭都像系統般運作的前提下提出來的概念。當家庭系統失功能時，個人的症狀就會具體展現這個問題，因此，針對整個家庭進行治療便是合乎常理的。

家庭系統似乎有自身的排列和次序，也似乎是可靠的。家庭成員通常不自覺地知道接下來會發生什麼事，家庭系統通常

也是不均衡的。我們需要在很多面向成長，比如關乎生存、親密關係、生產力、建立意義和秩序等面向上，身體、情緒、社會和智力等需求。可是這些成長需求很少得到滿足，也不是家中每個成員的需求都能獲得同等的滿足。系統可能滿足某些成員部分的需求，而完全忽略其他成員。系統自身有做決定的順序，以及關於協調和權力的規條，也是系統的規條主導溝通權：誰有發言權、誰為誰說話、誰咎責某人或歸功於某人，都是可觀察到的家庭系統因素。

根據這樣的觀點，任何家庭成員的行為都可視為是完全恰當、可以理解的。成員的行為在家庭自身的系統中是合宜的。個體的行為可能不符合自身的成長需求，或者看起來不符合其他家庭成員的期待，但卻是最適合整個家庭系統的。唯有理解系統，我們才能理解這個帶有症狀或被指認是病人的成員。

這個取向開始於我觀察家庭有思覺失調症的孩子時，關於這些家庭的報告裡均提到夫妻的婚姻關係相當完美，是抓狂的兒子或女兒造成家庭生活有問題，但是關係到婚姻個人不適任、挫折和失望都粉飾掉了。於是，隨著生病孩子狀況好轉了，夫妻關係反而開始惡化。總括來說，病理症狀是系統議題，而不是個人議題。

我是在研究這些家庭的溝通模式時整理出**雙重束縛理論**。簡單來說，雙重束縛理論認為思覺失調的孩子是在一個出現矛盾訊息的情境下學習行為和溝通，也就是孩子同時收到不一致的言語與非言語訊息，比如，媽媽說「約翰，如果你愛媽媽，就靠近一點」，同時她的僵硬姿態卻透露出難以接近。

現在我們必須回應。如果我們從一個求生存的人那裡接收到雙重信息，就會被束縛於一種情境，在那裡意義、我們「應該如何」的回應和期待都對成長造成威脅衝擊；身處這種

情境下的孩子就會發展出症狀。但重點並不是不適任的父母養出生病的孩子，而是除非家庭情境或者個案的世界改變，否則個案那些古怪、看似沒有意義的行為，其實都是合宜的。所以，必須先改變這種持續傷害的溝通模式。然而，我認為家庭一定沒有意識到這樣的溝通模式，以及所造成的傷害，因此，治療的第一步應該是讓家庭意識到這些模式。

早期研究在比較不同類型的家庭時發現，所謂的不同類型是，譬如家中有成員犯法、成績不佳或是患有潰瘍性結腸炎，不同類型的系統失功能會導致不同類型的症狀。家庭類型的發展取決於男人和女人，亦即這家庭的「建築師」，以及男人和女人的原生家庭。從臨床現象來看，令人印象深刻的是，家庭所發展出來的系統，在男女求愛期就已經開始，隨著婚姻、孩子融入家庭而持續發展和修正，然而，重要的事情似乎不是那麼明顯可見。當一個人試圖理解當下的行為到底代表什麼意義時，必須去揭開家庭溝通時使用的規條脈絡：現在的規條是什麼？誰可以做什麼？在什麼條件下？誰可以評論？他可以對什麼評論？我發現個案家庭的典型規條是，不會明確地容許每個人的獨特性和獨立性，成員之間通常不叫彼此的名字，說話時不會看著對方；決定是透過權力爭鬥而定，而不是依據客觀事實進行溝通協調的結果；規條會把差異性壓抑下來，不一樣似乎等同於對家庭成員的批評。在這樣的家庭裡，一個人對於生存、成長、親近他人及生產的需求，是在衝突中獲得滿足，也常常被扭曲。這些成員的症狀反映的是兩造之間的差異：自身的成長需求和個體必須仰賴的情境規條。

成長變成了一種掙扎！在這樣的環境裡，強大的大人可能不會重視或不會幫助孩子找到力量，因此我看到每一個孩子努力地找到自己的力量。雖然每一個孩子都為獨立而努力，終究還生存在互相依賴的情境中。他／她希望成為一個清楚性別的

人，卻可能對性徵差異的遮遮掩掩而感到困惑。如同一個很有生產力的孩子，他可能發現自己的價值主要取決於他的生產力，他會看、會聽、會感覺、有想法，但是他有可能分享他的看法而沒有任何人對他說出「去死吧」之類的話嗎？也就是，不會有任何人用死亡或毀滅來呈現痛苦或憤怒。我認為症狀意味著成長受挫了。這可從三個方面來看：首先，誰把什麼樣的行為貼上症狀這個標籤？或者是誰把什麼樣的實際行為稱為症狀？其次，對個案來說，症狀指的是什麼樣的成長挫折？最後，這個成長挫折如何維繫家庭生存、維持關係？換句話說，症狀是如何顯現家庭此刻的痛苦、麻煩或者困惑？治療的意義就在於，承認症狀是一個在不合宜系統中所展現出來的適當行為。

把家庭當作一個整體單位，應該在同一時間、同一地點接受治療。一旦揭露和理解了家庭目前運作的系統，治療就開始了。每個成員的成長需求在脈絡中被看到。相反地，行為不再被視為是個人的病理症狀，或是被隔離，或是「折磨」。這個轉變使每個人的行為變得可以理解，而且讓治療的重點從「疾病」轉為「成長」。

在稍早以理解為核心的探索之後，當前這個系統是如何運作，每個人是如何應對這些規條被呈現出來。接下來的工作就是，在治療師的陪伴下改變系統、教育、再教育，以及安全、清楚的溝通經驗。我經常發現，失功能的家庭中，成員通常不會問那些核對事實的簡單問題，也不期待得到明確的答案。當治療師營造出一個安全的氛圍，讓每個成員能真正展現自己時，他們會獲得力量、知道訣竅，並能真正地勇敢行動。當每個成員學會溝通，而且是真的溝通時，他就能夠更直接地滿足自己的需求。當家庭開始直接交談，不再有矛盾的限制時，家庭規條就會開始改變。規條一改變，系統就會不一樣

了，病態的氛圍轉化為健康的氛圍。

　　因此，治療師更需要關注的是歷程，而不是結果。不管內容是什麼，重點在於意義是如何傳送出去？又是如何接收的？治療師關注的不僅是呈現出家庭成員之間承諾和約定的過程，也要確認家庭成員所理解的意思就是說出和所聽到的本意，還有就是，確定每個人在家中的自我價值，不僅尊重自己，也獲得尊重。

我的工作態度

　　幾年來，我逐漸勾勒出一個活生生的人是什麼樣子的畫面：一個了解、重視、懂得發揮自己的身體的人，發現身體的美和優勢；一個對自己和對他人都真誠坦白的人；一個願意冒險、有創造力和展現自己能力的人；能夠因應不同的環境而改變；能找到方法適應新的、不同的環境，同時保留有用的舊的部分，捨棄沒有用的部分。對健康的人而言，感受和溝通是同一件事。事實上，當我看到一個人的感受和溝通一致時，我知道治療已經完成了。健康的人可以光明磊落地做事，看待自己的方式如同他人看待他的方式；他可以告訴別人他的希望、恐懼和期待；他可以不同意，可以做決定，可以做中學。他為他所想、所聽和所看負責任；他了解自己；他面對的是實際的世界，而不僅僅是他的「願望」。

　　當我們更健康時，就能從過去的傷害中解脫，變得成熟。在我的治療中，我認為成熟是最美好的，而這是個非常重要的概念。我認為成熟的人可以為自己負責，可以選擇，可以有能力判斷自己的選擇就是他的限制；他基於對自己和對他人的正確觀點、自己所處的背景下決定；他認可自己的決定，擁有這些決定。因為決定是自己的，他為決定的後果負責任。我認為我們每一個人都有責任去覺察我們對別人的要求；同時，我

可以掌握是否要採取行動的選擇以及行動的過程。基於這一點，我不僅能夠為自己負責，也能夠為別人負責。我雖然不能為發生在我眼前的事情負責，但可以為我的回應負責。

這些互相依賴讓我們意識到我們遵循模式的方式。我們是彼此的榜樣，有責任當一個清楚、明白且一致性的榜樣。

家庭中的重要事務就是，我所說的**塑造人**（peoplemaking）。健康的家庭會造就健康的人，失功能的家庭造就不健康的人。若將家庭比喻為一座工廠，那麼工廠的類型就會決定產品。良好的塑造人會發生在自我價值高的地方；溝通是直接、清楚明白、具體且誠實的；規條富有彈性、人性化、合宜，而且能適時調整；和社會的連結是開放並充滿希望。

我認為孩子會反映出父母養育子女的婚姻狀況。父母之間存有差異是不爭事實，父親是男的，母親是女的，這就是很大的差異。若父親或母親將任何差異都看成是可怕的事，或是衝突的來源，便會有一種像戰爭一樣的氛圍，伴隨著一套有害的、壓抑的家庭規條。從另外一個角度說，若差異被視為是愉悅的，是一個探索和理解的機會，那麼家庭的藍圖就會是平和的，伴隨而來的就是生命中的成長，樂趣和美好的事物都會發生。我發現個體對「差異」和「不同之處在於……」的反應可以作為他適應成長和變化能力的評估指標，也能看出他對家中其他成員的態度，以及他是否能夠直接地表達這些態度。

家庭的藍圖是由互相依賴和互動交織所構成。家庭規條裡，包括誰是榜樣、所傳遞之關於成長渴望的訊息，都為每個個體勾勒出一張藍圖：他學習如何評估並回應新的經驗，他學習是否要與他人親近。家是一個人認識自己的地方，是第一次判斷自己是否有價值的地方；他第一次了解到別人是什麼樣的人，也學習如何和他人及世界連結。家庭是不可或缺的學習的

守護者。

教導的過程包括下列：清楚知道要教什麼、每個父或母都知道自己提供的是怎樣的榜樣、知道如何吸引另一位父或母遵循這個榜樣，以及有效的溝通。家庭教導的目地在於塑造人。每一個成員，不管是不是合乎理想，在某種程度上都參與塑造人的過程。每個成員都從家尋求指引、自由、鼓勵、滋養和對獨特性的欣賞。

在我看來，理想家庭裡的成員，能夠清楚展現自己的獨特性，顯示力量，明確表達自己的性向，能透過理解、友善和情感來呈現自己與人們分享的能力，也是一個實際、負責任、運用常識的人。這些聽起來似乎很難實現，但我認為這是可以試著發展的方向，但同時也尊重成員目前的狀態。關鍵詞是獨特性、有力量、性別、分享、通情達理、實事求是和負責任。

家是一個人學習並發展出理想我的地方。我們要牢記的一個重要概念是，家中的每個人在任何時刻都是一個完整的個體。無論這個人是剛出生兩週，還是十五歲、三十五歲，或者八十五歲，他都是一個完整的人。他可以期待他的家庭來塑造他。一個失去理想工作的成年人所經驗到的失望的痛，不會比一個失去心愛玩具的四歲孩子還少。失望的經驗在任何年齡都是相似的。一個孩子受到憤怒的母親長篇大論的責難，他的感受與一個受到憤怒的丈夫長篇大論責怪的妻子的感受，並沒有什麼差異，反之亦然。

小孩似乎很知道他們所處的希望、恐懼、錯誤、不完美及成功的這個世界，也就是父母所熟知、和他們分享的世界。當父母選擇扮演權威角色而非真實表達感受時，對孩子來說似乎很虛偽。倘若一個孩子不信任父母，這個不信任感受將會擴展為孤立感、普遍的不確定感和反抗。

現在，我們重新回顧關鍵詞，我不認為需要解釋什麼是

「通情達理」、「分享」和「實事求是」，因為我和你對這些詞的用法是一樣的，但我希望更深入闡述「獨特性」、「有力量」和「性別」這三個詞的概念，因為在家庭藍圖中，理解這些概念非常重要。

我認為獨特性是自我價值的關鍵詞。我們基於相似而連結，基於差異而成長。我們需要兩者。我將一個人身上這種相似和相異的結合稱為**獨特性**。協助孩子尊重父母的差異，是學習過程中很重要的部分，他也會因此學習欣賞自己。如果嬰兒在生命一開始時沒有得到被當作獨特個體對待的機會，就很難以完整的個體去回應，他們會成長為不健全的人。

現在，來看看力量這個關鍵詞。我們最先發展的是身體的力量，沒有什麼比嬰兒的第一聲啼哭還受歡迎的了。我們開心地迎接生理的協調，期待孩子長大、能掌握自己的身體。我注意到父母在教孩子使用身體力量時，是多麼地有耐心，也在孩子成功做到時歡欣鼓舞。我認為每次成功付出時所展現的喜悅，也適用於教導孩子掌握其他領域的力量，包括智力的、情緒的、社交的、物質的和靈性的。我的態度是，如果我們帶著喜悅和讚同，耐心地回應孩子新發現的力量，那麼我們就成功了。情緒的力量似乎是最可怕的，或許是因為成年人不太相信自己的情緒力量。

另一個常見的難題是家庭在教導性別時，就最廣義的男性和女性來說，孩子在這個方面的決定，反映的不是父母說了什麼，而是父母如何享受彼此的差異。

在教導方面，我說了很多，當然不可能教導家庭成員在每個情境下要做什麼。然而，我注意到，當家庭著重完整個體的自我價值時，家庭成員會知道該做什麼，因為他們在每一次為自己選擇的過程中發展出判斷力了。

一些治療的方法

體驗和分享對家庭成員的經驗，是我治療的主要部分。我想要人們去經驗另一個人，所以一開始是讓兩個人互相對看。假設你和我面對面，你的感官看到我的樣子、聽到我的聲音、聞到我的氣味，若你不經意碰到我，你也感覺到我的感受。然後，大腦會回報這些對你的意義，喚起你過往的經驗，特別是你與父母親和其他權威人士的互動經驗，你從書本上學習來的，以及你運用這些資訊解讀來自感官訊息的能力。根據大腦報告的內容，你會感到自在或不自在，身體也許放鬆或緊繃。與此同時，我也經歷同樣的歷程。我的感官正在接收，並和過往經驗、價值觀及期待連結。我感覺到身體的回應，因為我們彼此對視，它正在運作。但是大腦對對方的「所知」，來自猜測和想像，除非我們彼此核對。

假設你和我，一男一女，正面臨日常的生活危機：成年的女兒琳達要搬進自己的公寓。這場特別的危機對大部分家庭來說，都很傷感，孩子離家是嚴重的失落。現在，身為一個男人，我能體會你的感受：在你面前，我感到愉悅，現在我在你臉上看到不尋常的難捨表情和哀傷的眼神，我猜你不贊成琳達的計劃。如果我是女人，我能體會妳的感受：過去二十五年，妳一直是那個讓我覺得自在的快樂的人，現在很明顯地，妳看起來有些擔心。我想像妳會跟琳達說住在市區的公寓是多麼昂貴又孤單，也可能有危險。

這一切都在我們開口說話前就發生了，一瞬之間。當我們能夠開始自由地、開放地、信任彼此地交談時，我們發現先前的猜測和想像改變了：作為一個男人，我聽到你說你支持琳達的獨立，甚至還有點嫉妒她；同時你也分享難過的心情，預期孩子搬出家裡時自然而然到來的孤獨。作為一個女人，我聽到妳說妳讚嘆琳達的勇氣。當我聽到你說話、討論判斷和選

擇，你讓我了解你是如何希望我們給她足夠的空間，讓她選擇，幫她發展判斷力。

　　有意識的相互核對下，我們分享，增加對彼此的了解。我們在一個更真實的情況下看見彼此，變得更親近。當我們更有覺察力時，就會更加欣賞對方。透過用語言核對感官訊息，我們得到完整且更精確的面向，當彼此不用再猜測時，我們就會感到更安心。口頭溝通清晰明瞭，我們因此更加親近。隨著家庭成員學習如何溝通之後，讓人驚訝的是，家庭的孤獨感也跟著消失了。

　　溝通是學來的。從出生的那一刻起，我們就學習如何溝通，要溝通什麼。在五歲之前，我們在分享溝通上可能已經有極大量的經驗了：發展出關於自己、他人及世界的看法；學會要期待什麼，以及如何溝通來獲得可能得到的東西。

　　我把溝通比喻為一把大傘，覆蓋且影響發生在人們之間的一切事情。打從來到地球的那一刻起，溝通便是最大的單一因素，決定著我們想跟他人建立什麼樣的關係，以及我們在這個世界上發生的一切。我注意到，高自我價值的人會直接、開放和充分地溝通；他們和別人平起平坐，就事論事，而不是猜測或害怕。他們送出一致性的訊息，聲音、語言符合臉部表情、身體姿態。當人與人的關係是輕鬆、自由自在和誠實時，一致性的回應就會發生。一致性的回應是真實的。如果一致性的一方說：「我喜歡你。」他的眼睛注視著你，聲音是溫暖的。如果他說的是：「我超級氣你的。」他的聲音會是嚴厲，臉部表情緊繃。這樣的訊息簡單又直接。我信任一個一致性的人，因為他傳達的訊息是當下的真實。因為我知道和他一起時的位置，我感覺很好。

　　治療時，我讓人們透過練習感受自己是如何反應。我聽過上千次人們如何互動，進而發展出這些概念。對我來說，讓人

們經歷一致性的回應，再和自己用其他方式回應做個對比之後發現，除了一致性溝通之外，我們通常有另外四種回應方式，而這些回應的方式是為了保護說話者，而不是為了和聽者溝通。換句話說，當一個人處在低自我價值的狀態時，就會採用下列方式來溝通：

一個人可能會**討好**（placate），好讓對方高興、不生氣等等。

一個人可能會**指責**（blame），好讓對方認為他很強大。

一個人可能會**超理智**（compute）。他總是說一些無關痛癢的話，或者用一些大話來保護自己的自我價值。

一個人可能會**打岔**（distract），所以他人不會得到任何相關訊息。打岔者不會回應當下討論的重點；因為不同的指示讓他暈頭轉向，他沒有目標，感覺孤獨，但又努力不讓別人知道。

為了讓人體驗**討好**的回應，我誇大並膨脹臉部和聲音訊息。我讓討好者去感受，當他與人交談的方式是迎合對方、取悅對方、道歉，或不管對方說什麼都不反對時，會有什麼感覺。他就像是糖漿、甜言蜜語和拍馬屁，都是為了讓人們可以真正感覺到他在討好時的身體狀態，我提議了一種身體姿態：單腿跪下，身體稍微搖晃，一隻手做出乞討的樣子，抬起頭，讓脖子和肩膀感受到討好的姿勢。不久後，這個討好者就會感覺噁心、緊張和頭疼，如果他傾聽自己的話。因為不能深呼吸，他聽起來像在發牢騷；他必須得到別人的肯定，但只要他對所有的事都說「好」，就不可能有人認可他。

我讓**指責**者的姿勢，一隻手放在臀部，另一隻手伸出食指指向外。當指責者好好指責時，他會覺得脖子肌肉緊張、鼻孔張開。當他們斥責、咒罵和批評天底下任何事情時，便能感受到自己扭曲面孔、撇著嘴唇。指責者總是不滿意，常說：

「你什麼事都做不好！你是怎麼回事？」指責者雖然看似是老闆，但內在卻感到挫敗，對自我價值感到困惑。

超理智者超級理性、正確、疏遠、單調，且讓人難以瞭解。他會說的話像是：「如果一個人很仔細地觀察，可能會注意到這兒有人有一雙過度操勞的雙手。」（一致性者會說：「看看我的手，你就知道我多麼努力工作。」）超理智者會說些冠冕堂皇的話。他僵化，因為他的頭顱以下沒有感受。他看起來沉著、冷靜、鎮定，但在內心深處，他感受到低自我價值又脆弱。可悲的是，超理智者竟然是許多人被教導要成為的理想目標，「要說正確的話；不要表現出任何情緒；不要有所反應。」這是給機器人的建議，不是人。

另一方面，**打岔者**是最會反應的人，只是他的反應和任何人所說、所做的都沒關係。扮演打岔者，想像自己像一個不平衡的陀螺，不斷的旋轉，永遠都不知要去哪裡，甚至抵達時也不知道。打岔者的嘴巴、手臂和腿都是同時在動。一個人扮演打岔者幾分鐘後，就會經驗到極度的孤單和無目標，因為打岔者從來都不是活在當下。

經驗這四種溝通方式，讓人們接觸到自己身體的反應，過去內在所經歷的感受會浮現出來，這些舊的溝通方式可能是兒童早期學會的。如果一個人能夠生動地經驗其中一種不良的溝通方式，就更能拒絕它。他敏銳地意識到自己需要什麼、要拒絕什麼。他更能學習、運用一致性的溝通方式。當他開始變得更能一致地反應時，自我價值就會提升；自我價值提升了，他就更能一致、有自信，因此能自信地表達自己。我希望我沒有過於簡化。成為一個一致的人，需要有人跟你展現如何做、要具備膽量、勇氣，還要有新信念。我不認為你假裝得來。

我發現當一個人自我價值提升，更能好好地自我表達時，他會開始意識到自己是一個完整的人，能夠和他人形成滿足的

關係，這樣的結果是令人滿意的。講授溝通時，我是在打擊我所眼見的世界裡真正的人類罪惡。對我來說，孤立、無助、感覺不被愛、低自我價值或無能感都是如假包換的罪惡。某些類型的溝通可以改變這些。我試著讓每個人盡可能透過一致性溝通來體驗自己有能力直接、自發、一致、帶著關愛與他人往來。

治療師

我認為治療師最重要的品質是真誠。一個有效的治療師，不僅能真誠地對待家庭的每一個人，還能將每個孩子都視為獨特個體，就像他視每個成人都是獨特個體一樣。我會和每一個孩子都保持目光接觸，以確保這樣的真誠或真實在我們之間流動。這對我來說意味著彎腰的幅度要很大，但我認為讓每個孩子都體驗兩個人因眼睛直視對方時的親密連結而相互尊重，是很重要的。既然初次經驗非常重要，這種眼對眼的真誠交流有助於打開、發展和我的關係，促使身為治療師的我做得更多。我的確把自己看成是一個改變的經理人。我捲起袖子，積極協助家庭改變，試著協助他們覺察那些運作不良的模式，並改用良好可行的模式。我認為治療師也要保有自信心和充滿好奇，當我帶著研究的態度進入家庭時，我對家庭裡真正發生了什麼事感興趣，而不是看起來可能發生了什麼事，而且通常不是家庭一開始就想被看到正在發生的事情。正因為如此，我認為非常重要的是治療師對家庭成員的態度是不指責。

為了達到協助的目的，幫助陷入困境的家庭的重點，會放在研究和分析他們彼此之間特殊的動力關係。比如，我注意到某人隱身在身為**掌權者**的父母斗篷下。有時我發現這個掌權者是暴君，他炫耀自己的權力，無所不知，道貌岸然、到處招搖。他可能會說：「我是權威，家裡人都要按照我所說的

做。」有時。我注意到這個掌權者是個殉道者，除了服侍家裡的其他人之外，絕對不會為自己做什麼。他會想方設法地表現出自己是無足輕重的。他可能會說：「不用管我，你們高興就好。」另一個掌權者會像《人面巨石》（*Great Stone Face*）裡的角色一樣，不停的說教，非常無動於衷，只專注於所有對的事情上。他會說：「這才是正確的方式。」

現在我找到這麼有趣的例證，但是我的發現卻似乎與大多數研究相反。我不喜歡貼標籤，這些發現是為了了解可以做什麼，有什麼是在家庭中可以運用的。我發現所有的掌權者似乎都為低自我價值所苦。作為治療師，當我開始發現每個獨立個體時，就更有信心在家庭中開展改變的工作。改變就此開始。

當我花時間讓自己對於個別的家庭成員所處的位置感到安全時，我發現我的工作成效最好，然後，我感知自己和這個狀態的關係，這能幫助我自在，我喜歡在工作中感覺自在。當治療師喜愛自己所做的事時，治療就會更順利進展，因為他是真的非常開心，對於自己正取得的成就感覺輕鬆。事實上，除非你享受自己正在做的事，否則我不認為有誰能夠勝任當下的工作。

我也發現，當我能自由而真實地表達感受，家庭成員便會接收到這個非常重要的信念：表達真實感受是安全的。為了更強調這一點，我認為治療師百分之九十的工作，是要維持一個讓人安全的諮商氛圍；在這種安全氛圍中，家庭成員不僅可以感受還可以表達，因為他們在表達感受時感覺是被允許的。除此之外，也許我應再次強調我的信念，治療師永遠都不能使用懲罰。懲罰無法教導；同樣地，「聽我的」也不管用。我指的是，治療師可以透過行動來教導，而不是指導（說到此，我感覺不自在，因為聽起來太說教了。但這僅是提供資訊，不是治療，所以就這麼寫吧）。這個矛盾提醒我，作為治療師，我們

要有覺知地決定該怎麼做。我們處理現實，我們接收到的這個**是什麼**（what is）；我們有常識，要善用。我們不接受表面訊息，我們揭露本質，也相信自己的身體。我接觸過彬彬有禮但氣氛冰冷的家庭，或者乏味死氣沉沉的家庭，經驗過像陀螺一樣讓人頭暈目眩的家庭，或者不祥氣氛的家庭，就像風暴前的平靜，電閃雷鳴可能隨時到來。這些存在諸多問題的氛圍讓我背疼、肩疼、頭疼，甚至是噁心反胃的反應。我發現我的身體會敏察這些，告訴我很多關於家庭的訊息。

之後，當我更了解這個家庭，他們更健康時，我會分享一些回應和感受，我注意到幽默感是一個放諸四海皆準的健康信號。當我和家庭一起回顧他們因為選擇了不會陷入死胡同的溝通而體驗到的輕鬆時，我看到健康呈現而感到欣慰。經驗讓我理解到，身體會對非人性的氛圍做出人性化的反應，因此身體疾病必定會在某個時間出現。

最後一件我想說的事是，治療師有雙重部分。對我來說，愛和民主似乎有關，就像是一個特質的兩個部分。優秀的治療師是打從心底真誠地喜歡人，而我認為這就是愛。他們帶著這個美好的意圖對待所有的家庭成員，民主地接納所有的家庭成員。每一次面對兒虐的人時，我都會提醒自己這兩點。我把兒虐者看成是一個正在成長的孩子，正經歷長大成人的歷程。當第一波的反胃過去後，我投身幫助這些成年人，還有他們的小孩，面對並處理他們的羞愧、無知和包袱。就像所有好的治療一樣，懲罰只會使事情變得更糟；治療這些人是要幫助他們變成更好的人。

我的目標

一個健康又具滋養的家庭是由身體健康、心智機敏、有感受、有愛、風趣、真誠、有創意、有生產力的人組成的。這些

人可以自己穩穩地站著、能夠深刻地愛人、能夠公平有效競爭，他們既溫柔又堅強，而且能理解這兩者的差異。這些人所組成的家庭，具備以下四個特點：

1. 高自我價值感。
2. 直接、清晰、具體和誠實的溝通。
3. 具彈性、人性化和恰當的規條，而且可以調整。
4. 與社會的連結是開放且充滿希望的。

我認為所有健康的家庭都有這些共同點。健康家庭是由一群珍視自己的人組成的；每個人都尊重自己和他人；他們意識到作為一個群體的價值。我發現一個高自我價值的人，知道家是一個可以滿足自己需求的好地方。在這個提供滋養的家裡，他們知道可以提出自己需要什麼，可以坦誠地說出自己的需求、失望、成就和夢想。由於需求會改變，甚至每分鐘都在變，所以這些人為自己的家庭選擇合適家庭的規條，也適合於他們自己。他們認為自己是有價值的，所以不會隨意地遵循規條。他們也是積極的提問者，會不斷地問：這合適嗎？這條規條，或關係到我們家的這個方法，能促進成長嗎？我們的家庭鼓勵我們不管在家或在外面的世界，都滿足自己的需求嗎？換句話說，我們與社會的連結是開放且充滿希望，所以我們能期待在這世上的生活是美好的嗎？

家庭規條是極為重要、充滿活力和影響力的力量。這些規條是既能讓你慢下來，也能讓你往前進的力量。不過不能過度強調這些規條的重要性。事實上，我的目標是幫助個人和家庭發現他們所遵循的生活規條，而且我認為發現這些規條常讓家庭驚訝不已，因為很多家庭甚至沒有意識到自己的規條系統。

規條與**應該**有關，規條也縮寫了可能性。與其每次都要重新決定、選擇或採取行動，家庭寧願仰賴他們的**應該**：家庭成員不必每次對於錢怎麼花、誰做家務，或如何應對違規行為時

都做出新決定。

要知道家庭規條，其中的一個好方法就是讓所有家庭成員都出席，坐下來寫下他們認知的規條，兩個小時足足有餘了。如果有選擇，他們或許想指定一位秘書來負責這項工作。這時不是爭論或討論的時候，而是讓所有的家庭成員添加自己想到的家庭規條。也許，十歲的男孩認為規條就是，當十一歲的姐姐有充分的理由去忙其他事時，他才需要洗碗，他認為自己是一台備用的洗碗機。姐姐則認為規條是，弟弟只有在爸爸叫他洗碗時，才需要洗碗。我們很清楚看到誤解是如何產生的。我聽到父母憤怒地說：「他知道規條是什麼！」但往往事實並非如此。

實際上，看到規條變成白紙上的黑字，有助於家庭檢視他們的規條是否公平和合宜。他們能看到權力是否與時俱進。一個能夠滋養的家庭會更新規條，有能力適應。我們的法律制度提供申訴的機會，我認為好的家庭規條系統也應如此。

在認可家庭規條之後，家庭便能面對一個問題：誰制定這些規條。是那個最老的、最好的、障礙最多的、還是最有權力的人？這些規條來自書本、電視節目、鄰居、還是父母成長的家庭？

一個良好的家庭規條系統會允許家庭成員自由地評論所發生的事情，而不是事情應該要怎麼樣。以下，我從四個面向來談論評論的自由。

首先，我會讓他們回答：關於你所見、所聽，你能說什麼？表達出害怕、無助、憤怒、舒適的需求，孤單、脆弱或攻擊形成了一些阻礙。其次，我想知道：你可以對誰說這些？有時我可能發現一些脫節的狀態，譬如小孩聽到父親或母親說髒話，但家庭規條之一是不能說髒話。孩子可能不會提醒父母，但是如果那是個例外的話，父母必須要提醒孩子。

接著我需要知道：如果你不同意或者不贊同某人或者某些事，你會如何因應？倘若你的六十九歲祖母老是弄丟電話簿，你可以直接說嗎？

　　我的第四個問題是：當你不明白時，你會怎麼問問題？當然，許多家庭成員甚至連問都不會問，即使他們不明白；但家庭成員會學到可以澄清問題，獲得理解，也可以被理解。

　　所有看見的、聽到的都在家裡發生，我的目標是讓家庭成員運用自己所看和所聽，獲得親密、信任、支持和喜悅。即使可能存在有關缺陷、牢獄、違法等的祕密，環繞著這個主題談論，或隱藏祕密，都無法消除這些事件。只是談論正向的、正確的和恰當的事件，會遺漏大量的事實訊息。這些封閉的態度會導致低自我價值，因為任何一個家庭成員，被要求用任何方式否認自己的觀點，都會受到傷害。

　　最不容易碰觸的或拒絕的議題就是性。有一些家庭會否認性的存在，拒絕去看家庭是由男性和女性組成。一個人的性特徵對於一個人的分離個體性有很大的影響。這很重要，因為獨特性是自我價值的關鍵。家庭是一個讓人學習作為一個女性或男性的好地方。我接觸過一些家庭規條相當嚴厲，比如：不能以任何形式享受性，不管是你或其他人。

　　一些家庭認為生殖器是骯髒的東西。因為有如此多的痛苦來自壓抑和對性的不人道態度，我試著將這些態度轉變為自豪、開放、接受、享受和欣賞的態度。我可以說，我所見過任何一個在婚姻中對性有問題的人，或者濫交，或因性犯罪而被捕的人，無一例外都是在有某些性禁忌的家庭中成長。甚至，更深入來說，我所見過有任何應對問題或情緒疾患的人，也是在一些有性禁忌的家庭中長大。

　　所以我認為任何事都能用人性化的方式來談論和理解，目標是讓家庭成員意識到，誠實表達自己可以加深對自己和對他

人的理解，這也表示他們有更好的機會與外界建立起令人滿意的關係。

現在簡單回顧一下我在談論目標時所提到的：擁有自我價值的人，全然分享也尊重夢想，我認為夢想是生命的力量和推動力。夢想讓生命持續向前流動。對我來說，當一個人對自己的夢想，也就是他的想要、他的渴望，變得有把握時，便會付諸行動，享受行動。他有自信實現自己的夢想。和家庭分享則有助於目標的實現。

會談的範例說明

以下會談摘自我參與的一次家庭諮商和治療的研討會。當時，我們是在舞臺上進行會談，這樣的方式似乎讓一些家庭成員感覺不太自在，所以我試著讓每個人以自己覺得舒適的方式坐著，把腳放在讓他們感到有安全感的東西上面。會談開始後，我知道伊蓮四歲，吉米六歲，珍十歲，瑪麗十一歲，父母親約翰和艾麗絲，當時分別是四十二歲和三十四歲，我快五十四歲了，所以我跟他們說，我們有大量的經驗可以借鑒。我們先討論期待，然後是一些家庭活動。從約翰的觀點來看，家庭自告奮勇地想了解關於自己家庭的動態。會談開始的座位，我要將家庭成員分組，我讓他們靠近他們在家中覺得較親近的成員。兩個大一些的孩子坐在約翰兩邊，兩個小的則在艾麗絲兩邊，這似乎對整個家庭來說是自在的。我試著了解他們的生活和家的運作方式。十五分鐘之後，我們開始學習一些行為規條。

約　翰：艾麗絲對小孩不像我這麼嚴格。我認為她會同意這一點，但她卻比我更能掌控他們。

珍：因為他老是在發脾氣。

薩提爾：他會發脾氣。好的、好的。但我確實感受到發生了一些變化。當妳改變位置的時候，妳有沒有看到一些變化呢，艾麗絲？對此，妳會怎麼解釋？

艾麗絲：我猜她們倆（瑪麗和珍）覺得，她們和我在一起時，不必像和他在一起那樣，必須待在一定的界線範圍內。這是我唯一有的解釋。我不是那麼容易發脾氣，我想。

薩提爾：妳希望變得更好嗎？

艾麗絲：希望。我的意思是我不知道那是不是解決問題的方法。雖然我希望對她們嚴格一點，但我不想生氣，或是和生氣有關的任何情緒。我們是很不一樣的人，我是說，他是一個非常情緒化的人，任何小事都能引起他的反應。他會突然發怒，但我不會。

薩提爾：嗯，讓我告訴妳一些我的感受，可能是對的，也可能不對，有時候當妳不是真的相信的時候，妳會問自己是否應該和現在的妳有所不同。我不認為妳真的認為自己想發脾氣，是嗎？

艾麗絲：我不想發脾氣，我希望自己可以更正向。

薩提爾：妳可以舉個例子來說明妳的意思嗎？

艾麗絲：我希望我可以說「不，你不會這樣做的」，然後堅持下去，讓孩子信服。

薩提爾：約翰，你現在聽到艾麗絲這麼說，有什麼感受？

約　翰：她和我對發脾氣這事的看法不同。我非常確定……讓我打個比方，不打不成器。雖然過去這十六年我只用過三次，但是它一直都在，我認為這種助力是必要。如果你要跟誰說某事，那麼你最好不要說任何你自己無法堅持的事，因為很快地，他們就不再相信你了。我覺得，很多時候她要小孩去做事情，而她並沒有強

制執行，或至少，不是像我的強制方式。

薩提爾：艾麗絲，妳理解嗎？這是約翰對妳的看法。

艾麗絲：是呀，很多時候，自己做是比較容易一些。

薩提爾：好，那妳對他的看法有什麼感受？

艾麗絲：我認為很多時候他都太嚴厲了。

薩提爾：那會帶給妳什麼問題呢？

艾麗絲：氣得咬牙切齒。

薩提爾：咬牙切齒。妳願意嘗試其他的做法嗎？

艾麗絲：願意吧！

薩提爾：你呢，約翰？

約　翰：讓我說一句。我注意到一件事，我認為重要的事，就是當珍、吉米、瑪麗和伊蓮被隔開，其實是這兩個，珍和瑪麗競爭的結果。就在你剛談到張力時，現在這樣的安排是相對沒有張力，因為另一種安排的競爭會引發張力。但現在讓我們繼續剛才的話題。

薩提爾：好的，伊蓮，我現在要妳把椅子往後退一點點。珍，妳也是。我希望妳們就像是在電影院一樣，只要看。如果妳們就待在現在的地方，我會讓妳們面對面。現在，我們試試看這樣適不適合，好嗎？艾麗絲，我想知道妳可不可以跟約翰說：「我認為你太嚴厲了。」

艾麗絲：我認為你太嚴厲了。

薩提爾：現在，約翰，你要如何回應她？

約　翰：我盡力了！

薩提爾：艾麗絲，妳對他跟妳說的這些話，感受如何？

艾麗絲：嗯，他的確盡力了，儘管我認為他需要更放鬆。

薩提爾：但是針對妳不認同他的嚴厲，他並沒有回應妳，有嗎？對於他沒有回應，妳的感受如何？

艾麗絲：這是他典型的回應。

薩提爾：好的，讓我們再試一次，再一次告訴他，妳覺得他太
　　　　嚴厲了。

艾麗絲：我覺得你太嚴厲了。

約　翰：我認為我需要訴諸鞭子才能讓小孩聽話，我是在做我
　　　　認為對的事。

薩提爾：好的，現在，妳可以再試一次。當妳（艾麗絲）告
　　　　訴他，妳認為他太嚴厲的時候，你（約翰）可以告訴
　　　　她，你認為她錯了嗎？

艾麗絲：我認為你**真的**太嚴厲了。

約　翰：我認為妳錯了。

薩提爾：艾麗絲，對此妳想如何回應？

艾麗絲：我認為我是對的。

約　翰：我看要開始吵架了。

薩提爾：現在，約翰，你在嘲笑它，但你可以告訴我，假如真
　　　　的開始吵架了，你現在的感受是。

約　翰：但還沒開始吵架。

薩提爾：我注意到了，我知道為什麼，不過我認為需要這麼
　　　　做。好吧！約翰，你可以回應嗎？艾麗絲說她認為她
　　　　是對的。

約　翰：我認為妳錯了。

艾麗絲：這樣下去沒完沒了。

薩提爾：是的，這是其中一種情況，一旦發生，無處可逃，是
　　　　嗎？喔，反而，孩子可以這麼做。好吧！你們可以靠
　　　　近一些嗎？艾麗絲，妳可以看著他，對他說一些妳和
　　　　他完全贊同彼此的一些事。

艾麗絲：我們需要離開，擁有一些時間，只有我們兩個。

約　翰：阿門。

薩提爾：這是同意的意思嗎？

約　翰：是的，夫人。

薩提爾：好，告訴她你同意她說的。

約　翰：我剛剛說了。

薩提爾：沒有，你聽起來像個傳教士。

約　翰：（對著艾麗絲）我完全同意，全心全意。

薩提爾：現在，艾麗絲，妳想要做什麼？

艾麗絲：嗯，我希望我們可以訂出離開幾天的計劃。

薩提爾：告訴他一些妳希望跟他一起做的事情。

艾麗絲：嗯，這真的是我們一直計劃的，休個小假。

薩提爾：訂了嗎？

艾麗絲：是，暫時。

薩提爾：好，那是什麼阻礙了它呢？

艾麗絲：照顧孩子。

薩提爾：好，現在你們何不討論一下照顧孩子的問題？

艾麗絲：我們離雙方父母的家太遠了，只能試著請朋友過
　　　　來，和孩子們一起待在家裡，或者趕他們出去，把孩
　　　　子分開，託付給我們的朋友照顧。我們會離開三天。

薩提爾：預計多快執行？

艾麗絲：四月。

薩提爾：四月，好的。現在妳說了幾種可能性，不同的孩子去
　　　　不同的地方等等。你們可以一起討論嗎？就在此時，
　　　　告訴對方妳想到的，妳認為可以如何規劃。

艾麗絲：嗯！我想到了幾件事。

　　艾麗絲和約翰繼續商量，制定計劃。現在我發現他們需要
幫助的地方，正努力解決他們的意見不合，而不是透過孩子來
解決分歧。

薩提爾：我發現你們之間，意見不合這事，讓你很害怕。

約　翰：非常！

薩提爾：那妳呢，艾麗絲？妳不同意約翰的理由是什麼？

艾麗絲：嗯，一來，是令人不舒服的。

薩提爾：親愛的，妳可以多說一些嗎？

艾麗絲：不管面臨什麼樣的問題，我覺得我們都可以找到更好的辦法去解決，而不是持續無法一致或爭吵。

薩提爾：現在讓我們來做一些事，因為我觀察到一個問題，就是這個家對於意見不同這件事，似乎感到非常可怕。你們還沒有找到如何利用不同的意見讓彼此成長的方法。或許在會談結束前，我們會對意見不同有不同的理解。

約　翰：讓我對艾麗絲說一句話，這並不沒有什麼大不了的，我只是想告訴她，這是每個家庭都會發生的事。

薩提爾：約翰，我聽到你試圖想讓艾麗絲放心，你想說的是她與其他人沒有那麼大的差別，而你也是。

約　翰：基本上，是的。

薩提爾：約翰，你可以用更簡單的方式告訴艾麗絲嗎？

約　翰：對我來說要用簡單的方式說是困難的。

薩提爾：是的，我偶爾也會感到自己想要翻查字典，但無論如何，你說你在意見不合時，會先討好。

約　翰：這是很多年前的事情了。

薩提爾：很久以前？

約　翰：現在可以跟她說道理了。

薩提爾：嗯，那你可以做出討好的姿態？艾麗絲，你還記得很久以前，當他對妳說：「好的，親愛的？」

艾麗絲：不記得了。

薩提爾：嗯，約翰，這是你的回憶。你會對眼前的哪個人

　　　　　說：「好的」？

約　　翰：她（艾麗絲）。

薩提爾：艾麗絲。好的，艾麗絲，可能妳現在還不知道，但是顯然這是真的。現在，約翰，當你這麼做的時候，你如何看待艾麗絲的反應？指責，好的。艾麗絲，這可能不是妳記得的，但卻是他心中關於妳的畫面。約翰，對你來說，你在下面處於討好的姿態，感覺如何？

約　　翰：門墊。

薩提爾：所以你那個時候心裡是生氣的。艾麗絲，如果妳從來都不知道怎麼回事，那麼有可能，約翰有很大的一部分是妳不認識的。現在，約翰，呼吸，否則你會背痛。艾麗絲，當妳看到他這個討好的姿態時，妳覺察到自己正在做什麼？是那樣的嗎？或是「見鬼去吧你」之類的？好，妳確實選擇了「見鬼去吧你！！」那妳跟著我所說的，手是這樣指著，這是你看到的嗎？約翰。

約　　翰：不是那種可以說道理的姿態。

薩提爾：嗯，等一下，但是，這次你說的是你的感受，所以很顯然地，你並沒有看到這個。

約　　翰：沒有，我沒有看到。

薩提爾：你覺得難，因為艾麗絲正看向那邊。艾麗絲，妳有意識到妳的手指向哪裡嗎？

艾麗絲：我看不到。

薩提爾：不，妳看不到，但你可以從後面感受到它。妳真正想跟他說的是：「少囉唆，不要再煩我了。」於是他住嘴了。現在，約翰，當你說你終於停下來了，非常能夠理解你為了什麼停止，又重拾「說道理」的姿態。

你想要做什麼，艾麗絲？

艾麗絲：我想要溝通，告訴他不要一副講大道理的樣子。

薩提爾：好，那妳想要什麼呢？

約　翰：她還沒有決定好。

艾麗絲：你在替我說話。

薩提爾：這對妳來說代表了什麼？好，妳現在來到這裡了，妳看到自己做什麼？

艾麗絲：不是討好，但有些相似；懇求，也不完全是。

薩提爾：好，差不多是這個！妳直視著他，稍稍屈膝，看起來像是在說「請妳看著我，拜託。」好，孩子們，我想問你們曾經看過爸爸媽媽之間這樣子，爸爸站得直挺挺的，像直布羅陀之石那樣？

珍：有時候。

薩提爾：當他們那樣時，妳記得自己在做什麼嗎？妳認為發生了什麼事？妳覺得自己想做什麼？妳是否也那樣站著不動？妳記得什麼畫面？

（珍推了一下她爸爸）

薩提爾：妳真的想讓它消失嗎？把他推開。好，站著，就好像妳想把他推開。現在，約翰，你在這兒低下頭做出懇求的樣子。你認為你在哪裡？好，維持那個姿勢一下下。伊蓮，親愛的，妳認為你在哪？妳也在那裡。妳想說妳和爸爸在一起，是嗎？好，妳已經感覺到你們兩個在一起了。這是你在家裡會注意到的事嗎？珍真的很想讓你們兩個停下來。

珍：我不喜歡你（爸爸），但是……

薩提爾：好，珍站在中間。

約　翰：珍試圖掌控我們的狀況。

薩提爾：艾麗絲，妳注意到了嗎？

艾麗絲：是的。

薩提爾：好，妳在瑪麗身上也看過這樣嗎？

艾麗絲：有，但是不是那個姿態。

薩提爾：好，我們誇大了這個姿態，但你看過嗎？

約　翰：不是很清楚。

薩提爾：不是很清楚，現在是不是開始顯露出來了？

瑪　麗：我告訴爸爸該做什麼。我告訴他要對媽媽好一點，也跟媽媽說要對爸爸好一點。

薩提爾：好，現在等一下。這裡有很多線索。好，妳把妳的肩膀更放低一些。我聽到的是，妳責備妳爸爸，然後說：「現在，你對媽媽好一點。」是這樣嗎？

瑪　麗：我告訴他要對她做什麼，告訴他她想要什麼⋯⋯

薩提爾：好的，妳現在這麼做，大聲地跟爸爸說，好讓我們都能聽到，好嗎？

瑪　麗：爸爸，當你跟媽媽說話時，她不能接受那些大吼大叫。下次你想要大吼大叫，就只要問問你自己：「媽媽喜歡我說話的方式嗎？還是不喜歡？」試著不要大吼大叫。

薩提爾：艾麗絲，這是妳自己從瑪麗那裡感受到的嗎？

艾麗絲：不是這些話。不是這麼明確？。

薩提爾：（對瑪麗）妳想跟爸爸說：「請你對媽媽好一些。」現在，瑪麗，到媽媽那邊，告訴她妳想對她說的話。

瑪　麗：妳不應該大吼大叫。

艾麗絲：我沒有那麼大聲。

薩提爾：現在，瑪麗，對媽媽說：「對爸爸好一點，他控制不了。」

瑪　麗：他控制不了，所以才會大吼大叫。

薩提爾：艾麗絲，妳注意到發生了什麼嗎？

艾麗絲：是的，一種非常……

薩提爾：這只是家庭的一小部分。我們看到的是，當這個家庭破裂，也就是當你們兩個人遇到問題，反對彼此、意見不合時，你們這個家庭的運作方式就是這樣。瑪麗會試著給爸爸一些建議，告訴他要如何對待他的妻子，也試著給媽媽一些建議，讓她更能理解她的丈夫。這就是我所聽到的。

當我們繼續會談，他們的規條網絡陸續顯現出來。明確的溝通對我們的工作佔有舉足輕重的位置，採取一致性溝通的人，他的意見不同不會抵觸家庭成員對彼此的愛。我們也針對來自應該（supposed to）的家庭規條問題處理。由於這次會談揭示了很多，後續工作也和家庭一起完成了，如此一來他們便可以好好解決他們的議題。

結論

家族治療當然是為了家庭；我注意到，因為共同的任務，而以各種方式結合在一起相關的三個人或更多的人，都可能發展成為家庭系統。所以這個治療類型，理論上是適用很多的小團體。我認為當我們在團體中，自然會將自己塑造成家庭，因為家庭一直以來都是最基本的社會單位。毋庸置疑，我依然認為家庭是最基本的社會單位，也會一直是。我把家庭看成是每一個人能坐下來，並得到理解的地方。家庭是一個夠小的團體。對大多數家庭來說，全部的成員加起來多半不會超過十五人。在家庭這個團體中，每個人都會因自己的獨特價值而受到讚賞，每個人都有自己獨特的位置，而這些位置都處在不同的發展階段，相互平衡、彼此適應。

為了讓家庭團體經驗到他們是如何相互適應和彼此平衡，我有時候會提供一些目標，每個目標都非常不一樣。家庭打造出活動體，透過平衡不同的目標創造出他們的活動體。家庭中有多少成員，就有多少目標。有些家庭會在第一次達到平衡時就安定下來；而我會試著鼓勵至少三個解決方法、指出樂趣和多樣化。做這個練習的要點是觀察，當運轉裝置的一部分從一個地方移到另一個地方，就會對其他部分產生影響，家庭成員無法在重新整理自己時不影響到整個群體。家庭變得更有覺察力、關心彼此時，家庭成員就會在改變家庭模式前多些思量。我認為重點是，了解很多家庭的改變其實是我所稱的**正常危機**。對大多數人來說，這種自然發生的壓力是可以預期的，危機包括暫時的焦慮，需要一段適應期，以及新的整合。當一個男人和一個女人決定共組家庭後，第一個孩子就是他們的第一個危機。他們經歷受孕、懷孕和生產過程。身為第一個孩子就是危機的一部分，因為他就是試驗品，我不知道還有什麼其他的可能性。

第二個危機是當孩子開始使用可理解的語言，需要很大的調整和適應；第三個危機出現在孩子開始上學時，第四個危機聲勢浩大，就是當孩子進入青春期時；第五個危機是孩子長大成人、離家，會感受到很強烈的失落；第六個危機是孩子結婚，家庭因姻親加入而擴展；第七個危機是女人的更年期；第八個危機是男人的更年期，這個無法預期的危機，似乎多是源自男人的想法，他正在失去自己的優勢能力，而不是生理的任何狀況；第九個危機是夫妻二人變成祖父母，充滿了特權，也到處是陷阱；最後，第十個危機發生在伴侶死亡之際，接著就是自己的死亡。

這些改變都很正常且快速，比起我所能想到的任何社會團體，家庭的改變更多也更快速。當三、四個危機同時出現

時，生活真的會「讓人憂心忡忡」。

通常，家庭是在這個時候來尋求幫助。如果家庭沒有料想到改變帶來的差異，如果他們耕耘出靜態情境和同質性，就有可能面臨重摔在地的危險，也就需要協助才能再次站起來。人們出生、長大、工作、結婚、成為父母、變老和死亡。在我的治療中，我試圖創造覺察、提高溝通技巧，來幫助家庭適應生活的壓迫和壓力，並從中成長。

研究

我現在用這六種主要形式來進行結構化的會談：

1. 會談提供了一種構建家庭行為和發展家庭行為的分類方法，希望利用家庭行為的原始資料，幫助我們制訂適當的概念來描述家庭。很明顯，分析個體行為的困難之一是，我們沒有清楚、通用的詞彙，用以描述家庭系統和家庭規條。
2. 會談可以用來任務導向的比較不同的家庭。
3. 在治療開始和結束，家庭可以與自己比較。
4. 會談資訊可以用來因治療所帶來的訊息和見解進行比較。
5. 會談可用於診斷，作為治療的參考、指導方針。
6. 會談是治療的一部分。對一個家庭來說，若清楚地回應會談打破了家庭失功能的規條，如成員成長的壓抑、扭曲或攻擊的規條等等，那麼這就是一種治療經驗。觀察到災難不會伴隨直接一致的反應這件事，對一些家庭成員來說，是一種重要的體驗。

朱爾斯・里斯金博士制定了一系列量表，來描述和分類互動。這些量表試圖顯示，比如釐清和一致性，或是說了什麼是否符合如何說；也處理一些概念，比如承諾或迴避承諾、同意

或不同意、增加或降低強度。到目前為止，他的研究結果顯示出互動中具有意義和重要的變項因子。

另一個研究者傑‧哈利，試圖發展出一個更加機械性的方法，來區分家庭和衡量互動。他以四分鐘裡三人（父親、母親、孩子）交替互動的過程為單位，來記錄發言順序。誰在誰之後發言會有明顯的差異，這樣秩序在紛擾不安的家庭裡是更僵化的。他的研究暗喻家庭的確會展現出模式，而這個論述正支持我認為家庭是一個系統的觀點。

研究的總體目的是學習描述、識別，然後使用這個系統促進所有家庭成員的成長。這個結果，對於正常和病態的家庭來說，都代表我們已經開始了。

【參考文獻】

Jackson, D., and Satir, V. (1961). A Method of analysis of a family interview. *Archives of General Psychiatry*. 5 (4), 321-339. Chicago: American Medical Association.

Jackson, D., and Satir, V. (1962). A Review of psychiatric developments in family diagnosis and family therapy. *Exploring the Base for Family Therapy*. New York: Family Service Association.

Satir,V. (1971). Conjoint Family Therapy: Demonstration with a Family. Videotape. *Proceedings of a Symposium on Training Groups*. College of Education. The University of Georgia.

Satir, V. (1963). *Conjoint family therapy*. Palo Alto: Science and Behavior Books.

Satir, V. Demonstration With Nine Volunteers. (1971). (Audiotape). Proceedings of a symposium on training groups. The University of Georgia: College of Education.

Satir, V. (1970). I am me. *Etcetera: A Review of General Semantics.* 11 (4), 463-464.

Satir, V. (1972) *Peoplemaking.* Palo Alto: Science and Behavior Books.

Satir, V. (1971) Symptomatology: A family production, *Theory and Practice of Family Psychiatry.* John G. Howells. New York: Brunner/Mazel.

Satir, V. (1965) "The Family as a Treatment Unit," *Confina Psychiatrica.* Basel S. Karger. New York: Basel S. Karger. Vol. 8, pp. 37-42.

Warshofsky, Fred. (1971) An Interview With Virginia Satir. *Family Circle*, November, 42-43.

第七章

一個家族治療師成長歷程的面貌描述

引言人：柯琳·墨菲（Colleen Murphy）

加拿大道格拉斯學院（Douglas College）講師、家族治療師

在本文中，維琴尼亞·薩提爾不僅分享了她專業成長的內外在歷程，也分享了她對健康取向、正向心理觀點、生存姿態、曼陀羅、家庭和社會系統、症狀的生存目的、自己的生命力，以及治療師必須是一致的等等想法。本文將討論全部的概念，以及理解這些概念的過程。這些概念在薩提爾從事家族治療師工作時，具有獨特的貢獻，但是可能沒有任何一點比她關注治療師的人格對我們的專業發展具有更關鍵性和先見性的作用。

在我們堅定地走向未來的過程中，如果說一門專業能夠擁有長者、先人提供來自過往經驗的指導，那麼薩提爾是用這篇文章率先表達了她對先輩的感謝。薩提爾根據她所尊敬的同事，如貝特森、鮑文、阿克曼、理斯金、艾瑞克森、米紐慶等，這些我們公認的前輩，跟我們講述了她作為一個治療師的成長脈絡。

從頭到尾，薩提爾的語言都反映了她信念的完整性和演變，她超越了當時的精神病理學取向，樹立了健康取向的核心信念。她「堅定深切地相信……家庭成員能夠彼此真正的連結……」。薩提爾（1982）發表了她當時的見解，為家族治療專業和我們作為家

族治療師的持續發展，灑下鼓勵的光。

　　引用薩提爾在本章中所說的話，她說：「一些過去的發現是持續成長的花苞，一些是基礎的新發現，對我來說，事情將繼續進行下去，一直都是這樣。」

　　相較於當時的觀點，薩提爾反其道而行，她認為那些新的想法看似矛盾對立，卻是非常豐富。她提議不同學派的家族治療師們一起合作，不要執著哪一個才是最「正確」的。

　　在本章，薩提爾真實地展現了她在家族治療實務中的真知灼見。我們現在幾乎視為理所當然的部分，比如治療師的角色和他／她在治療過程中的信念、正向心理學 vs. 精神病理學、整體的精神與情感健康取向，還有我們仍然必須學習的人類奧祕等等，薩提爾在幾十年前就有所體認，也闡釋了。

　　最後，薩提爾將她的重點放在我們，身為一個家族治療師，我們的整合、我們對新資訊的開放，以及我們超越所學之界線的意願。她建議我們不要跟隨她及其他前輩的腳步，而是要跟隨自己的心靈，用我們的能力、信心和一致性走出一條屬於自己的道路。

　　我是一九五〇年代第一批「自學」（homemade）、未受過家族治療專業培訓的「家族治療師」之一。所有早期的治療先驅（包括我在內）帶領我們走到現在稱之為家族治療領域的，都感受「無望的」思覺失調族群的挑戰和／或對他們的關心。我們的學習擴展延伸修正為我們現在正在做的。我想簡略介紹八個人，其實還有其他人，但我選出的這些人是我最熟悉的。

　　卡拉曼・基雅法斯（Kalman Gyarfas）醫學博士，一位在

匈牙利出生、對人充滿關愛的精神科醫師，芝加哥州立醫院院長。由於有感思覺失調的部分解答就在家庭，當一九五五年三月伊利諾斯州精神醫學研究所首次開始一項計畫時，擔任負責人的基雅法斯博士邀請我對住院醫生講授家庭動力學，我的家族治療的先例。那時，我跟家庭一起工作已有四年時間。對家族治療的發展來說，在芝加哥之外的地方，幾乎很少人知道基雅法斯博士的影響力。他致力於協助精神科住院醫生從家庭脈絡來看個案問題所在。

一九五六年，我與醫學博士默里・鮑文聯繫，他當時正和沃倫・布羅迪（Warren Brody）、鮑勃・戴辛格（Bob Dysinger）一起研究在國家精神健康研究院住院治療的思覺失調患者的家庭。他親切地邀請我去拜訪他。鮑文博士從研究中提出家庭自我團（family ego mass）的理論，同時發展出一套透過應對他所認為之家庭系統的「管理者」，來改變家庭的方法，後來將其擴展為代間系統（intergenerational systems）。

我直到一九六二年才見到奈森・阿克曼，他掌握了有症狀的家庭成員是如何與其他家庭成員連結的核心。他在一九三四年寫下這篇文章，接著卻完全離開這個領域，直到五〇年代中期，才又開始和整個家庭的臨床工作。

一九五六年秋天（Bateson, 1956），我透過一篇唐・傑克森的文章〈走向思覺失調症理論〉（Toward a Theory of Schizophrenia）認識了他。我記得讀到這篇文章時，興奮地差點從椅子上跌下來。他描寫的現象正是我所觀察到的。那一刻，我意識到自己是多麼孤立無援，離主流是這麼遙遠，而這裡竟然有一個同行者（我住在芝加哥，工作也在那裡，對當時許多專業社群來說，我是個怪人。但可能因為我是個友善的怪人，所以他們仍接納我）。我後來才知道傑克森博士和格雷戈里・貝特森、傑・哈利及其他人共事，這些人後來也都在加州

帕洛阿爾托的心智研究所工作。傑克森博士的文章讓我印象非常深刻，一九五九年初到加州時，我打電話給他。他邀請我對他在帕洛阿爾托的小組做簡報，也就在當天，他邀請我加入他和朱爾斯·里斯金博士的團隊，一起成立心智研究所。我們三個人在一九五九年三月十九日成立了心智研究所，專注在溝通理論、檢視雙重束縛理論，以及其他的溝通概念。

哈利特別重視人與人之間的互動。他實際上研究的是權力的破壞性，並試圖讓個人有意識的運用自己，這樣他們才能夠採用更正向的權力策略，來獲得他們需要和想要的東西。他深受米爾頓·艾瑞克森（Milton Erickson）及其勝人一籌的理論（one upmanship theory）影響。

薩爾瓦多·米紐慶，一個年輕的精神科醫師，當年在威爾特威克男校（Wiltwyck School For Boys）和埃德·奧爾斯瓦爾德（Ed Auerswald）博士一起工作。這所學校的學生多數是黑人單親家庭的男孩，很高比例是小混混，表面上看來似乎毫無希望可言，但米紐慶博士卻在這些家庭裡看到資源，並活化這些資源，讓家庭朝向好的方向發展。從某種意義上來說，他是第一個證明這個族群中所謂無可救藥者是可以得到實質幫助的。既然這些家庭成員這麼需要建構生活，米紐慶博士著重於結構和權力界線的運作。許多父母不知道要如何用不同的方式看待和運用自己，米紐慶給了他們希望和方法。

我是在六○年代中期，第一次見到米紐慶博士，當時他邀請我到威爾特威克學校去分享我可以分享的。我們曾在不同的點上會合、分道揚鑣、又會合，取決於我們的一致性和不同意的程度。我深深地尊敬他，他在那些看似沒有任何希望的人身上看到希望，並且讓這些希望成為現實。

醫學博士卡爾·華特克，身為喬治亞州亞特蘭桃樹（Peachtree）小組的早期成員之一，同樣深受人們的尊敬和

愛戴，他能夠進入一個製造瘋狂的系統，並在不受瘋狂的影響下，改變這個系統。在理解人類的溝通方面，貝特森帶給我的啟發比任何人都多：立基於他不僅是一個充滿愛、關懷的人，也是一個傑出的研究者和理論家。我很幸運能認識他並和他一起工作。

我前面談到的幾位，對他們的描述都太簡短，但也代表了我自己的偏好、感激和情意。

我接受的訓練是社工，關於人性的正規訓練，完全立基於個體精神分析理論。第一次偶然發現家庭時，我的私人臨床診所正蓬勃發展。我有九年在不同機構的臨床實務經驗，六年的小學和中學教學經驗。當時的治療氛圍是僵化的，並由醫學專業所主宰。作為一個私人執業的非醫藥臨床醫生，我的病人通常有兩種，一種是別人不想收的個案，另一種是在其他治療師那裡已經進行了一系列的治療，仍未好轉而轉過來的。這意味著，我要面對的是高難度且高風險的病人。由於我不是醫學出身的，不符合責任保險投保的資格，不能冒任何傷亡的風險。既然私人執業是我的生計來源，我必須成功。因為對人有興趣，也因為我希望看到他們好轉，所以我必須成為一個負責、可信賴、可勝任高風險工作的治療師。

我在一九五一年見到第一個家庭，一位二十六歲女性經轉介而來，被診斷為「走動的思覺失調症」，看了很多治療師，幾乎沒什麼效果。

我基本上都是憑著感覺摸索，在她身上試驗各種方法和她連結。我盡可能將我所學到關於思覺失調以及該如何治療的知識束之高閣，把自己放在觀察者的位置，基本上靠直覺指引，運用我的邏輯來調節。當時沒有任何文獻談論要如何與家庭工作，我必須創造自己的指導方針。

經過六個月的治療，這位年輕女士有了難以衡量的進步，

此時她的母親卻打來電話來，威脅要告我，理由是我造成她們母女情感疏遠。基於某種原因，那天我聽到母親聲音裡傳遞了兩種訊息：語言威脅和非語言請求。我選擇回應她的請求，忽略她的威脅：邀請她加入治療。對我來說，做這件事在當時其實是很反常的，但她接受了我的邀請。

母親和女兒第一次一起走進我的治療室，我注意到非常不尋常的事。就在她母親出現的幾分鐘內，我觀察到女兒的行為退化到我第一次見到她時的樣子。我非常驚訝，簡直不敢相信我眼睛所看到的。我雖然受過訓練，但沒有任何一種訓練讓我可以有所準備來因應這樣的狀況。我知道唯一能做的事就是閉上嘴巴，觀察。

我注意到，透過聲調、眼神和姿勢所傳達的情感線索和語言訊息是完全不一致的。我開始覺察和理解溝通，溝通後來也成為我理論和實務的基礎。我看到雙重層次和雙重束縛的訊息，後來傑克森、貝特森和心智研究所團隊對此都有很精彩的描述。

當我從最初的震驚恢復過來時，繼續與母親和女兒一起工作，直到她們之間達到了新的平衡。就在某一刻，我突然意識到這位年輕的女士可能有父親、這位母親有先生。詢問之後發現的確如此。在那個時代，父親並不真正被認為是家庭情感生活的一部分，所以治療師通常不會想到他們。另一方面，母親是最主要的影響力，多半是負面的，因此即使治療師沒有在孩子接受治療期間看到母親，她們的影響力依然強大。

我問母女兩人，父親是否可以加入我們。她們接受我的邀請，基本上她們是「不應該」這麼做的。因為根據當時盛行的觀點，她們應該會強烈抵制這個提議。而當父親加入治療，我又有了另一次的大震驚：母女兩人都回到了起點。

我再次觀察到及看到原生三角（父親、母親和孩子）中聯

盟狀態的雛型。這個觀察後來成為我把家庭視為一個系統的第一個連結，它也讓我看到了三人之間的權力遊戲。我跟三人一起工作，直到他們之間達到新平衡。

後來，較年長的「完美兒子」出現了。當他加入時，同樣的不平衡再次出現。我重新工作直到達到新的平衡。之後不久，治療結束了。根據後續追蹤，新平衡得以保持，事情進展順利。

我無法精確地告訴你我到底做了什麼改變情況，但我深深堅信，所有家庭成員都能和彼此建立真正的連結，而且一致性地和對方談話。我相信改變是可能時，改變就成真了。然後，我必須弄清楚我做了什麼。我一直都在黑暗中摸索，但我清楚記得的是，我看到嶄新的家庭動力，這是我從來沒有想過會存在的東西。當實務工作持續進行，我會把在那個家庭中所學到的東西運用在另一個家庭上。

對於我們這些開始觀察家庭的治療師來說，早期是令人興奮的時期，因為我們正在開闢新天地。但這樣脫離軌道也是令人害怕的，因為我們都是理論派，有時簡直就是拿我們的專業聲譽去冒險。不過因為我是非醫學領域，並沒有受到很多批評，也沒有那麼多損失。

一開始，我們大部分人都是各自工作，不太知道其他人在做什麼，不過所有人都接觸過那些幾乎已經認定是無法治癒的思覺失調個案，也就是說，我們最初都處在精神病學界的邊緣。

一九八二年，就心理治療大環境來看，家族治療已經是一個受到尊重和接納的治療模式，那些沒有經歷過早期階段的人，很難想像當年的情況。

現在有家族治療學校，追隨者既微妙又明確地論述誰才有正確的方法。對我來說，我認為相互交流和一起建設可以讓我

們做得更好，跟家庭一起工作就是探索神祕世界的開端。

我意識到我學到關於家庭的部分，是從和所謂的「無可救藥的」思覺失調者個案工作開始的，前文描述的第一個家庭對我來說具有相當重大意義，隨後我發現還有很多的家庭也是，許多家庭來尋求我的幫助。直到一九五五年，我開始在伊利諾斯州精神科醫院教學時，我會談的家庭已經接近三百個了。

在後續一起工作的家庭裡，我重複看到和第一個家庭類似的現象。後來，當我服務不同的家庭時，從家有不良行為的成員到心理疾患或身體疾病的成員，我都看到了相同主題的其他變體。

在那個時候，我讓自己自由地嘗試任何我認為可能協助這些人和自己連結的方法，允許自己試驗任何我認為有幫助的方法。我借鑒了我在教育、戲劇、藝術、一般語義學、植物生命、哲學，以及我所知之個人發展的經驗。

我發現一個很有用的獨特方法，就是勾勒出家庭正在發生什麼情況的身體圖像。在發生的事情，也就是讓家庭成員用身體姿勢來表達他們的感受，也用姿勢來呈現彼此之間的關係。當我充分了解那種與不和諧以及失功能有關的誇張溝通時，我編了一系列身體姿勢，呈現我所觀察到人在低自我價值狀態時的基本生存需求，結果發現這些姿勢是普遍性的。我稱為「姿態」，並命名為討好、指責、打岔，後來再加上超理智姿態。

不過，這篇文章的任務並不是要詳細描述我所有所學及現今運用的東西，我想談的是，一旦我超越所學習的關於精神病理學的界線時，反而能夠看見健康，而我確實走上不同的道路了。

過去三十年，我有幸能與來自世界各地數千個家庭一起工

作，這些家庭處在不同的經濟、社會、政治、種族和國家的環境下。我也教授了上百位治療師。所有的經驗讓我對人性、家庭內外、治療取向的觀點有了一百八十度的轉變。在這個時候，我認為我的治療任務在於將那些封裝在個人或家庭表現出來的病理現象的能量，重塑並轉化成有用的有價值的意義。這與我之前認為治療的任務僅限於檢視病理的信念形成了對比。我稱現在是健康導向取向，儘管實際上不僅如此，我稱之為**人類價值認同歷程模式**（Human Validation Process Model）。在這篇文章中，我用**病理導向取向**（pathology oriented approach）一詞來說明消除症狀，**健康導向取向**（Health oriented approach）則表示我剛剛提到的能量轉化。

為了進一步說明這點，用個比喻：讓我們想像一個車輪，正中心有輪軸，輪輻伸向輪緣；輪輻代表人的不同部分，輪緣代表人的界線。接下來我會討論更多關於輪軸的部分。

在病理導向取向中，強調的是病理（症狀），即輪軸，這是治療師關注的焦點，所以，治療師僅能治療個體身上具有破壞性、和症狀相關的部分。

在健康導向取向中，我把輪軸看做是個案目前的潛在健康，尚未開發、被覆蓋著，因此無法接觸到個案。在這樣的思維框架下，症狀便是表達健康的一種嘗試，即使個案因自己的信仰和規條阻礙了健康的表現。

在這點上，我看到構成健康的八個部分，不是很精確地對應車輪上的輪輻：

1. 生理：身體。
2. 智性：左腦、想法、事實。
3. 情緒：右腦、感受、直覺。
4. 感官：耳朵聽、眼睛看、鼻子聞、嘴巴嚐、觸摸動作的皮膚觸感。

5. 互動：我和你，自己與他人的溝通，自己與自己的溝通。
6. 營養：攝入的固體和流質食物。
7. 情境：顏色、聲音、光線、空氣、溫度、形式、動作、空間和時間。
8. 靈性：個體和生命意義、靈魂，靈性、生命力的關係。

我將詳細闡釋這些層次，從靈性開始，直到生理部分。

我們的靈性向度

沒有人可以創造生命，父母並沒有創造生命，他們只是透過精子和卵子（生命的運送者）的結合啟動了生命的創造。事實就是如此，我們所有人必須面對的事實是，所有生物都源自一股生命力，但人類並沒有積極參與這項發明。人們要怎麼命名這股力量無關緊要，它就在當下，是我們存在的根本。當一個人在靈性向度承受紛擾、空虛、衝突時，難題就會出現。

我們的情境向度

因為個體總是處在情境當中，她或他會受到情境中的光、顏色、聲音、動作、氣溫、形式、空間和時間的影響。當太冷、太熱、太單調、太快、太擁擠、太孤立、太晚或者太早、太安靜或者太吵、太髒亂時，個體會受到些微影響。例如，我們知道現今人的聽力比以前受到更多傷害，我們有更多噪音要應付；有些色彩讓人感覺和諧，有些色彩讓人感受不協調；我們也受到建築物的角度和曲線的影響等等。

我們的營養向度

我們都知道攝入的食物和流質會影響身體。醫生總是為病人開出特殊飲食菜單，因為特殊的食物和流質有助於病人復

元。但是現在我們學到，好的營養不僅能促進身體健康，還能促進心理、情緒和其他方面的健康。通常，我們看到健康的人因注意營養而變得更健康。即使這個人實際上已經生病了，好的營養有助於健康，而營養不良會導致不健康。

我們的互動向度

每個人都源自其他的兩個人，我們本來就出生於群體裡，這或許可以解釋我們天生就需要和其他人連結的原因。因為我們出生時很弱小，我們與父母，這個大人之間存在著生死關係。嬰兒沒有能力依靠自己生存，必須交在他人的手上。儘管是嬰兒，需要的不僅是生理上的照顧，還需要他人的關懷、愛和尊重，也因此我們和他人一起時處於脆弱的位置，同時讓我們在與他人的連結承受巨大的負擔。

在這世界上，我們持續要做的是，在信任和有能力的狀態下和其他人合作。當這個情況沒有發生時，我們實現的需求就會遭到剝奪，因而破壞我們的自我價值。就我們與他人的關係來說，特別是與家庭成員的關係，一旦出現混亂、失衡、不和諧，對我們都有著毀滅性的影響。

我們的感官向度

我們擁有美好的感官頻道。一些人由於感官組織的生理損傷，運作並不是那麼的好。但一些沒有受到損傷的人，感官的運作可能也不是很好。由於期望和過往經驗，我們很容易曲解正在發生的事情。更甚之，我們的感官頻道受到早年「不要看」、「不要碰」、「不要聽」等告誡的影響而變得多疑，因此，接收的頻道僅有部分時間在運作，後來也只有部分在運作了。在這樣的前提脈絡下，當下情境和人並不是以如實的狀態被接收，反之是他們應該要怎樣、他們曾經如何，或者他們未

來會怎樣，而這顯然會導致失衡。

我們的情緒向度

我從個人經驗、文學以及博學的朋友那裡所收集到的訊息，右腦（連同我們的神經和腺體的系統）是監管和體驗感覺的工具。感覺是我們體驗生活事件的媒介，是賦予我們生活色彩、質地和音調的「精髓」（juice）。在這個領域，人類（為了被接納）會忽略、否認、扭曲或投射自己的感覺，因而反過來扭曲了自己的洞見，並抑制創造力和能力。所有這些都會導致他們不幸的狀態，進一步的結果是，人的應對方式是否認自己強烈地想從他人那裡獲得愛和尊重。

在西方文化成長的我們，大部分會檢視自己的特定感受，比如生氣、挫折、愛（除了和「對的」人）和恐懼。可能的結果是，他們會忽略（我沒有注意到……）、否認（那沒有發生……）、扭曲（這是另一回事……）或者投射（這是你的錯……）這些感受。感受是能量，當它們沒有以原來的形式得到承認時，就會以另外一種形式出現。能量不會因為感受沒有被承認而消失，反而會以具破壞性的方式再度出現，可能是生理上的（如生病）、理智上的（如思緒混亂和局限）或者情緒上的（如緊張和瘋狂），混亂的關係隨之而來。當這種情況成為主要的存在方式時，就造成自我價值負面的侵害。接著，不管是展現在個人還是互動的層面上，這種自然而然被強化的負面狀態，就會被創造出來。

我們的智性向度

我們的智力主要來自左腦，邏輯之家，也是我們掌管思考的地方，這是我們得出結論、制定規則、接受信念，並成為「學者」的地方。在處理真實訊息上，它是一個絕佳工具；而

當它承認右腦是一位平等的夥伴時，便可創造出各種興奮、發現和好奇心。

不幸的是，西方文化在某種程度上賦予左腦非常崇高的地位，在所有知識和學術的重要領域裡，科學、醫學、科技等，右腦都被降級了，結果就是我們使自己情感匱乏，唯有從事藝術者的右腦才會受到尊重。

總體來說，女人拒絕使用左腦，試著從男人那獲得左腦的優勢；另一方面，男人則是拒絕使用右腦，想從女人那兒獲得右腦的優勢，我們因此成為擁有「半個智慧」的文化，而許多男女關係中的紛擾都可追溯於此。不過情況似乎正在改變，我直覺我們正進入一個新時代，人們必須擁有、承認和運用我們的左、右腦，尊重並接受理智和情感這兩個部分，如此一來我們就能擁有「全智慧」（whole wits）。

我們的生理向度

我們的身體是個奇蹟。是誰能夠夢想這樣的奇蹟，然後讓它們發揮作用呢？在大多數情況下，除非身體髒了、生病了、太胖或太瘦，或是尺寸、體型不符標準，否則我們學到的就是忽略身體。愛、欣賞、理解我們的身體，和身體交流的想法才剛剛起步。當一個人憎恨、忽略身體，或將身體視為理所當然時，失衡和不和諧便會以不同的形式出現，影響我們的身體、感受、思考和行動。

這八個層面為我們編織了一張美麗的掛毯，每個部分不僅影響其他部分，同時也受到影響。現在呈現在我眼前的是這八個層面，其他層面必然會陸續發現。

直到最近，這些不同的層面仍被視為各自獨立，交付一個專家照顧，但這些專家往往只知些許或根本不了解他所負責的部分是如何與其他部分相互影響。我們將身體交到醫生

手裡，大腦交給教育者，感受交給心理分析師，靈魂交給牧師，其餘的則在三不管地帶。任何人在任何時候，這八個層面之間都存在著動態的相互影響，彷彿有個公式：

A（身體）＋ B（大腦）＋ C（情緒）＋ D（感官）＋ E（互動）＋ F（營養）＋ G（情境）＋ H（靈魂）＝ S（自己）

所有部分加起來是「自己」（self），然而「自己」又遠超過這些部分的總和；各個部分可以單獨研究。事實是，我們每個人都是一個系統。雖然我們可以分別談論每個部分，但它們是一起運作的，就像任何系統一樣，就像一家人一樣。

我們現在所擁有的，八個層面之間的相互關係，為治療師和家庭成員提供一個非常複雜難理解的畫面。然而，為了真正理解家庭發生了什麼事，我認為我們需要開始帶著這樣的意識去思考和行動。至於我，身為一個治療師，我看的是系統裡的症狀，是如何述說這些層面之間的失衡和困境。我檢視個人或家庭系統的規條，個人或家庭所使用的價值觀和資訊，來幫助我理解是什麼卡住了、是什麼發展不良、被禁止或被忽略了。

我現在對系統的定義是過於簡單的，簡而言之，我將系統視為一組基本變項中的一組作用、反作用和交互作用，而這些基本變項發展出一套順序和序列來達成結果。當我用「家庭」這個詞時，指的是所有的家庭形式：自然的、重組的、單親的、延伸的和群體的，而這些家庭擁有的成分，基本上是相同的。

談到家庭，不可或缺的成分就是家庭中的成人和孩子。一個共同、明確的目標就是成人引導孩子成功地長大成人。第二個目標，比較隱晦，也就是在這個過程中，家庭中的每個成員

都感到滿意。

父母安排如何應對改變、成長需求、生理、心理、情緒和性成長需求、發展和運用權力、親密、隱私、能力、成就，以及成功的社會關係，很大程度都取決於他們所創造的系統規則。

我相信這樣的系統是基於掌管家庭的成年人從自己的過往經驗、希望、知識、資訊和價值觀所帶來的基礎，透過他們的自我價值、溝通、情緒規條和生存弱點交織在一起。系統的基本部分是夫妻如何在各自應對的方式上協調、磨合或衝突。

要補充的是，我所看到的所有父母都是盡其所能的。當然，他們的最好狀態取決於他們學到什麼、他們對自己的感受，不應受到指責。他們所學的自然結果展現在行為上。他們需要得到理解、覺察自己、被教育如何成為更完整的人。如果至少研究一個家庭三代時，就能非常清晰地看到學習結果和自我價值程度。

從基本層面來看，我認為系統一般有兩種基本類型：開放的和封閉的。封閉的家庭系統似乎是在一系列僵化的、固定不變的規條上運作，這些規條適用於任何情境，不管是否恰當；這樣的系統和外界的關係是薄弱的、扭曲的和僵化的。舉個過於簡單的例子說明，將化油器設置在一個固定的氧氣吸入點，認為它適用於所有高度。此外，「孩子永遠是孩子」或「三十五歲是最好的年齡，所以我們必須保持那樣」，或「一旦生病，永遠生病」這些說法，也說明了這樣的觀點。

一個封閉的系統是由權力、神經性依賴（neurotic dependency）、服從、剝奪、控制和內疚所支配。封閉系統不允許任何改變，因為改變會打破既存的平衡。人因為害怕而固守這個平衡。他們似乎有種幻想，如果允許改變，那麼一場導致徹底毀滅的災難就會隨之而來。當然，不同的家庭，程

度有所不同。我將一句老話改編成：「一個人知道的，儘管令人不舒服，但對很多人來說，總比冒險、面對未知要來得安全。」這就是我所說的抗拒。改變意味著我們要冒未知的險。封閉系統的結果是，成員處於無知、受限的狀態，同時透過恐懼、懲罰、罪惡感和控制來操縱。隨著時間，當一個或更多家庭成員已達到自己所能應對的極限了，封閉系統必然潰堤，這時就會有人出現症狀。

開放系統的特點是有選擇、有彈性。如果需要，系統甚至可以自由地關閉一段時間。一個健康和開放的系統的關鍵是，有能力隨著環境的變化而改變，承認這個事實，允許個體全然自由地、接納地和充分地表達他們的希望、恐懼、愛、憤怒、挫折、刺激和錯誤。換句話說，我們所知道的人類的全部情況都可以不受威脅地存在。開放系統鼓勵人們有意識地發展自我價值、一致性溝通，並由人類指導的方針為引導。

當然，開放和封閉的程度會不斷變化，因為我們都是人，並不完美。

所有的家庭系統都是為了保護和管理成員而存在的。在封閉系統裡，因為他們大多是被恐懼所掌控，所以經驗到的資源是狹隘和受限的。封閉系統裡的人，生活在一個充滿敵意的世界裡，其中，愛是用金錢、條件、權力和地位來衡量的。反之，由愛和理解管理的開放系統裡，資源永遠存在，人們生活在充滿自信、幽默、真實和靈活的人性氛圍中，問題被視為是需要面對的挑戰，而不是被打敗了，部分原因就在於，只要有需要，就可以尋求幫助。

所以，當系統成員遇到困境時，會發生什麼事呢？壞男孩或壞女孩從來不是與生俱來的，只有潛能是生來就具有的。只有當這個人身上的某些事被拒絕、投射、忽略或扭曲，他／她才會變成惡劣、異常、愚蠢或瘋狂的男孩或女孩、男人或女

人。對我來說，這種情況如何發生是很容易解釋的，卻非常難改變。

這個人純粹是有意圖和無意識的所有互動下的結果，這些互動發生在身為孩子時的他、他自己和其他家庭成員之間，尤其是成年的家庭成員，他們掌握著孩子從受孕到此刻心理上生和死的權力。所有嬰兒都不可避免地是他們父母的信仰和父母所屬社會被俘虜的觀眾。為了感受到被愛、有歸屬感、有意義，以及自己是重要的，人類似乎願意付出任何必要的代價，儘管所付出的代價未必真能帶來他們想要的這一切，仍願意去適應任何事，但封閉系統也因此得以繼續運行。

我們用精神病學的名詞來命名這種類型的適應，像思覺失調症、躁鬱症等。我記得自己曾經更重視運用這些名稱來進行精神病學診斷，甚於理解個案本身。標籤是危險的，特別是當標籤在描述一個人的狀況時將他或她的身份混淆。一旦貼上標籤了，就會形成那個人的新身份，而且繼續強化「生病的人」、「瘋狂的人」、「弱小的人」等身份的存在。實際上，過去的診斷通常是一種微妙或公然的指責過程，而不是橫向和縱向的探索人的生活過程，換言之，以病理為導向的診斷就是處理症狀。

當我們把症狀看成是為了適應而做出的努力時，就更能理解如何尋找症狀的意義。有症狀的人試著在他們認為是外來的、敵對的、有毒的系統中生存，並賦予生命意義。通常，這個人對改變事情只感覺無助，無論是內在或外在，但仍會試著視其為命運的一部分而努力。

另一種看待有症狀者的方法便是觀察到他們此刻快要飢渴致死的狀態。如果我在任何層面上感到飢渴，快到滅絕的臨界點時發現自己是完全沒有資源的，我會抓住任何可以提供營養的東西，好餵養我的飢渴，這表示我可能會殺人、偷竊、傷害

自己、攻擊他人、欺騙等。但對某些人來說，他們不可能以這些方式滿足自身飢渴的需求，就會採取其他方式，如毒品、酒精、身體生病或精神出狀況，來消除意識層面的飢渴。在其他的情境下，他們認為自己沒有任何資源、存在毫無意義，最終，就是自殺。

對我來說，症狀就像汽車儀表板上的警示燈，燈亮時，代表車子運作時的系統處於某種形式的耗損、不協調、損壞或故障，可能是一部分或部分組合壞了。如果任何部分損壞，不管如何，整個系統都會受到影響，就像在家庭中一樣。

若用同樣的方式看家庭和個體，我的重點是先理解警示燈的訊號，接著尋找是什麼讓家庭成員消耗、阻擋或傷害他們自己和彼此。我的治療方向是釋放和重新引導這些阻礙的能量，這意味著我面對的是他們身為人的自我價值、溝通和規條，因為這些都與自己的八個向度有關。

我的重點是發展和闡釋所有向度的健康。達到這個目標時，症狀就沒有存在的必要，並且因為無用武之地而萎縮消失。我發現家庭規條可以轉變為人類指南，支持著人類的健康、成長、幸福和愛，各個向度之間可以和諧相互作用著，也就是在自己的內在，以及自己和其他家庭成員之間。

如果我們把治療理解為一種釋放健康和製造和諧空間的工具，那麼治療是一種非常可以接受的方式，可以和自己達成新關係，這樣自己就能夠運用心智、情緒、生理、社會、感官、情境、互動、營養和靈性資源而充分活著；這也是自我之間使用這些資源的一種方式。或許在未來，我們會更關注一個完整的人的意義，學習這一點就像現在學習閱讀一樣重要，那時治療便會以非常不同的面貌呈現。

治療的角色之一是檢視行為的根源。對我來說，所有當前行為的根源都始於早期對特定情境的特定反應。當這種反應伴

隨生存需求，發生在一連串的壓力中，就開始形成對那個人的新定義。一旦新定義開始，就很容易強化。我們現在看到的是一個新的個體，漸漸地，新定義隨著時間變成個體的身份，一整套全新的反應就會付諸行動。

對治療師來說，難的是去看到症狀背後的潛力，因為症狀的影響如此強大。從健康和潛力的角度來看任何當前的行為，有助我理解發生在眼前的事，換句話說，精神病理學變得明白易懂。如果我了解一件事，並知道這件事是如何被覺知、應對和整合，那麼將來面對相似行為時，我就能夠理解它是如何發生的。

對我來說，我很明白一開始出現的問題不是任何症狀開始的地方，如何應對問題才是問題。那是一個過程。我注意到很多人認為自己所面對的問題是極度受苦的，但其實很多人也都會有相似要面對的經歷和感受。能夠處理問題的人與那些覺得問題摧毀了自己的人之間的差異，即是應對歷程。我將這個歷程視為是自我價值程度的功能展現，珍視自己也是健康的一個重要指標。缺乏高自我價值，我們就很容易因各種各樣的侵蝕而受到傷害。

不管我和其他的治療師寫了什麼，我們對於健康都知之甚少，大多數的注意力都在不健康。沒有生病不等於健康，就像沒有戰爭並不等於和平一樣。

過去，許多治療師認為要運用優勢為基礎去建構，想得簡單也膚淺了。我認為在病症上下功夫就像攻擊一匹死馬一樣，沒有生命力。我不認為世界上所有以病理為取向的助人者，花了不計其數的時間治療病人後，會有很多東西得以展現治療的效用。

在這些整體的健康思維、生物反饋、視覺圖像、左右腦整合的時日裡，我們不再能夠像過去那樣理解和行事。隨著時

間，我經驗到從健康取向的角度看待事情的真正好處。

比如，我會見一群人（二十個家庭），每次為期一週、一年一次，至今已六年，經歷出生、進入青春期、離家、上學、結婚、離婚、再婚、退休和死亡。對這些人來說，所有的這些轉變都可能成為心理危機。但是這些轉變反而是正常的生活事件，預示著當前形勢的變化，人們視為挑戰，而不是危機。

作為治療師，運用自己是件非比尋常的任務。為了勝任這個任務，需要不斷地發展自己的人性和成熟度，我們處理的是人的生活。在我看來，學習成為一名治療師和學習成為一名水管工是不同的。水管工通常有技術就可以解決問題，但治療師需要做的更多。你不必愛水管，才能修理它。無論我們隸屬於哪種技術、哲學或家族治療學校，無論我們實際上做什麼，我們都必須透過自己這個人來交流。我在教學中特別關注治療師的人格。我們是和人工作的人，需要能夠理解和愛自己，能夠看到、聽見、接觸、理解我們所看到的。我們需要創造出情境，透過這些情境，我們被看見、被聽到、被接觸和被理解。

不管麵團的大小、稠度或質地，有技巧，就可以把技巧當成餅乾壓模來使用。一開始，我想我們必須在某種程度上使用餅乾壓模，之後，我們需要在自己所做的各種事情和審慎運用技術上，學習更多的連結和擴展。

最近，我填了一份家族治療師的問卷，來確認他們的治療方法。我發現自己幾乎對所有的技術都答「是」，然而，沒有任何一個技術能夠完全代表我，適用於每一個時刻跟每一個人和家庭的工作。我將我所學到的，關於病理學的知識當做是需要時就可使用的資訊，不是棄之不用，而是將它們放入新的脈絡中。對我來說，擁有如何換漏氣車胎的知識，並不能教我如何開車，我兩種技能都需要，不能讓其中一種學習為另一種負

責任。病理學提供了關於病理的資訊，但沒有給我們關於健康的資訊。是故，我們兩種都需要知道，而且需要知道如何運用。

雖然，技術總是獲得特別的關注，「你做了什麼？」或「我該如何做？」是我很常被問到的問題，但對我來說，技術是在特定時刻下，為達到期望的結果所採取的行動。我有上千個技術，可以在某個時刻用來滿足個人或團體的特定需求；如果沒有我所需要的，我就發明一個。

直至今天，大多數主要的家族治療師對於有症狀者的家庭是如何運作都有相同看法，然而處理方法上存有相當大的差異。每個治療師強調的面向不同，許多僅專精於特定的族群。很顯然的，治療師所著重和運用的方法，與他或她對於人的個性和信念息息相關。

透過在家族治療所學，我們以新的視角來看待個體和家庭，毫無疑問，家庭是個體長大成人的基礎，也是種下困境種子的地方。

人們受到的教育反映出更寬廣的社群團體和社會。如果我們想改變我們的社會，我們需要提升學習水平和個人意識，成為更完整的人。

人們一直以來都在尋找，如同我們一樣，即使我們對人類了解不少，仍然還有很多謎團。

我們學到的一些東西，剛發現時似乎是適合的，但隨著時間的進展，可能會部分或全部棄用。舉例來說，醫學上不再認為浸鹽法（leeching）是治療發燒的方法。一些過去的發現是持續成長的花苞，一些是基礎的新發現，對我來說，事情將繼續進行下去，一直都是這樣。

任何的新資訊通常都會促使我們重新檢視當前所運用的理論和實務，因此也會帶來修正和改變。關鍵是能注意到新資

訊，並願意嘗試，看看是否合適。我認為所有的人類專家理應如此。當一個人在腦中限制自己只能採用「正確的方法」，拒絕所有不符合該方法的東西時，就會變得封閉，因而危險。

此刻，我的治療理論著重打開人們對人類潛能存在的覺察．我也努力朝向更大的「家庭」，如我們的社區，包括國家的和政治的。如同個別家庭一般，相同的成分也適用於這些大「家庭」；我看到很多人正在做的事和我一樣。

看來，我們正在進入一個時代，正在發現人類是什麼，成為一個完整的人又意味著什麼。所有我所寫的這些，僅僅是一個小小的開端。對五百年後的學生來說，可能有人會寫到，這時是朝向這個方向邁開微小步伐的開始。他們會將我們看成是處於人類前期的人，就像我們現在回頭看史前時代一樣

種子將繼續孵化。一百年前，很少人能預見現在創新的技術。三十年前，沒有人將已經應用於醫學和技術的系統知識應用於家庭和人類組織。但我們現在這樣做了。

我們無法知道下一個三十年或一百年後，人類會有什麼樣的發展，無疑的，其中的一些發現將引領我們更深入理解人類健康的議題。

我，身為其中一份子，期待那些將被發現和創造的事物。同時，我將繼續保有開放的心，堅定地在我所相信的真實上工作、生活。

【參考文獻】

Bandler, R, Grinder, J., Satir, V., (1975.) *Changing With Families: A book about further education for being human.* Palo Alto. Science and Behavior Books, Inc.

Bateson, G., Jackson, D., Haley, J., & Weakland, J.H. (1956). *Toward a theory of schizophrenia.* Behavioral Science, 1(4), 251-264.

Satir, V., (1964, 1967). *Conjoint Family Therapy.* Palo Alto, CA, Science and Behavior Books, Inc.

Satir, V., (1970). *Self-Esteem.* Millbrae, CA. Celestial Arts.

Satir, V., (1972). *Peoplemaking*, Palo Alto, Science and Behavior.

Satir, V., (1976). *Making contact*, Millbrae, CA. Celestial Arts.

Satir, V., (1978). *Your many faces: First step to being loved.* Millbrae, CA. Celestial Arts.

Satir, V., Stachowiak, J., and Taschman, H. A., (1975). *Helping families to change.* New York, NY. Jason Aronson, Inc.

第八章

治療師與家族治療

引言人：莎朗·布萊文斯（Sharon Blevins）

教師、諮商師、培訓師

　　人們常常驚嘆維琴尼亞·薩提爾的「魔力」。她如何能不費吹灰之力就與人建立連結？她如何能在人們的生活中帶來既深入又深刻的改變？薩提爾的「魔力」並不是神賜的禮物，而是她獨特而珍貴的風格，這風格的形成源自於她的終身學習之旅。她的「魔力」深深根植於她對人的價值的信念、深植於她所認可每個個體的獨特性、深植於她對人與人關係中連結的重要性的理解。這個歷程在薩提爾小時候就開始了。她自稱自己是她原生家庭的「偵探」，為了培養對關係的好奇心，她開始仔細觀察並且好奇地詢問家庭互動的動力。出於天生的好奇心以及對人們互動的興趣，薩提爾開始認為人是獨特且有力量的，而且——最重要的是——有改變的能力。在本章中，薩提爾將分享其一生所發展出來的模式，一切始於她童年的偵探工作，穿越每個重要的洞見，進而建構了薩提爾模式。她將為我們提供一個迷人的內部視角，一窺她自己的學習歷程。

　　當薩提爾分享她發展模式的過程時，她攤開自己一生學習人類和關係的旅程。她最初的洞見是源於她自己的原生家庭，在那裡她學會如何透過承認他人的價值、建立他們的信任以及鼓勵他們冒險來與人連結。她陪伴人們走在這條轉化的旅程上，鼓勵他們成

為自己的「偵探」，向內找尋所需的資源，帶來充滿希望和正向的改變。她將焦點放在讓人們進入自己的內在、體驗自己的感受，因為感受和自我價值的建立有著直接的連結；這連結讓人們能為自己的生命做出不同的選擇。透過連結內在感受來建立自我價值的過程是薩提爾理論的核心。薩提爾發現正向改變發生前，建立自我價值是必要的。她後來所發展的理論都建立在這個發現的基礎上。

薩提爾相信「右腦和感官經驗有關……因而直接與自我價值的發展連結一起」。她與人們的工作，透過與他們心智、身體和感受的連結，以帶來改變。她觀察人們的身體語言，發現許多人會壓抑和否認他們真實的感受，進而心因性的發展出各種身體疾病：背部問題、腸道問題、高血壓、氣喘、皮膚疹子、糖尿病、尿床等。薩提爾認為身體和人們的感官及記憶是有關的。她發展出溝通姿態，得以活化人類右腦，並讓人能安全去體驗他們對過往經驗的感受。連結心智、身體和感受的經驗，會成為建立自我價值、療癒情緒創傷，以及帶來正向改變的有力工具。現今的研究證實了薩提爾早期對心智、身體和感受連結的信念。心理神經免疫學（Psychoneuoimmunology, PNI）主要是運用可測量的方法，來研究人們的信念、行為與大腦功能、免疫系統之間的相互關係，該研究發現人類的身體疾病與他們的信念和對感受的壓抑息息相關。

今天，我們所處的世界比以往都更加繁忙。忙碌的生活中，我們很少給自己時間自我反思或與他人建立連結，而這樣的情況可能造成在生活中感到孤立和

僵化。薩提爾深刻的洞見提供繁忙生活中的我們另一種不同的生活方式。她的工作為尋求改變自己生活和他人生活的人帶來希望。薩提爾的「魔力」是以接納、承認和希望來觸動個人的內心世界，從而帶來改變和新生活的可能。現在，透過薩提爾的教導，她的「魔力」已經轉變為世界各地使用的工作模式，為生活在黑暗中的人帶來希望和正向改變。

我在本章主要呈現的是，我過去和現在是如何學習、如何看。我是一個「自學」的家族治療師，沒有接受過正規的家族治療訓練。相反的，我身為非主流的一員，是在二十九年前意外發現把家庭當作一個治療單位的可能性，然後就堅持至今。我最初接受的訓練是教師，然後接受主流精神分析脈絡的培訓，成為一名精神科的社會工作者。

我隨後與每一個家庭的工作都印證了我在專業培訓中所學到的許多臨床概念。然而，也有更多是我必須放棄的。

我選擇寫本章，主要是以個人編年史的方式，和大家分享我是如何看待有需要的人們，以及我如何和他們連結的旅程。

定義

我覺得**歷程模式**（Process Model）這個名詞符合我如何看待自己所做的事。這個模式是指治療師和家庭聯手促進幸福感。

這個模式的核心包含將所有的互動和交流轉化為方法和程序，推動家庭成員將家庭系統從病理基礎轉為健康基礎。

在我看來，所有的系統都處在平衡狀態。但問題是：系統中的每個部分，為了維持現狀，需要付出什麼代價？掌管一個家庭系統的規條，其實源自父母親維持自己自我價值的方

式，並會形成孩子成長與發展自我價值的脈絡。而溝通和自我價值是系統的基本組成成分。

假設

我首先假設任何症狀都意味著成長受阻，並與系統存在著生存關係以保持平衡——這需要處於系統中的所有成員，以某種形式阻礙和扭曲成長。每個人和每個家庭的形式都不同，但本質是相同的。

第二個假設是人類擁有他們成長所需要的一切資源。我治療歷程的主要目標是協助人們與滋養的潛力達到連結，並學習如何運用它。也就是創造出一個促進成長的系統。

我運用八個部分來進行：生理、智性、情緒、感官、互動、情境、營養和靈性。症狀給了我一個起始點，就像在地圖上標上阻礙所在的坐標。它提供我線索，好協助人們發現和釋放扭曲、忽視、否認、投射、無營養和未開發的部分，使他們能夠更具功能、更健康、更快樂地應對。

第三個假設是每個人每件事都彼此影響。因此，無需指責——一切都只是眾多刺激和影響的結果。這意味著一個基本的系統概念。進行處遇的第一步就是使系統被看到、被感受和被理解。**雕塑**（Sculpting）就是我為了呈現系統所發展出來的一種方法。這種方法讓人們透過身體姿勢，加上距離的構成因素和親密度，來表現他們的溝通和關係模式。

雕塑需要所有彼此影響的人在場，如果無法實際出現，至少精神層面上也要。除了核心家庭外，或許還包括原生家庭（祖父母和姻親）、重要他人、管家和寵物。如果是重組家庭，則以合適的方式，在適切的時間點上來進行，這包括前配偶。我和很多家庭一起工作，也以很多團體形式工作。我能透過角色來扮演缺席的成員。在辦公室環境中，我會使用空椅或

視覺化技術，有時候則是用家庭成員來進行角色扮演。

我採取的第四個假設，即（1）治療是發生在人與人之間的過程，目的是達成正向改變，（2）治療師成為引導者，開啟並教導家庭如何促進健康。然而，治療師不能操控參與的成員。我運用我所發展出的愛、信任和冒險的情境作為媒介，來幫助人們冒所需的險，並開始掌握自己。只要我要掌控某人，所達成的成效就很有限。我所開啟的這個歷程，著重於如何讓每個家庭成員盡可能變得完整。

模式先驅的歷史發展

遠在接受專業訓練之前，我就以一個孩子的方式開始我的工作。我五歲時決定成為一個兒童偵探，調查我的父母親。我父母親之間發生很多我難以理解或無法理解的事情。我所關注的焦點在於我想理解我周遭的事情、感受到被愛和有能力。我的確能感受到愛，而且覺得自己有能力，但對我來說，要理解我觀察到的所有矛盾、缺失和扭曲——我父母關係中或世界上人與人之間的——是令人心碎和迷茫的。有時這些情境會讓我懷疑自己是否被愛，但大多數情況下，它則是影響我預測、洞察和發展我的整體能力。

成為一名偵探意味著要成為一位觀察者。很自然地，我將所有收集到的線索放在一起，盡我所能地發展出最好的整體性。這是我的現實。人類的大腦必須理解發生的事情，即使那是無稽之談。在那些日子裡，我忠於偵探故事的形式，所以我需要找出誰是「壞人」，抓住他／她，然後懲罰他／她，接著，試著改革。有時我是罪魁禍首，有時是我爸爸、我媽媽，或是雙方。

我對一切事情都充滿著好奇，包括那些「你太小不能做」或「不適合女孩子」的事情。因此，我發展出一種保守祕密的

能力，故理所當然地，我不會給太多的線索。我喜歡學校，非常鍾愛閱讀，求知欲旺盛，尤其是關於理解事情是如何運作以及由什麼構成？

偶爾，我會說出我的一些觀察，告訴父母親我對他們行為的看法。我得到各種反應：驚慌、羞愧、開心、驚訝或有時是沉默。我從來都不知道每種變化背後的意義是什麼。同樣口述的觀察，在不同時間點得到父母各自的反應也不同。我應對這些的方式就是開玩笑、裝聾作啞，很多時候則是假裝我將注意力放在別的地方。我有一對比我小十八個月的雙胞胎弟弟，他們在這方面非常在行。

在某個地方，有我想探究的整個世界（人類的內在）。我覺得自己和所有的孩子都有一種很強的連結。他們是我的部隊、我的重心。直到我近三十歲時，才突然意識到所有的成人都只是長大的孩子。如果他們從小就沒有學到更多的東西，那麼他們仍然會做一些幼稚的事情。這一點洞見幫助我更好地去理解成年人。

對我來說，當我「長大」後理應成為一名小學教師，而我也做到了。我成為一位教師，我所受的教育讓我理解兒童是如何學習（學習理論），特別是對人類能力的欣賞和尊重，以及父母影響兒童的一些暗示。我非常幸運地受到一群很有天賦、非常人性化的老師啟發，可以繼續觀察、傾聽、發展出自己的結論。此刻，我擴展了我所理解的範疇。這些老師幫助我用非評價的態度對待人。我覺得自己像一個在兒童生活實驗室裡的人本主義科學家。

我想成為一個兒童「真實生活的專家」，而不是一個「空談的專家」，所以我讓自己六年內在五所不同的學校教書，這些學校分佈在廣泛分散的地區，也分佈在不同的社經群體中。裡頭有生理和心理障礙的孩子，有天才、不同種族，還有

被稱作「普通」的兒童。

當我開始教書時，如果我想幫助孩子，很自然地就會想要認識他們的父母親。所以我堅持每天放學後到不同孩子的家進行家庭訪問。這讓我在六年間和兩百個家庭建立很深的連結。

我的大學訓練只具備知識上的理解，但我的觀察讓我更聚焦。透過和每個家庭成員的連結，我很快地就開始將事件兩兩並置。例如，有個年輕人看起來無精打采，對學校不感興趣，看起來他可能需要幫助。當我逐漸認識他的家庭時，我發現他們習慣夜生活。家中的每個人都可以睡到很晚，唯有這個年輕人卻必須早起。我給他安排了一個午休的時間，並把這種情況與他的家人分享，於是他們運用他們的資源來協助解決這個難題。我現在知道是我不評價和人性化的態度，讓他們願意幫助我，也使我得以幫助他們。對這個小男孩來說，我是個更好的老師，他也在大家的幫助下成為一個更好的學生。

另一個少年來學校時總是很髒、很餓。我調查發現他的父親夜夜笙歌狂歡，會把兒子鎖在門外。我沒有「治癒父親的酗酒」，但我們成功地讓孩子不再被鎖在門外。

另一個孩子總是一直發癢亂抓，結果我們發現她身上有虱子。因為我和這個家庭的關係，我們能夠訂定步驟來解決這個問題，避免產生污名和尷尬。

另一個十歲小男孩的母親告訴我，她的孩子在五歲時被綁在樹上，遭到一群大孩子的性虐待，這讓他常常像失了魂一樣，沒有意識到自己在做什麼。她要求我在木材店保護他，這樣他使用電鋸時就不會傷到自己。男孩消極且身材瘦小。他的母親告訴我，她到處尋求幫助卻一無所獲。我的第一反應是融入她的生活與她成為朋友。然後，感受到她的支持，我同意盡我所能——技術上我完全不知道可以如何幫助這個男孩，但我相信我會找到一些方法的。

我教孩子的方法就是創造一個活生生的情境，玩遊戲、做短劇、畫想法——簡而言之，做任何事來觸動他們的興奮感，開啟他們學習的興趣。這個十歲男孩的例子中，我發起了一個製作木偶，然後編成童話故事的計畫。我選擇了一個故事，其中有可怕的「壞人」和「非常純潔的救世主」兩個角色，都由這個受虐的靦腆男孩來扮演。他會站在木偶簾子後面表演沒人會看見他，而他能成為最兇惡的壞人，聲音越來越大，也能是最有能力的好人。大約五十場表演後（我們在鎮裡到處表演這個木偶劇），這個孩子長高了五、六公分，而且他失魂的情況消失了。大學時，他是校隊中一名優秀的成員，之後成為一名專業人士，且相當成功。

　　很多年後，我才完全明白究竟發生了什麼。我在早期階段所學到的是：

1. 父母是孩子的資源，只要我們知道如何獲得他們的幫助。
2. 如果孩子出現問題，很多時候是家裡此刻或過去所發生的事對孩子產生影響。
3. 如果我們能創造出一個信任的氛圍，且努力獲得必要的人力資源，難題便能被解決；只要我們相信自己能夠。

　　我的偵探工作給了我很多東西，但是我還是不知道它們是如何整合在一起的。我明白自己的成功和人內外在所發生的事情有關。而後我聽說了社會工作，那裡可以學到關於人內在的知識。於是，我定了計劃，教兩年書後參加暑期課程，四年後成為一個全職學生。我沉浸在學習病理學的知識中，完全忘了我曾經學過關於人的部分，尤其是成長潛能。

　　在研究所，我學習人內在的世界，尤其是我解釋為驅力的部分，它在我們內在，變成影響我們行為的強大因子。由於我們意識不到這些驅力，所以它們不受我們的控制，同時也

不被我們理解。在社會工作學校裡，我用理智學習這些「病理學」的知識。我也學到幫助人必須要先建立關係、探究感受——這對我來說是個新的理智上的概念。所有的這些都讓我感到非常興奮。

在我畢業前後，約十年的時間，我為犯罪的女孩們服務，在那裡繼續遵循我在教書時的模式——試著和這些女孩的家庭接觸。很多女孩的資料上載明父母不詳，或只有母親但父不詳。對我來說，重點是要找到誰是他們的父母，以及他們在哪裡。我再度扮演起偵探的角色。我找到大多數女孩的父母，有些還活著，但有些已經去世了。對那些父母已經去世的女孩，我會帶她們去父母的墓前。尋找父母的經歷讓我接觸到生活現實中最最醜陋的部分——精神病院、骯髒的公寓、可怕環境下的死亡、貧窮、忽略、太平間和醫院。無論怎樣，我對每個人都還是抱有希望。我開始試著碰觸每個人「小小自我價值」的部分，無庸置疑，我知道它一定存在。大多數情況，我不僅成功地協助了那些女孩，也協助了她們的父母親。我可以以他們的名義盤點他們自己的資源，以及他們孩子的資源。

我已經形成一個深刻且不可動搖的信念：每個人都能成長。四十二年後，這個信念更加堅定。我致力於學習如何接觸它，將其呈現出來，進而讓人們應用在自己身上。自始至終，這都是我工作的首要目標，且因時制宜。開始臨床工作時，我逐漸認識那種所謂「診斷」的偵探式工作。而喚醒人們希望的部分則稱之為「發展動機」（developing motivations）。

臨床工作上，我學到精神病學術語，我可以自信地「診斷」，這意味著我很「專業」。它使我能「專業地」說，也能和同事進行「專業」對話——「專業」行話——同時寫出令人印象深刻的報告。然而，它的助人效果並不總是那麼好。

當我進行診斷時，我經常感到自己是在做某種「命名」的工作，我的職業似乎很需要我這麼做。我在臨床工作上所受訓的東西全都是負面的。我的感覺告訴我，一定有正向的地方（但我當然沒有強加任何觀點在任何人身上），直到我每次寫臨床診斷報告，都會感到刺痛感時，我才逐漸體認到這是因為我只看到整體的一部分，於是我開始理解為什麼我對自己所看到的東西感到如此不知所措。我不能治療我所標籤的「偏執狂」或「思覺失調」的人；然而，我可以幫助那些感到空虛、無用的人。他們是同一個人，但差別在於他們是不是被視為是一個人，而不是一個類別。當我能夠連結時，事情就自然發生了。

我在我的臨床工作中沒有學到關於其他家庭成員的任何正向面。充其量，他們被視為不三不四的助手；最壞的情況下則被視為敵人。我將我當老師時所獲得的經驗置於一旁，因為那時我和「健康的孩子」一起工作。現在，我是一名臨床醫生，面對的是病人及他們的病徵，我很快地成為一名「精神疾患健康」（mental-ill-health）專家。

我尋求古典精神分析師的幫助，除了因為我個人需要幫助外，也因為它被認為是有助益的專業。我的確從中獲得了一些東西，然而我還是一直不斷地犯同樣的錯誤，而最根本的難題一直沒有被碰觸到。我知道一定還有更多的東西，而那樣的尋找將我推向無人之地。

一九五一年，在一個精神科朋友的鼓動下，我開始了個人執業。現在我在火線上。身為非醫療人員，我沒有責任保險或者第三方保險金的保障。如果我在經濟上要無虞，就需要有治療的結果；如果我要專業上生存，我必須不讓人變得更糟——或更可怕的——不能讓我的病人受威脅或自殺。

使情況更加複雜的是，最初找上我的人，不是其他人都不

想碰的人，就是「長期酗酒者」、「慢性思覺失調者」、極度依賴者，或者曾接受過治療但被放棄的人——他們都是高風險者。

兩件事發生。第一，我知道所有的經典治療方案都已經嘗試過，我意識到重複它們並沒有任何意義。我暫時把我的「臨床專業自我」放在一邊，然後回到我前幾年的偵探工作——這讓我回到觀察、傾聽和尋找健康。然後有一天，第二件事發生了。我與一個被稱為「有行動力之思覺失調」的女孩工作，六個月後，成效相當不錯時，我接到女孩母親的電話。她威脅要到法院告我，理由是離間母女之間的感情。那一天，不知何故，我在她的話語中聽到了兩個訊息：聲音中的懇求、言語中的威脅。我回應她的懇求，並邀請她來。當她加入女兒的治療時，讓人驚訝的是女兒的狀態回到了原點。當我慢慢從驚訝中恢復後，我開始再度觀察，並看見我後來才知道的非言語線索系統，這是**雙重訊息現象**（double-level message phenomenon）的一部分。這是我溝通理論的雛形。很清楚的是，文字是一回事，肢體語言是另外一回事。

最後，我想到這個母親應該有個丈夫，也就是女孩應該有個父親。於是我詢問她們（在兒童指導實務中，父親是不被包括在內的，女人才是家庭的主宰）。這個家庭確實有個父親且還健在。我向母女提出建議，邀請丈夫—父親加入會談，而她們同意了。於是父親加入會談的當下，我觀察到一個新的現象。母女本來一直進行得很好，但隨著父親的到來，一場截然不同的戲展開了。我當時處理的正是後來所稱的**求生存的原生三角**（primary survival triad），這個概念成了我工作的基石。我們的生命都是從三角關係中開啟的，這個原生三角存在的方式給了我們自我認同（identity）。不知怎的，這個原生三角被認定有潛在的破壞性，且又似乎到處都被視為理所當

然。我們所能期待最好的情況，就是巧妙地控制它，這樣才能使它變得善意，而非惡意。我現在明白了，家族治療的成功與否，取決於**滋養的三角關係**（nourishing triad）。

現在，我明白孩子是從這個原生三角中接收訊息，不管這個來源是具破壞性或建設性。有一天，我想到我的兄弟姊妹，於是我很好奇地想知道這個家是否有其他孩子。在我的詢問下，我發現這個家中有一個哥哥——他剛好是「好人」，而妹妹是「病人」。我此時所觸及到的是我後來所理解的**家庭系統**（family system）；這樣獨特的現象，在我後來的實務工作中也經常看到。

我觀察到一個新的現象，身為偵探，我持續觀察和傾聽，希望找到與之前經驗的一些連結。我把從這個家庭中的所學擴展到我其他病人。我最後便和一些犯罪者、酗酒、精神疾患、身心障礙者一起工作。我開始看到同樣主題的不同變化。為了生存，人們會**順應對他們不利的事情**。孩子會撒謊，好讓媽媽繼續愛她；當他們感到「不」，會說「是」，等等的情況。

在這期間，我有許多和身心症者接觸的經驗。這裡，我瞭解到身體、心靈和感受間的連結是強而有力的。身體會調整自己，好適應心靈所發出的指令，即使它是最具破壞性的。我開始發現身體會表達出被言語否定、投射、忽視或壓抑的內容，這些內容展現在背部問題、腸胃道紊亂、氣喘、皮膚疹、糖尿病、肺結核、強迫嘔吐、尿床以及其他疾病上。我也注意到身體部位成為心理意義的隱喻。

在觀察身體—心靈—感受現象（body-mind-feeling phenomenon）時，我發展出溝通姿態（communication stances），之後會以身體姿勢（討好、指責、超理智和打岔）呈現出來。這些姿態生動地描繪出正在發生的事情。當我

將人擺入特定的姿勢時，我發現他們有更多的覺察。我現在明白，我用身體的姿勢，延伸到雕塑，激發了右腦的體驗，而這樣他們所感受到來自過往經驗的威脅，是最小的。他們在**經驗**自己而不只是聽自己談論自己。**覺察**就發生了。

現在有很多身體治療。我相信一個人所有的經歷是儲存在身體的。當身體做出姿勢和雕塑時，過往經驗會回來，並有機會獲得新的詮釋。

一旦我開始清楚身體、心靈和感受所形成的三角時，我就開始看到，假若一個人的感受不符合其所說的，他的身體就會出現如同被攻擊的反應。其結果是身體功能障礙，伴隨著情緒或思想的紊亂。

我注意到這種差異出現在人們彼此溝通的方式中。我觀察到言語和非言語溝通之間的差異。我開始注意到所有非言語訊息陳述的都是現在，而言語訊息陳述的則可能是任何時刻：過去、現在或未來。通常，言語部分反映了「應該」或非人性的規條。差異的形式則表現在：

1. 禁止（Inhibition）：人們感覺到卻不能說。

2. 壓抑（Repression）：人們感覺到但是沒有意識到，只是用另外一種形式**投射**（projection）出來。

3. 抑制（Suppression）：人們意識層面上有感覺到，但因其不符合規條，所以要否認其存在。

4. 否認（Denial）：人們感覺到被忽略，因為不重要。

一九五五年一月的某一天，我突然接到一通來自卡拉曼‧基雅法斯醫生的電話，我當時並不認識他。他正主持一個創新的精神疾病培訓計畫，其前身是位於芝加哥的伊利諾斯州精神醫學研究所。基雅法斯醫生對被指認的病人和家庭成員之間的關係很感興趣，他邀請我當講師，跟住院醫生講授家庭動力。

截至當時，我已經累積四年和家庭工作的經驗，工作過的

家庭數則超過三百。我一直忙於發現令我興奮的觀點和取得好的效果。但現在，為了教學，我必須概念化我所做的。在這樣做的過程中，我更清楚我的所學。的確，隨著我的教學，我也更加瞭解自己的意思，並且開始意識到我理論基礎中的明顯缺口。

面對精神科住院醫生的經驗和他們的提問，幫助我彌補了很多漏洞，並釐清模糊之處，展開新的可能。所有的這些培訓都是針對州立醫院的病人，包括急性和慢性。

在這裡，我所做的就是利用家庭成員之間的互動，來理解症狀背後的含義和原因。我看到家庭成員在無意識的情況下，如何臆測彼此。

隨著時間的推移，我發現需要發展一套概述來理解這個歷程。**家庭生活事件年表**這個工具就這樣孕育而生，其記錄了當時發生了什麼、何時、和誰、誰離開、誰進來，以及其他的細節。這個表主要是紀錄事件和結果。我遠離主觀的情緒反應，將這個年表放在一個時間範圍內，這樣我就可以看到家庭成員隨著時間應對的結果。

年表始於年紀最長的祖父出生，然後紀錄隨之而來的事件（這樣的編寫方式是因為我們生活的順序是按照時間前進的）。一般來說，大部分案例和病史都只是記錄對情緒或疾病造成負面影響的事件。在我的年表中，我希望確實地記錄當時的背景脈絡，以便觀察目前現狀之所以存在的脈絡。這個工具後來成為另一個基礎技術的核心，即**家庭重塑**。在我的治療工具箱中，家庭重塑是一個相當重要的工具。

以前，當我記錄歷史，我只是將個別訊息歸檔，例如「當我五歲時，我有過幾次意外」。在某個地方，我會記下「一九三六年，我的弟弟出生」；在另一個地方，我則可能會寫「我很小的時候，父親就失業」或「母親變得憂鬱而住

院」。當我把這所有的一切都放在時間軸時，就變成「當我五歲時，我有過幾次意外；也是在一九三六年，母親生下弟弟後不久便住院，同時父親則是失去工作。」這樣就清楚其中所涵蓋的壓力。我還注意到症狀的爆發經常圍繞著一系列壓力因子。

所有這些事實會形成一個脈絡，幫助人們更理解症狀的意義。我把事件納進時間框架來看，而不是將其孤立，重要的新連結便開始出現。世代間相傳的模式因而顯現，這麼做也幫助我從人類生活的觀點上看人，而不僅是從類別。製作家庭生活事件年表成為我培訓的必要要求。這幫助他們理解和欣賞感謝家庭，也就是在他們回應生活事件的脈絡下，理解和欣賞他們是如何生活、應對和掙扎的。

一九五六年的某一天，我在辦公室裡閱讀一本專業期刊。我被其中一篇名為〈走向思覺失調症理論〉（Toward a Theory of Schizophrenia）的文章吸引，作者是格雷戈里・貝特森、唐・傑克森、傑・哈利以及約翰・韋克蘭。我記得，當我讀到一直以來與家庭工作時所看到的東西，有其他治療師也有同感時，我欣喜萬分。雖然我和我在芝加哥的專業同事保持著良好的關係，但還是有很多人後來向我承認，我做的事情對他們來說很怪異。傑克森和他的同事很顯然是支持我所做的。

文章中有些訊息幫助我更理解我的所做所聞，以及一些為何起作用的線索。我開始整理提供給住院醫生的文獻。我發現莫瑞・鮑文、鮑勃・戴辛格（Bob Dysinger）和沃倫・布雷迪（Warren Brady）的參考文獻，這些醫學博士正進行一項關於思覺失調症的研究。他們邀請整個家庭住到國家心理健康研究所。

我立即聯絡鮑文博士，而他親切地邀請我去參訪。他可能也和我一樣感到孤單吧！因為當時，人們並不知曉與整個家庭

工作的方法是怎麼一回事。

見到鮑文博士後的所見所聞再度驗證我的經歷和我已概念化的觀點。在這裡，我獲得更多的支持。

我持續教住院醫生三年。一九五八年，由於私人因素，我搬到美國加州。既然我的教學工作只是兼職，我持續私人執業。我把私人執業當做是某種類型的實驗室，為我的教學加料。接著，我的生活出現了一個重要的轉折點。還記得〈走向思覺失調理論〉嗎？當我搬到加州的舊金山海灣區時，我很自然地就聯繫傑克森。

我還沒來得及跟他聊我跟家庭的工作，他便邀請我跟他與門洛帕克市（Menlo Park）美國退役軍人管理局醫院的團隊分享我的發現。那個團隊由貝特森、韋克蘭、哈利以及比爾·弗萊（Bill Fry）和其他成員組成。那天是一九五九年二月十九日。傑克森邀請我來帕洛阿圖市幫他，與朱爾斯·里斯金博士一起開辦一個機構。一個月後，也就是三月十九日，心智研究所正式成立。它最初的設計是想致力於研究家庭成員之間的關係，以及這些關係如何影響其他成員的健康和疾病。參與的人士一致認為，家庭互動所展現出來的就像是一個系統。傑克森和貝特森及其他同事深入研究一個家庭，裡頭有一名「思覺失調症」的成員，而他們能夠概念化該家庭系統的規條，並在一個模擬家庭中將其戲劇化地呈現出來，製成錄音帶，聽起來很逼真。科學規則之一是當你複製你的經驗時，你發現了一個新的真理。里斯金、傑克森和我成功地獲得很好的研究經費。

幾個月後，我敏銳察覺到研究對我來說有些枯燥，我覺得我需要發展一個培訓計畫，便將接下來的工作重點轉移到這個計畫，該計畫在一九五九年秋天完成，並開放給學生參加。據我所知，這是家族治療領域第一個正式的培訓計畫。實際上，這是根據我在伊利諾斯州精神科研究院的經驗所建立的。

我發展了一個三階段的培訓計畫：初階組為期六周，每周一晚；中階組為期五個月，每個月二次；密集組為期一年，每周一天。一開始，我有混合許多領域的十二個勇士為伍，其中包括：心理學、社會工作、精神科學（在那段日子，家族治療依然顯得另類，只有真正的冒險家敢嘗試應用）。

一九六四年，在貝特森的建議下，我透過艾倫·瓦茲和早川認識了東方思想，他們兩人分別是一般語義學的創始人和代表人物。這些聯繫引領我發現了伊薩蘭，一家位在加州大蘇爾（Big Sur）的成長中心，對我的專業思維有著深遠的影響。在那裡，我學習感官覺察（sensory awareness）、完形治療、溝通分析、意識的轉化狀態，以及所謂的「觸摸感知」（touchy-feely）體驗、會心團體（encounters）、身體治療以及其他非主流的治療模式。我再次發現一個人如何看待事物與如何解釋所看到的事物間的關係，決定這個人採取行動的方向。

我經常要求我的學生針對以下陳述他們的觀點（1）成長是如何發生的；（2）成長是如何變得扭曲或壓抑的；（3）正常的成長是如何恢復或建立的。第一個問題是關於健康的發展，第二個是關於症狀的發展，而第三個是所謂的「治療」。

我發現，病理學是大多數主流專業培訓的核心，關於健康的部分只是其中一個可能的分支。今天我看到了以健康為核心的努力，而症狀只通往健康路上的一個障礙或絆腳石。

我的臨床培訓教導我要著重不健康的治療，如果做得好，治療會讓症狀消失。這個論述背後有個潛藏的假設，即不健康的消失等同健康的存在。我發現這與女性臉上沒有毛就等同美麗的比喻是一樣。

在伊薩蘭，我接觸到夏洛特·塞爾弗所研究的**情感領域**（affective domain）這個概念，她是這個領域的重要老師。情

意和感官息息相關，這些在我的工作中是重要的，雖然主要是透過失功能來呈現，但在這裡則用不同的方式來考量。

我開始理解所看、所聽和所觸都是人們自己的主觀經驗，並不會受到客觀對象的限制。所看、所聽和所觸的經驗——依次和所感、所思和所做有關——是生活的本質。我學到，一個人很可能特別關注看到**什麼**，以致於其看的體驗可能會被侷限。例如，人們可能沒有覺察到食物聞起來吃起來的味道，而僅知道吃。這可能是那些進食過量的人的例子。我還發現人們可能只是聽到節奏或歌詞，而沒有體驗音樂。我經常聽到有人說，他們可以洗手，而不會感受到觸覺。我開始明白如何幫助人們擴展他們對感官反應的覺察，同時也觀察他們的自我價值感。

我過一段時間才整合這些概念。我們感受自己的核心是右腦，並與感官經驗息息相連，健康幸福直接與生命力相連，進而直接與自我價值的發展相連。

自我價值是我理論的核心。而我現在明白，如果沒有與感官經驗直接**相連**，感受層面的改變就會很少。相對應地，自我價值的改變也會很少，因此極少會有行為上真正、可靠的改變。

當然，這與看待個體相差甚遠，因為我早期臨床工作所接受的訓練，蘊含著大量的病理學知識。基於這點，我傾向全觀模式（holistic model），透過玻璃來看人。由於我們出生就是小的，我們對自己的概念是由所有圍繞我們的、與我們有關的、朝我們而來的人事物所形塑。我們所發展出來的自我概念是系統的結果。

從一九五九年六月開始，我受邀至加州不同的州立醫院裡擔任顧問和教授家族治療。邀約的範圍不斷擴大。我還收到加州青少年和家庭服務機構的邀請。臨近州的精神科醫院

也來邀請我。邀請的範圍擴展到軍隊、退伍老兵機構以及其他組織。這些邀約持續進展中，現在已有來自十四個國家的邀約，且還在增加中。一九六四年，我出版了《聯合家族治療》[1]一書。

我所感受到的是我用最新的眼鏡來檢視我的新體驗。非常幸運的是，當我遇到新事物時，我能夠變換我的眼鏡。透過這種能力，我看到成長是一種不斷的歷程：分類、增加和放下不再適合的。

這個歷程，彷彿我正在觀看一顆被一層一層剝開的巨大洋蔥。然而，我意識到我不可能在有生之年見證所有的洋蔥層。我發現自己帶著我所擁有的部分，且準備好加入適合的，放棄不再適合的。

我在被迫，也被激勵的情況下去理解生命的本質：發生了什麼妨礙生命和發生了什麼轉化它、是什麼樣的過程讓這本質移動和改變、什麼因子能滋養它、什麼因子消耗和損壞它。最初我將治療的重點放在是什麼造成生活的損壞，且要找修復方法。現在我把治療看做是種教育的過程，使人成為更完整的人。我把我的能量和注意力投注在有什麼是可以添加於現在之上的。簡單來說，我發現當一個人的生命添加了他所需的東西時，他不再需要的東西便會消失，包括症狀。這個概念，我稱之為**轉化與萎縮**（transformation and atrophy）。

我會關注損傷，但重點會放在什麼能發展健康，而非試圖擺脫錯的。我原本接受的是人類病理學的訓練，但現在我的工作則是一名「健康發展家」（health developer），即使如此，我還是或多或少會使用病理學資訊來幫助我辨識難題所在，就像駕駛員或飛行員使用汽車或飛機上的紅色指示器一樣，它告

---

1. 編註：張老師文化出版。

訴我需要注意的事。

許多問題會自行呈現：人類的狀況是否必須遭到破壞？它是發展力量的先驅嗎？恢復健康的最佳方法是什麼？

一開始，我是與個人工作，然後擴展到兩個人（夫妻兩人），最後是整個家庭。現在我是和一群家庭工作，同時到世界各地，和不同的團體工作。

當我遇到生活中的每個轉折時，似乎都會有新的機會出現。這些使我能夠更深入探索人類生存的本質和生命的意義。自然而然地，為了要更深入理解生命本質，我的下一步便是探索改變的狀態、靈性層面和宇宙的連結。我們在這裡所學的可以改善我們與自己、與親密關係對象、與社會的生命經驗。

運用

如果我遵循我前面所概述的哲學觀，那麼每個人都適用家族治療。我相信閱讀本章的每個讀者都會理解，感受、想法和行動這三元素是密不可分，缺一不可的，且需要在每個人的經驗中成為一個整體。

家族治療是第一個關注人的取向。每個人都以家為出發點；因此，他們現在所擁有的觀點反映了他們早期在家庭中的學習經驗。

我的觀點是當面對成長路上不完整的部分時，我們會不斷地嘗試把它變得完整。當處在嚴重的困境中，人們仍然會試圖去創造完整或者彌補他們的過去。這個觀點也適用於個體或夫妻治療的例子中。

我們現在有了「系統」概念，所以去處理系統的所有部分便是合情合理的。因此我們得以治療整個家庭。在許久之前我們就學習到，如果是取出系統的一部分，使它脫離其他部

分，我們基本上是使那個部分背離主要系統：我們創造出拒絕的現象。

此外，為了讓所有家庭成員都出席，創造出一個支持所有人的網絡是必然的。大多數情況下，家庭蘊含豐富資源，當這些資源可以被取得和被轉化時，便能療癒家庭。然而，若這些相同的資源沒有被轉化，那麼帶給家庭的，往往會是傷害。

當我們不參考其他相關部分（其他家庭成員）而拔除厭惡的部分（被指認的病人），除非是非常特殊情況，否則一般來說，只會使情況變得更糟。不久前，我們還相信必須「切斷」被指認的病人與他／她所厭惡的家庭間的聯繫，讓他／她「獨自承受」。但我們都知道這種做法的傷害有多大。

根據治療師的背景，當一個人被轉介，不管是自願或非自願，都帶有明顯缺失或行為，對自己或他人造成傷害。通常用來定義人的名詞有思覺失調、憂鬱、自殺、不良行為、犯罪、酗酒、藥物濫用者、學習遲緩、貧窮和缺乏動機的人（領取公共救濟金）、關係問題（兒童、婚姻或家庭危機）以及器官問題（氣喘、皮膚問題、背部和腸胃道問題等）。那個人可能來自一個正常家庭、單親家庭、重組家庭（繼親、寄養、收養父母）、社區或社會家庭。

治療師有很多方法與個案或病人產生連結。最初的治療單位是個體、夫妻兩人、親子兩人、整個家庭或團體。他們可以被稱為兒童、青少年、成人或老人，無論描述是否恰當，不管他／她是誰或在哪裡，作為治療師的你，眼前面對的這個人都曾經是個孩子，透過學習獲得知識。

我會在治療的一開始，接受任何前來的人，並以我的技術去輕敲他／她的健康，並引入任何需要的人。這通常有用。

我的第一步是進行真正的接觸，同時展現我對自己和每個家庭成員價值的感受。這意味著握手，將我的注意力完全地給

予每一個人、準備好傾聽和被傾聽、看到和被看到、觸碰和被觸碰。這個過程將為一起工作的人之間的人際互動設立基調及脈絡。

時而隱喻時而如字面上的，我貢獻自己，做為一個臨時伴侶。我會牽著每個家庭成員的手，共同創造出一個學習環境，讓彼此都可以參與及受益。這會帶來希望和信任，同時會允許他們去冒險，做不同的事，成為不同的人，從中將給予彈性使新的成長出現。

我相信當人們真正感受到自己被重視，就會更願意完全展現自己。我試著在一開始時和每個人接觸，宛如我是資深研究者，而他們則是自己生活的研究員。當這開始將普遍的指責變成一個謎團時，我們需要化為一流的偵探，生活的學生和實驗家。

對我來說，和一個家庭工作就像編製一條新的掛毯一樣：從使用過的毯子中抽出舊線，加上新線，捨棄不合時宜的線，共同創作一幅新的毯，蘊含新的設計。

我經常將圖像視覺化並運用隱喻。我透過直接表達這些圖像來工作，或以其為基礎，間接地輸入新的資訊。例如，我可能會編一個別人的故事，而這個人的故事是符合這個家庭的，但結局不同。或者，我會分享一個圖像，然後看看是否有人跟我有同樣的感覺。舉例來說，我可能會說：「我覺得我現在好像在一個裝滿蟲子的罐子裡。有任何人跟我有同感嗎？」大多數的時候，有些家庭成員會有同感。

我會儘快地運用身體姿勢，雕塑他們的動作，讓家庭成員體驗家庭目前的溝通模式。這就好比設計舊掛毯。人們似乎覺得這個方法較不具威脅性，且能更快地就辨識出隱藏的情緒。在這個框架裡，這些分享變得更像是事實描述，而非控訴。

家族治療是一種體驗，如同真實上演的生活劇，許多不錯的劇場技巧都會被用進來。我鼓勵人們去認識自己的面具，也自在地去看面具下的東西，這樣他們就可以擴展他們選擇的範圍。

　　我會用文字的繩子，具體呈現約束和拉力，示範如何以不同的方式來經驗連結。

　　從某種意義上說，人們呈現自己的方式，就如同他們是由壞事、指責、無能和不相干組成的，並用藉口、合理化、投射、否認和忽略來保護這些。我所添加的部分存在於現場，但是在背景裡，就像他們想要有歸屬感，想要去感受和表達感受而不被評判，想要是重要的和進步的。我提醒他們無論成功是多麼地微小，都是成功。這擴展了視角，使得背景在前景中變得更加突出。

　　成為治療師的人，不管採取什麼模式，都需要提醒自己，他們是被選來的人，目的是要處理生活中的損害、醜陋和痛苦事件，儘管有些情況的確讓人「難以忍受」。

　　重要的是，要體認到治療師也是人，且事實上，他們也會在自己的生活中經歷痛苦和醜陋，這和他們試圖幫忙的個案是類似的。對我而言重要的是，要先對自己承認這點，然後才在合適的時候對別人承認這點。這樣我就更能夠區分我、我的痛苦、我所工作的對象。我認為對家族治療師來說，重要的是要記得，他們的理想、價值觀和對家庭生活的假設很有可能在他們跟其他家庭工作時，完全受到檢驗。例如，我們發現自己的偏見：「男人應該這樣或那樣」、「女人應該……」、「小孩應該……」。除了評斷什麼不符合我們的偏見，我們必須更具研究精神。發現正在發生什麼，找到人們希望自己如何能運作得更好。

　　我認為我們每個人的內在都有一個智者（Wise One），

不管誰、何時，我們只要能接觸到那個人，就能夠得到我們需要的方向。然而具有挑戰的是，我們需與我們的智者連結。孩子的**智者**總是走在面前的，特別是在四歲的時候。成年人，包括治療師，仔細傾聽和觀察，也能受到這個智慧的引導。幸運的是，成人依然擁有他們四歲時的自己，在適合的情境下，能夠與那智慧再度連結。

幽默感是我們發展對自己和對別人看法的一個契機。如果我們仔細觀察人類的狀況，可以在同一件事中看到悲劇，也看到喜劇。如果適切地檢視，今日的悲劇可能是明日的喜劇。我記得有一位婦女來找我，是因為她八歲的兒子還在咬手指。當我問她如此擔心的原因時，她回答，當他二十一歲出席重要的社交場合還在咬手指，將會讓他難堪。我帶著一些開玩笑地語調說：「妳是指十三年後，他還學不會這個！」我們笑了起來。十六年後，這個婦人打電話告訴我，一切都很順利。她的兒子現在是一位成功的心理學家。

我想談談技術。對我來說，技術是我在那個當下用來處遇的東西，好讓某些事發生。有上千個技術在我的資源籃裡，而且我每天都還在創造出更多。很多技術是受到以下啟發：系統理論（貝特森）、人際溝通、精神分析（佛洛伊德）、完形理論（皮爾斯）、人際溝通分析理論（艾瑞克・柏恩）、心理劇（莫雷諾）、心理綜合學（羅伯多・阿沙鳩里〔Roberto Assigioli〕）、身體治療（喬治・唐寧）、生活姿勢重新整合（life postural reintegration）（愛達・魯爾夫〔Ida Rof〕）、能量生物學（羅溫）、催眠（艾瑞克森）、放鬆（自律訓練）、一般語義學（早川）、大腦研究（卡爾・普里布拉姆）、生物回饋（斯瓦米・拉瑪〔Swami Rami〕和艾麗絲〔Alyce〕和埃爾默・格林〔Elmer Green〕）、超個人主義（查爾士・塔爾特〔Charles Tart〕），以及很多新時代的理

論家和實務工作者（布魯‧喬伊〔Brugh Joy〕、傑克‧施瓦茲〔Jack Schwarz〕、雷轟〔Rolling Thunder〕、羅瑪‧戈文達〔Loma Govinda〕、斯坦‧克里普納〔Stan Kripner〕、卡爾‧羅傑斯、諾曼‧希利〔Norman Sheeley〕、卡爾和史蒂芬妮‧辛辛頓〔Stephanie Siminton〕，商業顧問鮑伯‧坦嫩鮑姆〔Bob Tannenbaum〕）。大多數的這些人都和我處在同一個時代，也都是人類新興意識的一部分。

　　寫完這些後，我注意到我很難概括地詳細說出家族治療或任何其他治療過程的具體步驟。家族治療師運用自己的自身（centeredness）、生活經驗以及專業技術與知識來工作。治療師運用自身的一部分和他們的生活態度以及運用自己的承諾有關，治療會運用這些來幫助與其工作的人，協助他們在自己身上發現相同的東西。

　　我知道自己受限於如何看、看什麼、如何理解、知道什麼，以及如何運用這些為他人服務。如果我擴展這些部分，也就擴展了我的作用。我很早以前就明白自己的所見、所知或所用都無法代表所有可被看見、被理解或被使用的可能。如果我開啟新的可能性，就能從每天的日常生活中做出改變，然後成功擺脫因襲成規的想法，因為習慣會成為我服務他人的限制。如果我讓我的習慣變得非常突出，那麼人就會不見了。

案例

　　下面的例子是從一次四百人訓練工作坊時所示範的家庭會談中摘錄出來的。這個家庭在前一天有參與研討，因此，當我在這樣特定的治療性情境下和這個家庭會談前，其實許多工作已經完成了。

　　這個家的組成有三十四歲的媽媽海倫、海倫六十五歲的母親梅、六十七歲的父親比爾，以及她的兩個孩子：十歲的瑪麗

亞和八歲的達雷爾。海倫的前夫羅素，三十五歲，則由一名觀眾扮演（為了保護隱私，所有名字均已修改）。

被指認的病人是海倫，她一直以來均受憂鬱所苦，並和父母親一起生活。她接受過幾次個別治療，後來那個治療師把這個家庭轉介給我。這是大家第一次一起出現。

在會談開始時，我們六個人坐成一個圈，身上都有麥克風。觀眾非常支持這次非常細緻的冒險旅程。

此次會談前約十個月，海倫和他前夫羅素分居且離婚，之後她就和兩個孩子瑪麗亞和達雷爾搬去和她父母親比爾和梅同住。

在這次會談前所建立的連結，使我和所有家庭成員均建立良好的關係，包括海倫的父母親。海倫在前一天早上告訴我，雖然她的父母在現場，但是她懷疑他們能從中獲得什麼。第一天結束時，她打從心底驚訝她父母親非常積極地參與研討會，且似乎學到很多。讓她驚訝的是，她的父親還帶頭討論已經結束的一些議題。

我喜歡這個家庭中的所有成員，我能感到我們之間的相互信任。他們對改變非常有興趣，且展現出他們希望改變。

薩提爾：好的……好。我不知道是否能聽到妳的聲音。我希望能。現在，海倫，妳來到這個新環境，妳希望發生什麼，達到妳來這裡的目的呢？

海　倫：呃……出現我腦中的詞彙是……重組（Realignment）。

薩提爾：重組……將東西整理好？

海　倫：嗯哼。

薩提爾：妳希望它按以前那樣的秩序，或者希望能有所不同？

海　倫：呃……過去兩年半，自從我的婚姻結束，呃……很多

東西都搞砸了，很多碎片，很多感受，很多觀點的改變，很多感受……大多數都是非常好……對我來說有種累積的感覺，或是無止盡的感覺，我真的覺得是時候往前走了，而且我覺得這是一個機會，讓我能在我最關心的人之間能夠把事情弄清楚。

薩提爾：海倫，你有想像事情弄清楚後圖像是什麼嗎？

海　倫：有，兩件事……呃……一是我和我父母親的關係，另一則是我和孩子們的關係。我希望……我聽到一個詞……「允許」，我猜那是這麼說的……我希望達雷爾和瑪麗亞能夠得到允許，他們可以自由地提出任何問題，和我一起時能非常自由……詢問關於我和他們父親離婚的事……並且他們覺得可以來找我，我會給他們一個直接的答案……我想……我擔心，我覺得他們感覺不到……。

薩提爾：妳想要如此，所以……第一步，先對瑪麗亞，因為妳不能一次跟兩個人說話，所以何不將妳的椅子轉過來，這樣妳可以看著瑪麗亞。她可能有，也可能沒有妳所想的那些問題，但至少妳能開始告訴她妳想要的。妳能再轉過來一點嗎？……很好。有時候把鞋脫了也不錯。

海　倫：瑪麗亞，親愛的，我希望妳知道，妳能自由地問我任何關於爹地、爹地和媽咪離婚、爹地不再和我們住在一起的問題……我願意回答那些問題……我希望妳能自由地問任何妳想知道的事。

薩提爾：妳此刻的感受如何？因為妳和瑪麗亞分享了這些且關注到她。

海　倫：呃……我害怕會讓她緊張。在一群人面前，這對她來說太多了，而且這樣對她而言不是一個新的機會。

薩提爾：好的，現在把妳的椅子轉向我一分鐘。我們在這裡會轉很多次椅子。有什麼證據讓你覺得瑪麗亞有沒問的問題？

海　倫：比起瑪麗亞，我其實更關心達雷爾。

薩提爾：好的，那麼妳接著是否想跟達雷爾分享呢？轉妳的椅子，這樣妳才能給他全部的注意力……或許妳想靠他更近一點，如果他願意，妳可以在跟他說話的時候，握住他的手……握住雙手……現在，妳的感覺如何？妳是否感到達雷爾給出他的手呢？好的。所以，現在這個時候……就讓我們與那個感覺保持連結。或許你可以從達雷爾那知道他對這個邀請的感受如何。

海　倫：不……親愛的，你對談論那些有什麼感受？……問問題。你在這裡絕對可以說任何事情。（達雷爾點點頭表示「是」）

達雷爾：我知道。

海　倫：好的。

薩提爾：現在，你相信達雷爾嗎？他說他知道自己可以提任何問題。

海　倫：我想我相信他所說的。但我不知道他是否覺得他能。

薩提爾：對於妳聽到達雷爾說：「是，我可以做那個」，但妳卻不相信他能的感覺，妳有什麼證據呢？妳的證據是什麼呢？避開他的眼睛。此時此刻，妳的感受是什麼？……我聽到妳想要妳的孩子……就達雷爾這個例子來說，說出任何他腦中的事。此時此刻，妳的感受如何，在和達雷爾一起的這個位置上？

海　倫：我覺得準備好了。

薩提爾：好。

海　倫：而且，我覺得沒有隱私。

薩提爾：妳覺得沒有隱私。是否此刻妳覺得有點侷促不安呢？

海　倫：是的。呃。

薩提爾：好。此刻妳是否滿意達雷爾聽到妳說話？

海　倫：達雷爾……

薩提爾：達雷爾。

海　倫：呃……我想就只是問他。

薩提爾：好的，看妳想怎麼做都可以。

海　倫：事實上，我想……（長停頓）……我想聽到達雷爾此刻的感受。

薩提爾：妳何不跟他說說。

海　倫：達雷爾，親愛的，我……我想知道你現在的感受……如果你可以花一分鐘，然後……

雷　爾：沒什麼……（長停頓）

（之前薩提爾得到的資訊是母親依然有未解決的離婚議題。）

薩提爾：海倫，妳在那裡，我想問妳，對妳來說，妳是否還有任何關於離婚的部分，妳覺得沒有連結？

（這個作法是提供母親和兒子一個活生生的脈絡來面對議題。）

海　倫：是。嗯。

薩提爾；好。那個男人叫什麼名字？

海　倫：羅素。

薩提爾：羅素，好的。讓我們從觀眾中選擇一位人來扮演羅素，然後讓他坐那兒。你可以把他選出來嗎？

海　倫：幫我選吧。

薩提爾：歐，妳才是那個一開始就選他的人哪！所以……（笑聲）

海　　倫：我昨天也選他，弗雷德。

薩提爾：好的。弗雷德，如果你可以找一把椅子，然後就只要坐在這地毯的邊緣，提醒我們你的存在就好。海倫，對妳剛剛做的，妳的感覺如何？妳可以把椅子轉向我一些。

海　　倫：有點受傷。

薩提爾：受傷？

海　　倫：嗯。

薩提爾：妳可以分享發生了什麼嗎？

海　　倫：我已經想哭了。我沒想過我會這麼快哭（哭泣中）……當妳說：「是妳選他……」。

薩提爾：當我說：「是妳選他」時，發生了什麼事？

海　　倫：我記得我有這個脆弱……然後……

薩提爾：脆弱？

海　　倫：嗯……以及對那份愛的天真……

薩提爾：而當妳想起那時，妳的內在發生了一些事情？

海　　倫：非常觸動。

薩提爾：非常觸動，嗯……對妳來說，那是否還在？

海　　倫：天真……那份愛？

薩提爾：是。

海　　倫：呃……它在……是，它在我們裡面，而且我得說它像包裹一樣，是裝在一起的。可以這麼說。

薩提爾：妳知道妳和羅素是怎麼分開的嗎？因為幾分鐘前，我聽到妳對孩子說：「如果你問我，我會告訴你」，妳知道嗎？

海　　倫：我知道一些。

薩提爾：妳現在在想什麼？

　　　　　（非常長時間的停頓）

薩提爾：此刻妳的感受如何？

海　　倫：好像站在一塊跳水板上。

薩提爾：靠近一塊跳水板的邊緣？

海　　倫：嗯。它感覺不太穩……但準備好了。

薩提爾：好……準備好意味著什麼？……要跳進什麼
　　　　　裡？……跳進覺察到妳和羅素之間發生的事情裡嗎？

海　　倫：跳入盡可能對此的誠實裡……對我……也對達雷爾和
　　　　　瑪麗亞。

薩提爾：現在的感受如何？

海　　倫：緊縮。

薩提爾：緊縮……當妳今天來到這，有什麼是妳想做的呢？

海　　倫：有。而且蘇珊·阿諾德（治療師）給我一項任
　　　　　務……就是處理要照顧爹地的問題，那才是主要的
　　　　　事 .……她沒有再多說什麼。

薩提爾：好的。現在蘇珊給了我們一個任務……那是妳的
　　　　　嗎？或是妳只是為她執行一些事情呢？

海　　倫：當蘇珊和我一起工作的時候，我想就是這事，而
　　　　　我……而我……以為我昨天我已經開始處理它了。

薩提爾：……這事是……？

海　　倫：……有一種解脫……至少已經攤開來了。

薩提爾：讓我看看我是否明白這事。

海　　倫：嗯。

薩提爾：……就是妳會想羅素以及妳和羅素之間發生了什
　　　　　麼……

海　　倫：嗯。

薩提爾：……妳身上發生的一些片段和妳學習愛妳的父親有
　　　　　關？或者是感受到他對妳的愛？像這些嗎？

海　　倫：我想是的。

薩提爾：一分鐘前，我伸出我的手，而另一隻手也伸向我。妳有看到嗎？

海　倫：嗯……

薩提爾：妳現在看到了嗎？就在此刻發生的，告訴我妳的感受。

海　倫：我有點想要另一隻手。

薩提爾：好，我注意到我所做的僅是伸手出去。你現在想轉向他嗎？（海倫直接轉向比爾〔爸爸〕，坐在能接觸到的距離。比爾準備好做出回應。）

（背景有噪音）

薩提爾：海倫，這對妳來說怎麼樣，就這麼一分鐘？（停頓）……用文字表達那是什麼……

海　倫：就像……呃……像我正準備說再見……對年幼的自己……或者，而且，呃……可以說那感覺很好。在那之後的感覺很好。

薩提爾：好……你可以再更進一步嗎？我……聽到妳說：「爸爸，我想跟你的小女兒說再見」。那妳想和誰打招呼問好呢？我們能否進到下一步呢？

海　倫：我想和做為一個女人打招呼……也不是……

薩提爾：有可能是……做……一個和比爾平起平坐的女人，而他恰巧是妳的父親？

海　倫：嗯哼。

薩提爾：當妳覺察到這些時，妳的感受如何？或許是時候了，改變妳看待父親的方式，以及他看待妳的方式？這樣感覺怎麼樣？

海　倫：天哪……你很俏皮（小聲耳語）……你真是很俏皮！這感覺真好！（海倫坐在比爾〔父親〕面前，直視著他）我喜歡他的眼睛，而且我確實……

比　　爾：可能妳從沒看過（笑聲）。

薩提爾：當海倫說「你看起來很俏皮」時，你的感受如何？比爾，你的感受如何？當海倫說這話時。跟她分享一下，告訴她。

比　　爾：很好。

薩提爾：梅，看到妳的丈夫和女兒之間有了不同的連結，這對妳來說是什麼？

梅：好極了。

薩提爾：想和他們講妳剛說的嗎？

梅：這讓我覺得好極了。

薩提爾：告訴他們。海倫……以及……妳現在覺察到什麼？

梅：我……注意到面紗被揭開了，這對我來說相當震撼……我感到某種程度的解脫，而且，呃……

比　　爾：我可以提問嗎？

薩提爾：你可以做任何你想做的事。

比　　爾：妳想要什麼，甜心？

海　　倫：……不再當小孩。

比　　爾：妳是說，呃，我一直把妳當個小女孩對待太久了？我還沒有允許妳長大？

海　　倫：……或者我沒有堅持。

比　　爾：呃？

海　　倫：我沒有堅持。我不知道，我不在乎那啦！我喜歡此時此刻。

薩提爾：好。

梅：我也是。

海　　倫：（大笑）……是時候了……不，我是說……

薩提爾：繼續，梅。

梅：好，我是說一年後，我們對她的愛……

薩提爾：直接對她說。

梅　：……真正讓我們繼續往前進的力量，是為了她和為了
　　　支持她……我們試著幫她解決她的問題。

薩提爾：直接對她說……我們真的試著幫妳……

梅　：……我們盡其所能的幫妳面對妳的問題……妳總是在
　　　我們的心裡和禱告中。

海　倫：我知道。我……而我現在感受到的是……達雷爾，你
　　　是否願意加入我們？來……

薩提爾：我會負責這個。

海　倫：謝謝。我只是，那……呃……我對於我將要成為
　　　誰，總是感到更加地強烈、更加興奮和更加喜樂……
　　　我不想再被視為是問題，或像……悲劇或悲哀。

薩提爾：妳現在在跟誰說話？

海　倫：對我的媽媽和爸爸。

薩提爾：再想一下，然後問問自己，妳真正是在跟誰說話？妳
　　　不想成為悲劇……

海　倫：對我。對我自己。

梅　：好的，海倫，我想在最後……我可以說……最近六個
　　　月如果妳願意，妳已經長得更強而有力了，且我有感
　　　覺到了。這對我來說也是個安慰。

海　倫：妳知道，我開心聽到妳這麼說，因為我想我感覺
　　　到了，當我們在妳下午來的時候，談到我昨晚所感
　　　受到的事情之一就是，或許，為了得到關注或是那
　　　些……我不得不成為一個問題，或者不得不有個壞了
　　　的廁所……（笑聲）……那就是為什麼昨天妳來的時
　　　候，我感到一種深深的放鬆感，另一件使妳得以進
　　　入我世界的事是，我有點害怕與妳分享，擔心它會
　　　導致分離……且我以某種方式將妳隔絕在一些事情

之外，像……想成為一位家族治療師或我的和平部
隊，且……且我認為就是太低估你們兩個了……又，
呃……。

比　　爾：我們沒被視為理所當然，是吧？

海　　倫：是的。（笑聲）

梅　　：……那真是個驚喜……

薩提爾：你覺得如何，比爾？對海倫剛才所說的話？你此時此
　　　　刻這裡感受如何？（治療師輕觸比爾腹部中心）

比　　爾：嗯……只是有點打結。不，我其實是開心的……她所
　　　　說的……她覺得自己變得更強大，這我，呃……

薩提爾：你何不直接對她說。

比　　爾：我感到妳更強大了，雖然我還有點懷疑。最近，我們
　　　　常常通電話，而這總困惑著我……呃，我是說「我會
　　　　想現在是否出了什麼問題」。但是我們希望妳永遠不
　　　　會忘記打電話，因為我們希望當妳需要時，我們能在
　　　　妳身邊。

薩提爾：你能開始用「我」嗎？你說「我」，而梅也會說
　　　　「我」。你希望在那支持她……或許梅也那麼希望，
　　　　但是我們會讓她自己說。

比　　爾：嘖嘖，我要怎麼開始。（笑）

薩提爾：只要用「我」。

比　　爾：我不知道如何開始（笑）……不，我希望妳長
　　　　大……我一直期望妳長得更強大，並且克服這些難
　　　　題，呃，妳一直都能的，呃，哈囉（haloo）。

薩提爾：比爾，你現在發生了什麼？

比　　爾：它們消失了。

薩提爾：此刻，就在此刻，你是否覺察到任何你對海倫的擔
　　　　心，或大或小？

比　　爾：沒，沒有。呃，她昨天已經向我證明她的力量。她的車無法動（海倫笑）……她必須要……

薩提爾：你為了什麼沒跟她說那些呢？「妳的車不能動」，而我會聽。

比　　爾：妳的車動不了，而妳立即修好了。妳沒有崩潰，妳甚至沒有來找我，跟我說：「嘿，爸爸，我該怎麼做？」妳自己處理了。我們還有過多次這樣的經歷，這讓真讓我以妳為榮。

薩提爾：（對海倫）對妳來說，妳現在這裡感覺如何？

海　　倫：我感覺到三種不同的事。一是好笑。呃，一是生氣，對……缺少……我覺得，你難道沒發現我之前就在照顧自己嗎？而且……

比　　爾：……沒有這麼正向……。

海　　倫：而且我在想。當我感受到生氣後，我在想……因為你是如此隨叫隨到，甚至不用附加條件，所以我寧願找你，而不是靠自己，而過去兩年半，我必定是瞬間覺察到這個，因為，呃，羅素離開了，我不能也不想回家，我不能去看你。你能來看我，但我不會去找你，因為我知道……我必須長大。

比　　爾：是的，我明白，因為我第一件要說的事之一是：「你知道這裡永遠是妳的家……妳和妳的孩子……」。

海　　倫：而我說不。

比　　爾：對啦！

海　　倫：嗯哼。

比　　爾：我甚至提議送妳去念研究所，如果妳想的話。

海　　倫：而我說不……我可以做……我會做……

比　　爾：……妳會自己一個人做。

海　倫：是。

薩提爾：（對梅）妳現在再一次聽到妳丈夫和女兒的對話，感
　　　　覺如何？

　　梅：我……呃……覺得……呃……海倫，你去年是真正長
　　　　大了，而……或許部分是我的錯，因為……她是我的
　　　　女兒。

薩提爾：那麼，我們何不就停下來一分鐘，讓我們看看妳是否
　　　　能為此邀功。妳說這是妳的錯，而我稱之為邀功。我
　　　　做了小小的調整……。

　　梅：那麼，可能我多溺愛海倫了點。

薩提爾：妳是說，妳可能溺愛她多了些？

　　梅：呃，一些，是，但我仍覺得沒有。因為她不在家
　　　　了，自從……。

薩提爾：直接對她說。

　　梅：……自從她上大學、接著是結婚，這之前她和我們
　　　　一起生活了很多年，而且……而且……我現在覺得海
　　　　倫，妳比你結婚時更堅強。

海　倫：我也是這麼覺得。

　　梅：那就是我的感受。

薩提爾：妳現在對於妳可能犯了小錯有什麼感受？

　　梅：哦，我可能太溺愛她了。她來拜訪我，當然，我就會
　　　　溺愛她。妳知道嗎？

薩提爾：是否妳所做的就是溺愛她？

　　梅：不。

薩提爾：那為了什麼妳做它？為了什麼妳那麼做？

　　梅：因為我愛她。

薩提爾：妳做，是因為妳想為她做些事。

　　梅：是，是的。而且我有時間做，所以我做了……就為

妳。

海　倫：而我想說這感覺很好……長大的感覺也很好。

　　梅：當然。

海　倫：但妳來拜訪我，然後我知道妳早上會煮咖啡，感覺也很好。（梅笑了）

薩提爾：妳打算一直這樣做嗎？當她來妳家的時候，妳都會去煮咖啡？

　　梅：當然，我會為她煮咖啡。

薩提爾：難道妳不想有時候就只是躺在床上？

　　梅：我從來沒那麼做。（笑聲）

薩提爾：我沒有問妳是否做或不做……

比　　爾：我會每天早上煮咖啡。（笑聲）

薩提爾：比爾，你破壞我的故事了，只要再一分鐘就好。（笑聲）

　　梅：是真的。

薩提爾：所以妳是可以待在床上。

　　梅：不，我真的不會。

薩提爾：那麼，你們兩個人會一起煮咖啡嗎？（笑聲）

海　倫：如果我在那兒，她會煮咖啡。如果只有他們兩個在家，他煮咖啡。

　　梅：或誰先起來，誰煮咖啡，讓我們這麼說。

海　倫：但想設法擊敗他們兩個其中一個是件困難的事。

　　梅：不，等等。

海　倫：是的，就是。

薩提爾：當她來看妳的時候，妳是否留機會，可能在一天結束前有出現一到兩次，無論是什麼，或許她有時候會自己煮咖啡？

　　梅：好，當然。

薩提爾：妳必須等到她不得不自己煮的時候嗎？

梅：不，不。我不這麼認為。

海倫：我在她家煮咖啡。她只是……

薩提爾：妳現在感覺如何，梅？

梅：我……我很開心。

薩提爾：嗯啊？

（背景中有人用舌頭發出聲音）

薩提爾：喔，我們這兒有另一組小對話，因為……（笑）……，我們有些東西……沒關係，在這兒都沒關係……那你在做什麼呢？

比爾：達雷爾？

薩提爾：在我看起來，你在畫一個像娃娃的東西。（達雷爾一直在畫畫）

達雷爾：是。

薩提爾：我想你可能是。它看起來相當扎實。我好奇，你對此刻，你祖父母和母親之間發生的事，感覺如何？

達雷爾：我不知道。

薩提爾：這些對你來說像什麼？如果你明天上學，然後要跟別人說這裡發生的事，你會怎麼說呢？

達雷爾：（長長的沉默）我不知道。

薩提爾：你的母親一直在談長大，你有聽到嗎？

達雷爾：嗯哼。

薩提爾：而你的媽媽……呃，一直和她父親說話，就是和你的祖父，在談一些關於她如何……她很開心她長大了，接下來她一度想到或許，呃，或許她長大的速度沒有想像中的快，是因為你的祖父，她的父親，都沒有給她機會。你有聽到嗎？好的。當你母親這麼說的時候，你有注意到祖父的反應嗎？他很驚訝！因為他

根本不知道他在妨礙她長大或……讓她覺得他在阻止她。你注意到了嗎？嗯，我注意到了。瑪麗亞，妳注意到了嗎？妳注意到了。我想妳想上來這裡，多參與一些。所以，或許妳可以坐得離我近一些。達雷爾，坐這裡……移去那一點點……就那樣。

梅：（瑪麗亞非常輕聲地說了一些什麼——我聽不懂）有兩個孫輩並不是容易的事，一個是達雷爾，一個是瑪麗亞。

薩提爾：是啊！瑪麗亞，所以妳現在感覺如何？對於來到這裡，參與這一切？（長時間沉默）妳現在的心思在哪兒啊，海倫？

海　倫：擔心達雷爾。

薩提爾：妳在擔心什麼？

海　倫：呃……我在想他是不是不知道自己有什麼感受，或他……不想說他的感受。

薩提爾：我可以和妳分享我對這裡所發生的事的看法嗎？

海　倫：嗯嗯。

薩提爾：妳對於妳可以長大，以及妳或許能夠用妳想要的方式和父親談話這事，擔心了很久。

海　倫：嗯哼！

薩提爾：而我在想妳對他能夠為妳騰出多少時間有什麼感受？妳有一些想法，認為他有，但結果是他沒有。是這樣的嗎？

海　倫：是，沒錯。

薩提爾：現在我聽到妳所做的，我聽到妳對達雷爾也做同樣的事。妳能理解我在說什麼嗎？

海　倫：不能放手。（長時間沉默）

薩提爾：那是其中一件事。我想妳期待達雷爾跟妳分享一些

事，而我感興趣的是妳是否能告訴我，因為這跟達雷爾有很大的關係……

海　倫：嗯哼。

薩提爾：……妳認為他應該怎麼告訴妳他的感受？妳在等待什麼？

海　倫：好問題。（長時間沉默）

薩提爾：對於他對妳有所隱瞞，妳怎麼理解？

海　倫：生氣。

薩提爾：生氣。他對妳生氣？好的。現在……對這個，讓我們再深入一些。如果妳處在達雷爾的位置上，妳會為了什麼會對妳生氣呢？

海　倫：我擔心他生氣的是……？

薩提爾：嗯……

海　倫：……是……在想我……做了什麼，他父親才離開。

薩提爾：所以妳想的是，達雷爾認為是妳做了某事讓他父親離開的。

海　倫：那是我所害怕的。

薩提爾：好的。對他認為是妳造成的，妳是怎麼理解的？這可能是真的，但是我還不知道。妳覺得他認為妳做了什麼？

海　倫：（長時間沉默）不再愛他……這是我想到的第一件事。

薩提爾：妳認為達雷爾會想——如果我媽媽愛我爸爸，我爸爸就不會離開。是這樣嗎？

海　倫：是的。但當我聽到妳這麼說，我覺得那不是真的。

薩提爾：好。我只是複述妳的話。

海　倫：是的。我……對那的直覺反應是，哦，哇，讓我們從頭來過。

薩提爾：妳現在對達雷爾現在狀態在哪的感受如何？

海　倫：此刻，我正在轉譯我對父親的一種感受……給達雷爾，那就是，而這正符合蘇珊·阿諾德所說的，別再照顧爸爸。而且，昨天當我看到爸爸來到這個團體，且表現很好，我感覺到鬆了一口氣，我不見得一定要為他搭橋，那是我認為我必須做且一直在做的。

薩提爾：蘇珊剛出現在會談中。我們要把她邀請到舞台上嗎？蘇珊·阿諾德？

海　倫：這對我並不是太重要。

薩提爾：好！所以妳透過蘇珊得到的一些東西，現在已成為妳自己的嗎？

海　倫：是。

薩提爾：那麼讓我們用那種方式來因應它。如果妳不介意的話。

海　倫：好。

薩提爾：妳是否覺察到我也在給妳一些訊號，也就是妳可以自己處理事情……比妳告訴妳父親的還要多一些，妳可以靠自己？

海　倫：那……我不需要蘇珊？

薩提爾：嗯，你可能需要她，但此刻妳所做的是妳從她那裡取得妳要的，然後為自己所用。

海　倫：是，是，我是。而且昨天我體會到輕鬆感，內在深深地放鬆，那是我從來沒有過的……當我們分享任何在家不能做的活動，或無法和孩子玩遊戲般的玩時，就只是這樣存在，喔！我的天哪！那也沒關係。

薩提爾：我希望妳看著達雷爾，而且在妳心中給他，同樣的自由。妳對此的感受如何？

海　倫：（長時間沉默）感覺就像是投降。

薩提爾：投降？我不知那是什麼意思。

海　倫：這就像是放掉我的腹肌，嗯，他也可以獨自按自己的方式運作，以他高興的方式回應。而且，嗯，對我來說，這意味著我自己獨自一個人和我是怎麼樣的人都是可以的，因為另一種方式是當他是我的延伸時，而我想炫耀我希望他被看見的那個部分。

薩提爾：好的。現在此時，羅素坐在那邊。現在，不用看，我希望你待在這兒。羅素坐在那兒。他是一個在家外圍的人，是嗎？

海　倫：嗯哼。

薩提爾：現在，若這議題解決了，那麼達雷爾和瑪麗亞有什麼機會，有時間經驗和羅素的關係？

海　倫：……在這個舞台上……

薩提爾：在我們的生活當中。那些孩子有什麼機會？

海　倫：機會是……

薩提爾：他們現在能做的是什麼？

海　倫：如果他進城，他們可以偶爾去看他，而且如果他們想聊，他們可以給他打電話……儘管……（有人低聲細語：媽咪，什麼？達雷爾……疼嗎？再等一會，親愛的，不。）

薩提爾：現在等一下，瑪麗亞這時提出某種請求。讓我們花一分鐘看看那請求意味著什麼。海倫，妳認為她在跟妳要什麼？

海　倫：我想她要我不要談羅素。更多的是……

薩提爾：好的。她本來在說什麼？

海　倫：關掉麥克風。

薩提爾：哦，好的，好的。我們稍後可以跟她解釋這個過程。

海　倫：（笑）好的。

薩提爾：她在說摘下麥克風。妳是否願意那樣做呢？

海　倫：有點。

薩提爾：不全是？

海　倫：不全是。

薩提爾：但妳摘下來了。

海　倫：因為我想取悅妳。但我想和瑪麗亞談這個，幾分鐘。

薩提爾：請便。

海　倫：瑪麗亞，親愛的，妳能否把這個帶上，這樣如果妳說話，我們就可以聽到？妳不想這樣做？好的。

薩提爾：現在妳怎麼辦？

海　倫：我不準備**衝撞**我女兒戴麥克風這件事。

薩提爾：現在妳有另一個想法，就是瑪麗亞心裡發生了一些事⋯⋯

海　倫：嗯。

薩提爾：⋯⋯當妳在談羅素的時候。妳可以和我們說說妳的綺想是什麼嗎？

海　倫：嗯，好的。那就是⋯⋯嗯⋯⋯我的綺想對她來說會不自在⋯⋯且她不喜歡聽。特別是如果真的是現在的話，如果我們能聊我們以前常做的事，或「哦，妳爸爸喜歡網球或他喜歡這個」，那這還沒關係。

薩提爾：現在我有種感覺，我想和妳分享。我不知道是否適合，但這離婚只是作為一個事實的發生，它並沒有發生在它所意味的所有層面上。而且，我有種強烈的感覺，我肯定瑪麗亞和達雷爾有些疑問等等，因為我有感覺到這些是⋯⋯妳在談孩子，但妳其實是指自己。那有任何的價值或意義嗎？

海　倫：有。

薩提爾：好。讓我們試試這個。那個滴答聲是什麼？

海　倫：是瑪麗亞。親愛的……

薩提爾：哦。

海　倫：親愛的，不要……

薩提爾：哦，沒關係。

海　倫：……不要……就把它放下……

薩提爾：……所以如果妳不要戴，如果妳不要戴，那麼妳就必
　　　　須把它拿下來。妳可以把它給那邊那個人，或妳可以
　　　　放在妳拿得到的地方，如果妳想再用時，就可以用。
　　　　我希望妳轉妳的椅子，看著羅素。

海　倫：好……的。

海　倫：好。

薩提爾：那麼，他就在妳後面，妳可以問他……他的感受如何
　　　　（麥克風發出尖銳的聲音，某人說：「啊──」）。

海　倫：你對生氣是什麼感覺，我……等一下……我想要轉回
　　　　外公那……

比　　爾：好，妳想要我來回答這個問題嗎？

海　倫：是。

比　　爾：我覺得很好。

薩提爾：好，現在，我們這兒發生了一件有趣的事情……
　　　　（笑）

海　倫：瑪麗亞，妳想站起來嗎？

薩提爾：妳想看到父親的臉嗎？

海　倫：是，我想。

薩提爾：好。

比　　爾：我覺得很好。

薩提爾：你對那些，有不同意的嗎？

比　　爾：不，我沒有不同意。

薩提爾：我的意思是，當我說那些，生氣羅素的事情時，你是

否不同意我所說的？

比　　爾：是，我想妳是對的。

薩提爾：你自己是否想補充些什麼？

比　　爾：好，我想開槍射他。他在哪？然後我再讓我的良知上場。（笑）

薩提爾：你為了什麼生氣？從你的角度？你可以告訴羅素你為了什麼生氣嗎？至少，那部分（麥克風發出尖銳聲響）……生氣。（薩提爾邀請比爾直接看著羅素）

比　　爾：呃，因為我女兒犧牲許多，幫助你得到今天的位置。她放棄了太多。我放棄了太多，我太太也放棄太多。當你需要幫助時，我們總在那裡，甚至還多過你自己的父母親。我記得當他們第一次搬到皮奧里亞（Peoria），他們打電話……

薩提爾：嘿。當你第一次搬到……

比　　爾：當你第一次搬到皮奧里亞，你要我幫你卸下卡車、搬運車裡的東西，而我這輩子從來沒有搬過那麼多的書，從卡車搬到電梯，然後從電梯搬到公寓。但是我做了這些所有的事都是因為愛，好吧，如果你愛我女兒的話，所以當你離開，扔下這裡所有的一切時，我會如此生氣。你不僅傷害了我們，也傷害了你自己的父母親。

薩提爾：妳對父親剛才所說的話有什麼感受？

海　　倫：（長時間沉默）……我覺得那生氣是非常真實的。我猜那件事，那個我一直聽到、一直等待的最後一句話是：「該死，羅素，你離開後，我們寫了三封信：『如果這是上帝的旨意，我們理解，而我們愛你，我們永遠像愛兒子一樣愛你。』而他從來沒有對他們說過一個字。或是用任何方式來承認他們的存在。

薩提爾：好。當妳聽到妳父親表達他對羅素的生氣時，妳的感受是什麼？

海　倫：呃。我沒有感覺到⋯⋯我放棄的像你覺得的那麼多。

比　爾：（笑）那麼，呃⋯⋯

海　倫：這不代表我不生氣，但我只是沒那樣的感覺，因為，因為我從我的婚姻中也有所得。

比　爾：呃⋯⋯那些就只是，出現在我腦海中的事情而已。

海　倫：我知道它們是有根據和真實的，聽到你說出來，我覺得很好。

薩提爾：妳現在對父親的感受是什麼？

海　倫：有一點⋯⋯解脫⋯⋯我不知道⋯⋯解脫。你知道，我一直有這個幻想。我所想的是在這場冰暴中，因為這些都發生在冰暴期。（笑）而，呃，幸運的是，他擊落 R2D2（譯按：指星際大戰電影的機器人）的出氣筒，而我們則是把它打得屁滾尿流。我記得那個。我有那種感覺。那是一種無法用言語形容的趣事，我們全都做了，且它確實是⋯⋯當時對的事。

薩提爾：妳現在覺察到的感受是什麼，梅？

梅：啊哈。呃，我想說⋯⋯（低語，然後笑聲）。有人說：「我要閃了，不擋路了」。

（更大的笑聲）

梅：（對羅素說）在你離開她後，比爾和我，第一次南下，我們有相當長的時間處在冰暴中。她沒有燈，什麼都沒有了，沒有暖氣。但是你，羅素，待在溫暖的公寓裡，而且甚至沒有來看孩子，沒有照顧他們免受寒冷。直到海倫的某位朋友告訴你：你最好照顧好孩子們，免得他們感冒。你才知道他們的狀況。然後，另一次我們南下，我寫了一封信給你，我腦中曾寫了

很多尖酸刻薄的信，但這封是好的，說的是我們想念你一起吃晚餐的時光，而且當我們南下到這裡時，我們永遠愛你。而我沒有從你那兒得到任何回音，一個都沒有，從來沒有，兩年半了。我從來沒有你的消息。而我愛你……像兒子一樣。而我覺得我們應該從你那裡得到一些關注。從你那裡。

薩提爾：（對扮演羅素的人說）我在想你是否可以說說你的感受，當你聽到你的前岳父岳母所說的這些話，他們某方面像你的父母親一樣，而你的妻子也提到這點。我在想你是否有任何你可以分享的感受。

羅　素：我會回應，就像我回應每個不同的訊息。對海倫的回應是，我不是很明白她在說什麼。部分的我是被動的、容易相處的；另一部分的我則有野心、驕傲自大，而我應該要做這，應該要做那，而且我不在乎且透過這整件事，或這整個事件的一部分，我覺得自己處於某種陰謀中。（孩子竊竊私語）

薩提爾：等一下，因為瑪麗亞和海倫之間發生了一些事情（孩子竊竊私語），你的話可能沒有被聽到。你從……瑪麗亞那……聽到什麼嗎？

海　倫：她想要我跟她去，我在想那是不是指去廁所……

薩提爾：好，妳可以直接問她問題。

海　倫：嗯。親愛的，妳必須要去廁所嗎？妳是不是累了，想走一會兒嗎？妳想和瑪莎去散步嗎？就是發給妳名牌的那個人？妳想不想跟瑪莎一起去做一個新名牌，然後再回來呢？妳見到她了嗎？她來了嗎？……和瑪莎去散散步，帶著妳的柳橙，還有桌上的一小瓶汽水？和瑪莎去一會兒，等妳想回來再回來。

比　爾：別動麥克風。

薩提爾：這對妳來說是什麼，妳得覺察到其他的事情正在發生，而必須分出一半的精力處理別的事情，一半的精力給她？妳現在回想起來，妳對妳這有什麼感覺？

海　倫：熟悉。

薩提爾：這很熟悉，妳之前就知道了。那是什麼樣的經驗？試圖一心二用？

海　倫：我對所有的一切置之不理。

薩提爾：妳對我停下來好讓妳聽到更多正在發生的事，感受如何？

海　倫：我覺得，我覺得解脫，而且我還覺得「哦，海倫，妳難道不知道如果妳朝向成為一個完整的人，妳就能自己處理了？走向完整的路上，妳失敗了。」

薩提爾：妳在做妳必須做的事情，不管妳該或不該。好的。所以妳只認為自己失敗了？

海　倫：那只是閃過去的一個念頭，但，是的。

薩提爾：好。那麼，讓我們來檢視一下，然後再回來此議題，好嗎？

海　倫：嗯哼。

薩提爾：我們能以那種方式擺脫它。

海　倫：我沒問題。

薩提爾：現在，當妳回顧過往的感受，現在知道妳或許能在那當下為自己做些事，但妳沒有……

海　倫：嗯哼。

薩提爾：無論如何，它是如何完成的呢？

海　倫：妳介入，且我感覺到自由，呃，和她互動，然後做出決定，滿足所需要的。

薩提爾：妳現在感覺如何？

海　倫：很好

薩提爾：好的。因為第一次我問妳時，妳讓自己陷入自責。

海　倫：嗯哼。

薩提爾：這沒什麼好或不好。我只是想讓妳更清楚明白妳當時所處的狀態。亦即妳一度覺得必須總是為所有的人做所有的事，我推斷。

海　倫：嗯哼。

薩提爾：現在我第二次問妳，當妳釐清了一些事，妳會覺得妳有一種能夠成長的體驗。記分板不那麼重要了，是嗎？

薩提爾：從此刻開始。

薩提爾：現在當妳看到此刻和羅素的距離，海倫，你有什麼覺察？

海　倫：（長時間的沉默）悲傷。

薩提爾：悲傷。好的。

　　　　（有人低語「沒關係」）

薩提爾：親愛的，妳能用言語表達那個悲傷嗎？

　　　　（低語）

海　倫：我覺得……悲傷……哦……對它曾有的美麗，還有，呃，我在其中的責任……

薩提爾：是什麼？

海　倫：什麼？

薩提爾：那責任是什麼？

海　倫：我覺得缺乏意識，我沒有覺察……我都視為理所當然……沒有意識到它的珍貴……

薩提爾：妳有些後悔？

海　倫：嗯……

薩提爾：妳能否分享那些後悔和任何些什麼（麥克風發出尖銳雜音）是，是，當妳靠近那，就會發出那些聲音，所

以或許妳把妳的頭靠那肩膀。妳能說出那些後悔嗎？

海　倫：（長時間沉默）我後悔，呃，沒有更認識他。我後
　　　　悔……沒有好好愛你（轉向角色扮演的羅素說）。

薩提爾：妳是否真的認為他離開是因為沒有被愛和沒有被看
　　　　到？這是妳現在心思所在的位置嗎？

海　倫：（長時間沉默）……這點在我腦中正在大打架……

薩提爾：好的。閉上眼睛，看看那個打架，告訴我發生了什
　　　　麼？

海　倫：……一邊說：「妳這個蠢女人，妳瘋了，他和妳最
　　　　好的朋友有染。妳瘋了嗎？那是他離開的原因。為什
　　　　麼妳還這樣說自己。呃……而且他是一個非常自以為
　　　　是且極端自私的人，他其實不是那麼喜歡整個家這件
　　　　事。是，他是愛孩子，當他們就在他面前的時候，但
　　　　其他時間他會忽略他們。」另一邊說：「我不在乎這
　　　　些因素。我在乎的是我的部分和我所做的事。相較於
　　　　過去我所有的……當時我將關係視為理所當然，現在
　　　　的我理解愛的意義。」（麥克風發出尖銳雜音）……
　　　　我有（海倫閉上眼睛）。

薩提爾：好的。現在再次閉上眼睛，看著它，看看它是否有任
　　　　何的進展和誰贏了，哪一邊？

　　　　好的。現在，因為我看到贏的一方的那麼強大，它
　　　　說：「少說廢話，海倫什麼（笑）……呃……」

　　　　好的。和它一起一會兒。讓自己知道經驗中的負面
　　　　部分，妳的感受如何？

海　倫：生氣！

薩提爾：好的。現在看著他。說出那生氣。（海倫轉向羅素）

海　倫：我很生氣，你是如此地被動，你該珍惜我們三個
　　　　的，但你卻從沒有直接面對，而是閃到一邊，而且，

呃，這種方式對我來說是個羞辱，且令人難以置信……粗俗無禮、自私、令人厭惡……我生氣你完全忽視我……

薩提爾：妳現在感覺如何？隨著妳……

海　倫：更生氣。也更解脫。

薩提爾：好的。還有哪些其他的生氣湧現？

海　倫：我很生氣，呃，我總是……某種程度上，我沒有認識你，我一直在解決問題，家庭是個很棒的地方，可以學習、愛和成長，並供給你，讓我們來聊聊成長，我們能這麼做、我們能怎麼成長，而內在的那深層的一幕是你真的坐在那裡說：我想去打網球，我想找別的女人……而且，嗯，我氣自己沒有意識到這一點，我一直傾倒這些情緒到廢棄廠中。

薩提爾：妳現在對於他和妳各自有了自己的生活感覺如何？

海　倫：更生氣，還能夠更生氣。

薩提爾：妳現在怎麼想你父親對妳對羅素生氣的感受？

海　倫：我想他會豎起大旗出發（模仿號角的聲音）。奪標！帶著更多的跳躍，霹、蹦、啪的說。

薩提爾：他在妳這邊。

海　倫：是。

薩提爾：……告訴他，他是多麼糟的傢伙？

海　倫：不。

薩提爾：妳的感覺如何？

海　倫：很大的解脫，像自由落體般。不一樣。我曾經存在過一個完全不一樣的空間中。

薩提爾：好的。我現在希望妳，只要讓自己放鬆，我希望妳現在去聽聽扮演的羅素有什麼要說的。

羅　素：我要重新開始，或從剛剛被中斷的地方繼續呢？

海　倫：等一下。妳也可以坐在地上，如果妳想的話。

羅　素：對海倫，我不是真的很明白妳所給我的訊息。我覺得我在某個時間是這樣的人，另個時間又是另一個人，而我對任何事情都沒有任何感受，當我聽到達雷爾……（海倫和孩子說話）

薩提爾：比爾或梅？

羅　素：比爾。這就像我聽到很多愛的訊息，但我沒有真正地接收到愛，你知道，從你說話的語調以及將愛傳遞給我的方式，就像我是，我覺得我是，不稱職的人，就像你以某種名義為我做事，但我並沒有真正感覺到我們是真的一起做的。就像我仍然還是缺乏感受，我所想要的只是盡可能地從任何人那兒得到每樣事物，而除了我自己以外，我從來沒有感受到被欣賞感謝或是關心。然後，它真的讓我感到低落，我對此感覺很不好，但我不相信這是真的，因為我是有感受的。雖然我或許沒有所有的事都做對，但我仍然關心孩子們。我在想，你知道，怎麼會有人不愛他們呢？你讓我覺得我從來沒有，也從未能夠。而且，梅，妳剛才，當妳說話時，就已經體驗到這些所有其他的東西了，當妳告訴我關於信的事的時候，我所感受到的就是罪惡感。但我沒有什麼能回應，因為我真的感到所有都是和另一個人有關的，妳知道，那些是我得到的訊息。那就是我的感受。

薩提爾：你現在有什麼感受，內在？

羅　素：我感到特別緊張……像是……像是我只有自己一個人。

薩提爾：我想問你一些事，比爾。有任何這個角色扮演的羅素所說的話，是你自己的感受嗎？感覺是局外人、感覺

不被關心、讓某人失望。你知道這些感受嗎？在你的
　　生命中是否有過類似的經驗，有一些那樣的感受？

梅　：妳在問他還是我？

薩提爾：我在問比爾。

比　爾：妳是指像拒絕，和……

薩提爾：嗯。

比　爾：（長時間沉默）有，但此刻我想不到任何事，任何特
　　定的人。

薩提爾：但我聽到你說，某種程度上是類似的。而我好奇，當
　　你聽羅素說話的時候，你內在有什麼感受。

比　爾：好，我在想我是否，呃，錯判了……他說的某些事
　　情（海倫和孩子低聲交談）……也許，我一波波傳遞
　　那些感受，那感受，當時我以為是，我們說的，因為
　　我們愛（更多的竊竊私語）。而我是那種願意去幫助
　　別人的人，且不求回報。但如果我可以從中得到一點
　　愛，那就是很大的回報。

薩提爾：你知道，我所察覺到的，比爾，是你對羅素很深的失
　　望。

比　爾：哦，是的，我有。

薩提爾：我好奇你是否可以和他分享，真正地很深的失望。

比　爾：好，我真的對……你所做的這些事感到很深的失
　　望。就如同我之前說過的，我的基督教養教導我，你
　　不能帶著仇恨，你必須給愛，否則你就會灼熱的潰
　　瘍，足以使你生病。

薩提爾：比爾，我從你那聽到別的訊息。我聽到你說你沒有兒
　　子，而看起來他就是那個兒子。你可能不能直接這麼
　　說，但我好奇那是不是你對羅素的感覺？

比　爾：我沒有兒子？嗯，我想最初是的。特別當他們，

呃，搬去海地，當時他們在美國和平組織（Peace Corp）教書。他們，呃，有爸爸媽媽南下去看他們。而且（笑）那時候，羅素還留著鬍子。

薩提爾：坐近一些，羅素。

比　　爾：就像你現在留的鬍子，瞧，海倫曾經說：「啊，要冷靜」。現在，留鬍子對我沒有影響。但是，當我第一次見到羅素，第一件事，他認為我會勃然大怒，但我說：「嘿，夥計，你看起來很棒，你真像，你知道，耶穌基督那張微笑的照片？」我說：「你看起來那是那個樣子。」而他，他不知道該說什麼。他大吃一驚。他是一個可愛的傢伙。

薩提爾：對他說「你」。

比　　爾：呃？

薩提爾：對他說「你」。

比　　爾：你是一個可愛的傢伙。我們有過美好的時光。我認為你對待爸爸媽媽的方式就像我們是青少年，因為我們，呃，飛去聖托馬斯（St. Thomas），但那兒沒有旅館，然後我們就說，那好，就讓我們睡沙灘上吧。而且，呃，好像你回來後，上完法學院，開始往上爬，為什麼，他開始變成了另外一個人。而且，呃，為什麼我們做那些事情，我不知道。可能今天的這次會談會帶出一些東西。但是，呃，我們避免談到……但是……我真的從來沒有機會和你談談。你離開了。我是說，當它發生時。我們可能在這裡發現一些事。那，呃，海倫已經說了。但此時，我已經……原諒你了。即使——我曾經對梅說過——即使你回來，我會再愛你。因為我認為你是值得的。

薩提爾：羅素，你聽到比爾這麼說，你的感受如何？

羅　素：我聽到你說你可以原諒我，還可以再愛我，但我真的擔心我需要做什麼、做多少才能換來這些原諒和再次的愛。

比　爾：就只要回來。

羅　素：嗯，我不知道。我只是覺得我必須要做很多的事情，才可能再度融入。

比　爾：嗯，愛不是那樣的。我想你們都聽過歌林多前書（Fist Corinthians）第十三章：「愛不是鳴的鑼、響的鈸。」愛是遺忘，我試著遵循它、不辜負它。我還有很多未能做到的疑問。

羅　素：比爾，不久之前，我有很多的憤怒，以及很多的罪惡感。而現在我聽到事情就可以像你剛才說的那樣發生，我難以立刻相信。我只是不認為你可以如此快地原諒我。

比　爾：嗯，你必須要試。你得試試看我。你瞧，那就是我所說的意思。

　　會談繼續。比爾能表達他想被羅素愛的渴望，也能表達出對羅素不允許此事發生的氣憤。這導致他將氣憤轉向了他的妻子，這反過來也顯示了父親與女兒的同盟。

　　重點轉到了比爾和梅關係中的痛苦，這讓海倫有機會看到她是如何夾在父母親之間的，並坦誠分享三人間的痛苦和憤怒。孩子們隨著媽媽和祖父母開始關照起過去讓海倫維持依賴角色的舊事，就安靜和開心的離開了。海倫將這樣依賴的關係複製在她先生身上，現在則是在孩子身上。憂鬱似乎和她的自責有關，很顯然地是要保護她不陷入對父母親的憤怒和挫折中，以及不陷入她所沒有表達出想和父母親親近的渴望中。她把這一切都投射到孩子身上。

在會談中，海倫很明顯地還沒有轉化她與原生家庭的連結。我努力重新塑造這些連結，好讓她能更自由地掌控自己和她的家庭，與父母建立更多的同儕關係。在跟隨這個案例時，我發現這確實發生了。

海倫能安排她與孩子的生活。羅素，她的前夫，開始參與親職。海倫變得更像是父母親的同儕，因而與他們建立了一種更人性、更成熟的關係。隨著她開始掌控自己時，她的憂鬱完全消失了。

評估

到現在，我已經見過近五千個家庭，幾乎是每種形式、樣貌、國家、民族、收入水平、宗教取向以及政治信念。

我個人沒有對我的結果做過正式的研究，我把這項任務留給其他人。我所知道的是，我工作的成效來自於回饋，我的學生以及所見過的家庭經常在不同時間給予我回饋。這些回饋的共通點都指出結果是有用的，且所獲得的收穫超過當下。那不是說我就沒有失誤過。我有的。但當我失敗——且克服痛苦——我會在這經歷中得到新學習。但我想我還是會這樣地持續下去。

總結

人們總是對治療師抱有濃厚的興趣，尤其是他們如何成為一名治療師的成長過程。本章中，我把自己當做是一個熱衷觀察和熱愛人們的人。我認為人是個奇蹟，他們的生命是如此地神聖。我或多或少是按照年代的順序介紹自己，分享我是如何成為一個家族治療師。當然，我意識到我所呈現的，沒有任何一部分具有核心決定性的價值。每個部分都與其他部分交互作用，共同形成未來的可能性。

透過與讀者分享我是如何認識自己、如何理解我的家庭以及如何幫助別人，我分享了在這過程中，我是如何覺察到生命之流反映在我的理論基礎裡，又如何轉化為我的治療取向和風格。為了傳達我對家族治療的想法，我決定寫本章，基本上，我是用編年史的方式來記錄我如何看待有需要的人及與他們連結的旅程。我最初是老師，然後是精神科的社工，最後是為一個異類，偶然開啟將家庭當做一個治療單位一起工作的可能性。

此時此刻，透過我不斷學習，其成果就是在家族治療的過程中，治療師和家庭能夠共同努力，促進家庭成員的健康，而我稱這個歷程為**歷程模式**。歷程模式的核心包括將所有那些互動和相互作用轉化為方法和程序，並將家庭中的每個個體以及家庭系統本身，從症狀基礎轉向為健康基礎。

我對歷程模式的基本假設是，人們是準備好要成長的。因此，症狀僅是一個訊號，呈現出的是自由成長的過程受到家庭系統規條的阻礙，反過來限制情境中的創造運用。這些掌管家庭系統的規條源自父母維繫其自我價值的方式。這些規條反過來形成孩子們成長和發展他們自我價值的脈絡。在我看來，家庭系統的基礎是溝通和自我價值。

既然所有的系統都是平衡的，那麼問題是：為了要平衡，系統中的每個部份需要付出什麼樣的代價？因此，任何症狀都是成長受阻的訊號，並與系統中的生存機制相連。這種生存連結的方式隨著個體和家庭的不同而有所不同，但是核心價值都是一樣的。早期處遇的步驟就是讓這個系統模式被看到、被感受並被理解。

我的第二個假設是所有人的內在都蘊含了他們滋養所需的所有資源。我的治療就是協助人們接觸到他們的滋養潛能，及學習如何運用潛能的過程，進而創造出一個成長系統。為了

挖掘這些潛能，我用了八個部分：（1）生理；（2）智性；（3）情緒；（4）感官；（5）互動；（6）情境；（7）營養；（8）靈性。

症狀開了個頭，提供我線索去拆解每個人用扭曲、忽視、否認、投射、無營養以及未挖掘部分所結的網，這樣他們才能夠和他們的能力連結，使其正常發揮作用，健康而愉悅地應對。

第三個假設是每個人及每件事都受影響於──同時也影響著──系統中的每個人和每件事。我發展出一些方法來納入所有相互影響的人到治療會談中──即使實體不在，精神上要在。那會出現多重刺激以及多重效果；因此，沒有指責。這就是基本人性系統的概念。

我採取第四個假設，即（1）治療是一個發生在人與人之間的過程，這些人在積極和促進健康的情境中達到了正向改變。（2）治療師能夠是個領導者，發動和教導家庭促進健康的過程，但不能掌控參與其中的人。我與家人共同發展出愛和信任的情境，是我用來幫助人們承擔必要風險以及開始掌控自己的方法。這個過程，我非常重視每位家庭成員是否盡其所能的成為一個完整的人。

為了說明歷程模式，我摘錄了一個家庭會談的前半段，用來展現我如何運用我的假設，最後人們本身確實是最根本的奇蹟，也有改變的能力。

註解選定的讀物

我把書籍看做是開啟新可能性的靈感來源、嘗試新觀點的跳板、對自己觀點的驗證，以及進一步添加個人當前資料庫的資源，且許多時候，當人們知道他們想往哪裡去時和不確定如何抵達時，書可以作為方向的指引。以下是一些實現這些功能

的小選擇。反過來，也可引發更多深入的閱讀。

- 在家族治療中運用神經語言學取向：
Bandler, R., Grinder, J., & Satir, V. (1976). *Changing with families*. Palo Alto, California: Science and Behavior Books.
- 以榮格學派為基礎描述家庭的歷程和動態：
Dodson, L. S. (1977). *Family counseling: A system approach*. Muncie, Indiana: Accelerated Development.
- 呈現美麗、生動而詳盡的家庭進行式：
Luthman, S., & Kirschenbaum, M. (1974). *The dynamic family*. Palo Alto, California: Science and Behavior Books.
- 一覽人類「洋蔥」般多樣面向的基礎：
Satir, V. (1967). *Conjoint family therapy* (Rev. ed.). Palo Alto, California: Science and Behavior Books.
- 簡單地描述家庭中的普遍因子，增加對家庭的認識和欣賞感激：
Satir, V. (1972). *Peoplemaking*. Palo Alto, California: Science and Behavior Books.
- 非常具體及詳盡地描述治療處遇：
Satir, V., Stachowiak, J., & Taschman, H. (1977). *Helping families to change*. New York: Aronson.

以下三篇文章以一種可讀性很強的對話形式寫成，目的是要幫助讀者更深入瞭解他或她的人性面：

Satir, V. *Self esteem*. (1975). Millbrae, California: Celestial Arts.

Satir, V. *Making contact*. Millbrae, California: Celestial Arts, 1976.

Satir, V. *Your many faces*. Millbrae, California: Celestial Arts, 1978.

我鼓勵讀者還要熟悉阿克曼、哈利、米紐慶、鮑文和傑克森的文章。用這些作者的名字很容易搜尋到這些文章。我特別希望大家關注卡爾‧華特克和格斯‧納皮爾（Gus Napier）的書《熱鍋上的家庭：一個家庭治療的心路歷程》[2]。它是一本人性化且寫得極佳的書，描述家族治療師對家庭的鮮活體驗。

還有三本書我認為對治療師培訓教育是非常有用的輔助：

- 作者用具可讀性且人性化的方式和務實態度提出了一些重要的見解，有些特別適用於單親家庭：

Gately, R., & Koulach, D. (1979). *The single father's handbook*. New York: Anchor Press/Doubleday.

- 這本書試著建構重組家庭的合法性。考量到我們的社會有越來越多的孩子在重組家庭中長大，所以作者邁出了重要的第一步，使其成為一個有吸引力和充滿愛心的家庭形式：

Visher, E., & Visher, J., (1979). *Stepfamilies*. New York: Brunner/Mazel.

- 這個作者是一個有創意的溝通分析師。她用一種輕柔、實際且人性化的方式，描述父母如何用充滿愛和有效的方式來發展並使用他們的能量：

Rainwater, J. (1979) *You're in charge*. California: Guild of Tutors Press.

---

2. 編註：中文版已由張老師文化出版，原文書名 *The family crucible: The Intense Experience of Family Therapy*.

第九章

當我遇見一個人

引言人：傑絲・卡洛克（Jesse Carlock）博士
心理學家、《薩提爾期刊》（Satir Journal）副主編

維琴尼亞・薩提爾不僅在美國和加拿大，還在全世界，都被公認為是一名治療大師和導師。在我看來，這篇文章是她最好的文章之一，淬煉出她對轉化取向治療方法的觀點精髓。我研究她的工作幾近三十年，閱讀了她的所有著作。我相信此篇真的會激發你的興趣更去理解薩提爾，還有她開創性的治療方法和個人成長的方法。

〈當我遇見一個人〉最早出現在美國精神科醫師羅伯特・斯皮茲（Robert Spitzer）於一九七五年所編輯的《安適與喜悅的信息》（Tidings of comfort and Joy）一書中。該篇文章中，薩提爾描繪一幅她與一個家庭會談的敘事圖，當時她對整個會談記憶猶新，她不僅形容自己在會談進行中的內在歷程，也描述自己與這個家庭的第一次會談及她認為改變過程中的重要部分。本文中，薩提爾處在自己最佳的狀態。她即興地展現她和家庭工作的歷程，編織著以下三個部分彼此之間的相互作用：她對人的基本信念、她敏銳的行為觀察以及她對表層之下的東西所形塑的圖像。她相信她對當下所形塑的圖像、想法、感受、感官，以及她對所有相關人之間、之中之能量場的感受。

對薩提爾而言，治療過程是一個動態的對話過程，是人與人之間活生生的連結，在其中，治療師整

個人與個案整個人相遇。每次會談都是一次新的舞蹈，最好的狀態下，激發個案擴展自己的視野，並完整地運用自己的能力，使其以更具意義的方式與他人連結。對薩提爾來說，除非個案發生某種轉化或開啟了新視窗，否則治療過程不算結束。她不僅尋求改變想法、感受和行為，更重要的是她希望達到個案改變和自己的根本關係。

薩提爾堅信，如果缺乏自我價值，改變就不可能發生。她在她的那個年代所提出的一些信念，受到很多的批評。而她也可能是第一個將靈性層面納入治療過程的心理治療師。薩提爾始終堅信，不管問題是如何被展現出來，每個人都具有無瑕疵的核心或生命力。她透過她的工作不斷證明，當在一個充滿關愛和接納的脈絡下連結、滋養和發展生命力時，人便會綻放出美麗的花朵。我們會從薩提爾工作的核心主題中，重複地經驗到她是如何一次又一次地連結個案的自我價值和深入他們的渴望及想望的部分。她在本文中展示了她是如何能超越外在層次，並觸及經常被隱藏的核心生命力量，以及她又如何評估她的動作和所激發的變化。

與生命力的連結是本文的核心焦點，其結合了薩提爾敏銳的自我覺察和她運用所有感官獲取資訊的能力，代表著使用所有資源的縮影——自己、他人和更高層次的自己——作為動態改變的工具。薩提爾在每次會談都努力成為明燈達到啟發，而我確信這篇文章也會為你打開大門。

人們總是問我是如何看人以及當我看時我看什麼。很多時

候，我在想他們其實真正想問的是我對人的信念。我試著回答的方式，會幫助人們更加理解我和他人一起工作時所做的事情。我會採用即興的方式，把那些出現在我腦海中的想法整合起來。我很清楚，我所感受到的很多方式和所做的事，不可能一一呈現，但在此刻，我會把我所知道的最好的部分與你們分享。

我想先從當我運用自己去幫助別人時，我內在發生了什麼開始談起。首先，這個人和他的家庭——因為我總在家庭的脈絡中思考——會來見我，往往是因為他們想解決某種痛苦或某個問題。某種程度，我感受到他們對自己說（或被他人告知）：「我們已經無能為力了，現在只是在找某種比較好的方式來面對。」人們不會都用那樣的語言。有時候，他們只是說「我受傷了」或「有人做錯了」。我會把這些都視為是他們正在尋求新的能力，才能更好好地應對生活、擁有更多的快樂和愉悅、更少的痛苦，或許更有生產力。

我認為無論生命力以何種形式出現，所有人都是自己生命力的展現。當人們有某種需求或遇到某種問題時，他們展現自己的方式——他們所看、所聽和所說的方式——可能非常醜陋、非常優雅或非常痛苦。在這一切之下，我看到的是一個活生生的生命。我覺得，如果他或她與自己的生命力連結和所擁有的生活接觸，他們就可能學會用不同的方式運用自己。所以當我遇到每個生命個體時，我在心裡會脫去他或她的外殼，試著看內在，這個內在就是自己（self）的一部分，我稱之為**自我值得**（self-worth）或**自我價值**（self-esteem），並給它一饒富情感的名字**鍋**（pot）。這個鍋在找尋某種展現自己的方式，而我見到這個人時，會帶著那樣的覺察。這個人的內在可能有他或她未接觸過的部分。這個部分他或她不僅沒有接觸過它，甚至不知道它在那裡。我知道它在那裡。對我而言，我心

中的這個信念非常強烈，且無庸置疑。我從不問那個人是否有生命；我只問它是如何被觸及的。

昨天我跟一個家庭會談，我對當時的場景還記憶猶新。我會盡我所能地描述那個家庭和我之間發生的事，不僅分享我對自己內心歷程的理解，也分享我是如何運用這些理解來觸及家中每個成員的自我價值。這個家庭包括一個成年男性和一個成年女性，他們是一對夫妻，也是五個孩子的父母親。最大的孩子十八歲，最小的五歲。他們顯然出現一些問題，否則不會來尋求治療。

會談一開始時，我不會過於關注某個特定的問題，我反而會試著理解和學習這個家裡的每個人是如何過他或她的生活，他或她又是如何與自己和他人相處。對我來說，有兩種生活一直都存在著——我和自己、我和我的重要他人。當我見這個家庭時，我其實並不知道我會找到什麼，我也不知道這些獨特的家庭成員會如何展現自己；我只是知道他們正受傷難過著，但他們的內在有某種東西是可被碰觸和被開發，並獲得成長的。

我和家庭會談時，第一件事是和每個成員接觸。我注意到一件事是，人們通常不會以人的價值和他們自己連結。我發現，除非人們開始意識到自己是有價值的，否則他們無法在人的層次上經驗任何的改變，而我，作為一位治療師，就成為人們首要的媒介，透過我能讓他或她和其自我價值連結。我和這個家庭開始會面的狀況是，我首先會和先生握手，即將我的手延伸到丈夫——先生，然後再與家庭的其他所有成員握手。

我想說一些當我這麼做時的感受。首先——你要隨著我的思路——假定你是我剛剛見面的某人。你和一群人在一起，也許是你的家庭成員，我站在你的面前，在一個手臂的距離下，把手伸向你。當我把手伸向你的手時，你也會把手伸向

我，於是我感受到一種連結。在那一刻，我正在看著你；我感受到你皮膚的感覺，你也感受到我皮膚的感覺；那一刻，這個世界除了你和我，沒有其他人；那一刻，你接收到我的全神貫注，你可以感受到，我所連結的是你這整個人，而我也覺得我把自己完全交給你。微笑伴隨而來，我的微笑在向你和你生命的展現說「哈囉」。這種體驗讓我感覺到與另一個生命形態連結的可能性——另一種生命的展現——你的生命。我認為人格的基礎是**生命的展現**（life manifestation）。

當我與你家庭中的每個成員都這麼做的時候，我的內在也覺察到我在享受這樣的連結——完全的連結——這在某種程度上也是對我的肯定。我就是一個存在的生命，與另一個存在的生命連結，就像一個平台或基地，從這裡，我們蓄勢待發。這就是為什麼我的治療不一開始就探討問題，而是與每個成員在人性的層次上形成基本的連結。當然，人們來這裡是為了尋求一些幫助；但如果他們知道自己所需要的是什麼樣的幫助，他們大可靠自己而不用找我了。他們必定是無路可走，所以才想尋求協助，但或許也是他們都能覺察到彼此都處在痛苦中。

當我與他們進行第一次接觸時，我會傾聽他們對我的回應。幾分鐘後，我會聽到他們彼此之間的回應。我開始瞭解他們所做的事，以及他們如何應用出生到現在所學的經驗。你們其中的一些人可能熟悉我用於速記目的的**溝通姿態**——人們彼此溝通的方式。我稱這些回應為**討好、指責、超理智、打岔**及**流動**（flow）。[1] 開始治療時，我其實不會期待家庭成員表現出許多流動的應答，因為他們尚未達到流動的原因之一可能就是因為，他們事實上是以他們就是這樣的方式來應對。但我也要強調的事實是，我認為我面前的這些人，他們已經根據他們所

1. 譯註：這裡的流動，指的是一致性。

學做到最好了；而我相信他們所學到的代表著他們所知道之最好的生存方式。你們其中有一些人可能察覺到我會將不同的應對方式轉換為身體的姿勢。片刻之後，我對我眼前這個人會形塑出一幅內心的圖像，並將其轉換為代表他們溝通方式的身體姿勢。

例如，我昨天會面的那個家庭，我發現丈夫用的應對方式是超理智，我想像著他站得非常筆直，很少動，以一種相當單調的方式講話。然後，在我想像的圖像中，我看到妻子以討好的姿勢跪在他面前，但同時，在她背後，卻有個指頭指著丈夫。我看到大女兒超理智的站著，像她父親一樣，不看父母任何一方，但卻伸出一根指頭，勉強地指向爸爸。我看到第二個女兒非常故意、非常明顯地指著她媽媽。下一個是男孩，我看到他站得離媽媽很近，並討好她。然後我看到老四，呈現出來的是打岔，到處移動，無法聚焦在某人身上。我也看到最小的孩子，一個五歲的女孩，也用打岔。

當我看到我腦海中的這些圖像，我要尊重他們，因為這代表這些人已經用所發展出來的最好方式應對。他們的溝通方式：討好、指責、超理智或打岔，已經建構了一個系統，意味著在這個家庭中，沒有人能夠真正接近其他人的內心。他們可能彼此誤解，眼中所見都是角色而不是眼前這個人。所以我努力研究的方向就是幫助他們彼此變得真實。我看著這個家庭，然後從內心，感受他們對我的接觸的回應。順帶一提，這種完全接觸指的是帶著關愛訊息的接觸──以一種深切、個人基礎的方式去關懷──我認為任何改變的重要基礎便是這種接觸。這之間必須有高度的信任。如果家庭成員覺得我不值得信任，那麼我認為我們不會有能力來牽動任何改變。

我記得，我昨天進到房間時，家庭成員坐在椅子上，四散各處，看起來非常像步槍射擊範圍內的靶場，而且還有一張桌

子擋在他們前面。當我看到這個場景時，我覺得在這種情況下工作會非常尷尬。我非常強烈地感覺到人們坐哪裡（分散或靠得很近）和他們坐的方式非常重要。我需要調整空間才得以自在工作，亦即我重新安排位置，好讓我可以看到每一個人。我與每個人都保持在一個手臂的距離內。此外，有足夠的空間讓我和其他人移動是必要的。空間非常重要，因為有些時候我必須讓家庭成員成對成對的工作，或我要做**雕塑**，或進行其它需要空間的活動。必須有足夠的空間讓我和其他人走動。桌子或其他障礙物都會使移動變得困難。昨天，我移動了桌子並固定它，使我和團體中的每一個人連結時都僅需一小步距離。

　　五歲的孩子在我的右側。某個時間點，我注意到她向後移動了一點。這時我有個感覺，她在家裡可能被指認是麻煩製造者，所以她寧願在外圈。我悄悄把手放在她的後背——她有個漂亮的圓背——我發現自己在觸摸她的那一刻所感受到的喜悅。我認為她會覺得這是鼓勵她成為家庭一員的訊號。整個會談還有很多這樣的場景。

　　一個人可以透過任何方式去碰觸。在培訓治療師時，我告訴他們用手指發展出「眼睛和耳朵」是很重要的。家庭中的成員每時每刻都在碰觸——拍、推、擠、抱等等。我相信大家都知道碰觸有不同的含義。所以重點不是碰觸，而是碰觸所傳遞的訊息。

　　我之前提過建立信任，意指透過信任，便有種讓人能夠開始談某些事的氛圍，我稱這些事為**不能說的事**（unspeakable things）——那些貼近他們內心的事——他們擔憂什麼、害怕什麼和希望什麼。我不知道我是否能夠表達地更清楚一些。對我來說，人**能**說出以前不能說的事，遠比他們說**什麼**更重要。有時候人們需要一些時間才能感覺到不管他們說什麼，都是可以被聽到和被理解的，不必通過某種審查系統來處理什麼

是對的。我不知道有什麼方法可以幫助一個人找到自己，除非那個人可以攤開內在的任何東西。在這個社會中，這並不是常見的事情，且你們當中的許多人無疑都知道。但是為了產生改變而創造出的情境和工作方式，在我看來，就是沒有人會因他或她說了什麼，而被以任何方式懲罰——至少不是被我。相反的，我必須接收這個人所說的話，並隨時關注他在當下所處的位置在哪裡。那個人所說的話必須被他或她自己以及其他所有人理解。這意味著大量的澄清，這樣家人才能夠真正理解每個成員所想表達的內容。

隨著昨天會談的繼續進行，我問家中每個成員一個問題：「來到這裡，你希望你會發生什麼？」我猜治療師通常可能會問：「你有什麼問題？」但我感興趣的是人在哪裡被卡住了，並找到它。同時，我覺得透過我詢問的方式及所問的內容，我可以幫助人們更貼近自己的中心。負面的「氛圍」需要一段時間才能降低，這個氛圍通常都不陌生，出現的形式常是「喔，如果他或她更好，我就會更好」，或諸如此類的話。

在這個例子中，我首先先和大女兒交流。在當時，我不知道我為什麼這麼做，我只是認為那似乎是個對的開始之處。她說她希望看到家裡「不要這麼多爭吵」。我接著問妹妹，她也回應相同的答案。然後，我問其他家庭成員是否注意到有很多爭吵，每個人都承認有。下一個圖像於是在我的腦中浮現，那是兩個大女孩彼此爭吵的圖像，而似乎在那個時刻，這是他們認為的家庭問題核心。如果這兩個女孩不爭吵，家就會更好。這個所帶出的是，在這個家，成員如何自在地表達生氣。當我詢問父親這個問題時，他的回答則是：他的家人們需要被教導一些原先不懂的事。

因為我喜歡盡可能快速地編織一幅「活」的畫面，所以那個當下，似乎再自然也不過的，我要兩個大女孩站起來，用指

頭對指，好看到當爭吵發生時，其他家庭成員在做什麼？我發現當有畫面時，文字會變得更有用；我稱此為**雕塑**或作**姿勢**（posturing）。我看到當我要那兩個女孩互指時，她們非常地遲疑。雖然是談她們如何爭吵，但實際上要她們擺出這樣相互指責的身體姿勢，好讓爭吵的畫面更加真實時，她們似乎覺得很尷尬。

　　我所努力做的事之一，便是幫助人們變得自由（我用「自由」，是指擁有選擇的自由）。我鼓勵人們開始嘗試玩弄有關他們行為的新想法。我支持他們突破禁忌。由於兩個女孩都很尷尬，所以我站在那個看起來最尷尬的女孩身後支持她，我靠近她的背後，扶著她的手臂，幫助它指出去。然後我對另一個女孩做了同樣的事。我基本上邁出了第一步，打破這個你不應該生氣的家庭規條。然後，這個會引導出其他家庭成員面對爭吵發生時的行為反應。兩個女孩站著互相指著對方，家中每個成員之前都看過這一幕。我下一個問題是問丈夫—父親：「當這發生時，你會做什麼？」他說他會試著告訴女兒們停止，但是沒有任何用處。我要他向兩個女兒伸出指頭，而當看到這沒有任何用處時，他就放下指頭且坐下。其中一位女兒說太太—媽媽「來點更強烈的」，於是我讓媽媽進來並指著。我問其他的孩子，通常會發生什麼。他們說他們試著置身事外。最大的男孩此刻走到媽媽旁邊，他就像一個輔助父親般的進場，試圖幫助媽媽解決兩個女孩之間的問題。

　　這種雕塑有其價值，因為它清楚地呈現發生了什麼，還將當前（但未被承認的）家庭歷程圖像活靈活現的呈現。這個畫面不是為了顯現人們有多糟糕，而是幫助他們看到正在發生的事情。進行時，通常可以有一些幽默感。我記得某一刻，我要求大女兒伸出手指頭，她的手有點搖晃，所以我支撐她的手，並要她相信她的手上真的有一把手槍。像這樣輕鬆有趣的

事有助於抵消負面自我價值的影響，並提高人們看的能力。對我來說，將個體、他或她的價值，以及他或她如何運用自己區分開來是非常重要的。我帶著人們接觸各種運用自己的方式，以及他們可以如何用這些不同的方式來運用自己。我這麼做的目的是為了要提高他們的自我價值感。

人們常常問我會談後是否會覺得筋疲力盡。我的回答是「不會」。如果我不斷問自己這類型的問題，如「我做對嗎？人們會愛我嗎？我離開時會帶著解藥嗎？」我當然就會變得筋疲力竭。而且，如果我開始那樣做（我把這樣的做法，比喻為把自己裝進罐中），我便會在持續進展的治療系統和過程中迷失，畢竟那時我只關注我的故事，而不是家庭的故事。

這個讓我想到其他的事。我認為自己是會談歷程的領導，但不是人的領導。我在行動之前會和他們檢視每件共同執行的事務。我是強勢歷程的領導，這是基於我是唯一知道我想產出什麼歷程的人。我想幫助人們成為為自己做選擇的設計師；在他們能做到這一點之前，他們需要能夠自由地冒險。我會核對他們的意願，看看他們是否願意去嘗試新的事情，這是互動中非常重要的一部分，同時也提醒他們所需注意的事。如果我給你某樣東西，我需要告訴你它的細節；我需要展示給你看；我需要詢問你，我所提供給你的東西對你是否有價值。重要的是，如果我介紹一些新東西給你後，便很快地問你是否願意去做──也就是我還沒有取得你的理解、信任和冒險意願──你不會覺得你是處在一個能夠把握機會的位置上。

人們經常對我說：「啊，如果你所做的事適得其反呢？」我回答說：「那並不稀奇。」這就是生活中會發生的事，你所嘗試的東西沒有用。然後你會有一些選擇。你可以對自己惡言相向，責罵自己嘗試；或者你可以將這個當作是一項生活的經驗，並從中學習。昨天的會談並沒有適得其反，因為我在那

個流裡，並有一些好的進展。這是重點所在。作為一名治療師，我會盡力覺察當下發生了什麼，並保持流的順暢，而不是執著什麼是對的、什麼是錯的。

我要說的是，當我和一個家庭談話時，我並不是要幫他們解決一個具體的問題，如：他們應該離婚嗎？他們應該生寶寶嗎？我努力的目標是幫助他們覺察不同的應對歷程。我不認為自己夠聰明到能夠知道一個人最適合做什麼。太太應該讓婆婆離開嗎？她應該要求她離開嗎？如果婆婆沒有離開，太太應該離開先生嗎？這類的問題不是由我來回答的。我的任務是幫助每個人做自己的應對，好讓他或她可以去決定什麼事對自己有用，然後去做。

昨天那個家庭，出現第二個女兒偶爾會提到自殺一事。她和母親之間的對話充滿怨恨的反應。與其回應那怨恨，我反而讀我自己的內在，我感受到這兩個人非常渴望彼此連結，只是她們之間存在著許多的阻礙。我先前就知道太太—媽媽認為這個特別的孩子現在所面臨的問題，是她之前也有過的。當她看到自己的孩子因此而受苦，她感到非常地難過。很顯然，媽媽其實是試著透過解決女兒的問題來解決自己的問題。因此，這就是兩個人無法一起的原因。

我讓她們兩人彼此靠近對方，因為唯有建立充分的信任關係，她們才願意冒險。首先我讓她們移動到能夠清楚看到對方、約一個手臂距離的位置，然後讓她們互相注視。接著我讓她們閉上眼睛，並要她們分別告訴我她們看到了什麼。結果非常有趣。太太—媽媽說，她看到一個嬰兒，而她沒有好好照顧她，這讓她覺得很內疚，接著她開始有一些啜泣。接著當我問女兒她看到什麼，她說她只看到她媽媽。當她聽媽媽說完後，她說：「對，她總是把我看做是一個嬰兒。」

此時，我所覺察到的是這兩個人在此時此刻並沒有看到對

方真正的樣子；她們根據自己過往經歷在看對方。如果她們沒有改變，她們會繼續以這種方式看對方，而她們之間的問題就會越來越惡化。

女兒稍早所提到的一個批評是，她的母親總是對待她像一個小嬰兒一樣。在揭露這一點後，我向母親指出，她確實看這個十三歲的孩子像嬰兒一樣。然後，我問母親的年齡，再跟女兒說，她正看著一個三十六歲的人。我說這裡有兩位女士（我用這個字眼），辛西婭和六月，她們正互看著對方。我大聲地問，當她們看對方時，所看到是否辛西婭和六月。於是我要她們再看一次，然後閉上眼睛，告訴我她們看到什麼。

她們正處在我稱之為的**更新**（brought up to date）階段。六月（媽媽）說，她看到一個十三歲女孩，相當的迷人，這對她來說，是一個全新的察覺。女兒說她看到媽媽和她眼中的神情——那似乎是一種對她關愛的神情——是她喜歡的那種。她們倆都在那一刻說，對彼此有了一種完全不同的感受。

然後這個家庭轉向大女兒和父親之間的問題。大女兒快十八歲了，她的爸爸仍然堅持她應該早回家。結果是，這個男人因為自己身心的問題，以致他到現在還沒有意識到自己是要獨立工作支持家庭的。因此，他的妻子的工作時間是從下午兩點半一直到午夜左右，這意味著丈夫要處理大量的家務。他於是規定大女兒要負責做晚飯。很顯然地，她也要負責採買。他要求她要早回家，這讓她覺得是冒犯——一種侵犯。

我要求父女兩個人面對面坐著，且試著去傾聽對方所說的。我引導他們傾聽，協助他們覺察到自己其實並沒有聽到另一個人所說的話，而只是想控制對方。這個互動後，父女之間似乎對彼此有了新的認識和理解。

此時，相當清楚的一點是，丈夫和妻子都很擔心孩子會發生什麼事。隨之出現的另一個訊息是，夫妻兩人的父母都很早

就離世了，兩個人都是由祖父母撫養，很顯然地，祖父母非常擔心他們。這種擔憂現在被轉移了。這一點沒有釐清前，家庭中的大部分孩子會將父母的努力照顧看成是對他們的反對，而沒有將反對和前述的擔憂這個部分連結。同樣地，父母一直聽到的，也是孩子們的爭吵和不感激。有了這樣另一層次的體認，就能夠協助他們建立一些新的連結。

　　整個會談中，我的心理圖像是，若其中一項內容流動了，那麼連結也就建立了。透過積極地運用自己，我可以挑選時間（就像與母親和女兒的部分）來建立新連結。至於家庭中，關於身體接觸的流動，母親說她希望她的小兒子能抱抱她。當兒子回到家時，他給她的只是一個「小小的老式擁抱」，她總覺得有受騙的感覺。於是開啟了這個家庭對整個情感和如何表達情感的討論。情感這個議題一直以來是家庭談論的禁忌。會談最後，因為我欣賞這個家庭，並對他們有情感，所以我就很自然地就去擁抱家庭成員。就在我擁抱媽媽後，我轉向兩個女孩時，我聽到兩個八歲和十二歲的小男孩在竊笑。我腦中閃過的念頭是在這兩個男孩所處的年齡階段，要做這樣的事對他們來說可能有點彆扭，儘管我覺得他們也想從我這裡得到一些情感回應。當我轉向他們當中的第一個，我說我聽到竊笑，而我知道這對他們來說可能有點要求過多，但我想讓他們知道我的感覺。接著我給他們每個人特別溫暖的握手和輕拍他們的肩膀，尊重他們此刻所處的位置，同時傳遞我的感受。有趣的是，父親是我最後一個面對的人；我感覺到他幾乎是在排隊等待，想擁抱但不敢要求。當我試探他時，他是準備好被擁抱的。我知道過去男人很常有的經驗是，擁有這些感受代表沒有男子氣概，所以我覺察到這個，然後我告訴這個父親，美國喜劇演員鮑勃·霍普（Bob Hope）許多年前曾經說過的話：一個人「從沒被擁抱過，那麼他是凍結的」。這有助於父親情感

的展現，而他臉上露出了接受的表情。

　　昨天，觀察這個家庭的人可以發現，這些成員身上的生命力已經開始綻放了。就在此刻，我覺察到，當我思考治療過程時，我想的是人與人之間連結的經驗，那沒有任何的神祕，而是創造我自己和其他生命在這旅程中共有的經驗，共同冒險的感受。我希望透過我們的旅程，人們可以感受到更多的活力、更多的愛、更有希望、更具創造力──且看到新的方法，運用自己、相互連結。通常，我只見他們一次，我希望每一次會談都能為每一個人打開一扇可看出去的新窗──不僅對自己的感覺更好，也更有能力，可以有創意的和其他家庭成員一起做事。這也就是我所說的：我處理的是一個應對歷程（coping process）而不是問題解決歷程。

　　我想回來談談我是如何運用溝通姿態當輔助，來促進應對歷程中的改變。我提過四種姿態，所有人在經歷應對難題時，我期待會看到一些組合。討好、指責、超理智和打岔在昨天的家庭中全部都有出現。順便說一下，我越來越覺察到，當一個人說應該有什麼樣子的美國夢時，其表達方式正符合我所謂超理智的應對模式。這個回應是：「看在上帝的份上，不要表現出任何感受！」這對我來說是難過的，但卻也是事實。

　　此刻，我想離題一下並聲明溝通姿態並不是僵化和不可改變的。每個溝通的方式都可更新（renovated）。如果你用的應對方式是討好，那對你內在產生的一種損傷是你會不停地告訴自己你不重要。然而，如果你知道方法，你就能更新這個能力，使其變得溫和，並將其帶進你的覺察，而不只是自動化反應，而必須一昧地取悅每個人。

　　更新指責的應對方式是讓它成為支持你自己的力量。雖然每個人都需要能做到此，但你必須考量現實和有覺察地去做，而不只是自動化的反應。更新超理智的應對方式，是讓它

有創意地運用你的聰明才智。儘管運用理智是件愉悅的事，但如果它僅是用來保護自己，那麼就會變得無聊和不滿足。更新打岔的應對方式，是讓它成為一種自主即興回應的能力，覺察它，使其在現實的狀況下提供你新方向。

當治療師與昨天那個家庭中的超理智父親打交道時，所面臨的最棘手問題會是，超理智的人坐得筆直，一動也不動；他們的面部表情不多，他們的聲音通常是單調的，總是說得頭頭是道。你會對這個人產生一種干涸的感覺；彷彿他或她是完全地被禁錮住了。事實是，父親是基本教義派牧師，有強烈的是非對錯價值觀。我注意到他會用同樣的方式回應我的所有試探──握手、提問和我所做的陳述。我感覺到他有在聽，但不確定他都有理解。我的確注意到，且持續注意到採用這種應答方式的人，會用大量詞彙來談事情。對我來說，重要的是我盡可能讓自己對頻，好接觸到那個人。所以當一個人變得理智且高談闊論時，我自然而然也會進到那個層次。

通常，治療師面對那些話太多的人會感到無聊。然而，我需要讓他們充分說話，我才能在轉換層次（meta level）上理解他們所說的東西。以這個男人的例子來說，他告訴我，他一而再、再而三地努力去做自己想做的事情，以及它們又如何一再失敗。他用乾沽、平淡乏味的聲音再一次述說這一切。當我聽他講話時，我察覺到他似乎停止嘗試了。我問他，他的夢想發生了什麼事。對我來說，雖然聽起來有點像是他放棄了他的夢想，但我卻開始看到他眼中閃著一絲亮光；儘管他臉的下半部並沒有什麼特別的變化，但他的眼睛卻是睜得稍微大了一些並露出一絲光亮。當我聽到他的回答，他說這是真的──他沒有任何的夢想了，它們都死了。

在我的腦海中，我現在對他有個雕塑的圖像──堅硬的外殼下有著毫無生氣的內在。我運用我所聽和所看到的這些溝通

姿態和方式，來作為我處遇的指引。如果是在一種信任、理解、傾聽的脈絡下進行，那麼新的理解就會浮現出來。昨天會談結束時，丈夫的整個面部開始有反應了，不再僅是眼睛。在此，我可能會說——我認為對我和其他人來說也是如此——當我傾聽某人時，我看著他或她，也關注他或她所有會動的部分。我覺察所有可能正在發生的改變。我用全然的我和所有的感官傾聽。

我想提另一個我稱之為能量場（energy field）的重要因子。我認為它重要，是因為它是伴隨著「接觸」而來。任何一個整合良好的人，他的周圍都有一個直徑大約將近 1 公尺的圓形場。你可以在這個場的周圍感受到波動——至少我可以！這些波動就像未被承認的領土邊界線，圍繞在一個人的周圍。當一個人是相對整合完整的整體時，那些線是有彈性的。首先，當你接近它們時，你生理上能感受到它們；你能感受到好像你撞到了什麼東西。如果它感覺起來是有彈性的，你知道你在那裡，或許你可以伸手觸及。我尊重這些線。這也就是為什麼我說一個手臂的距離。我如果要靠近一個人時，那麼我就已經在試驗看看他或她是否會讓我進入他或她的邊界。或許，信任的建立和邊界的彈性之間有某種關係存在著。

當我面對和自己非常沒有接觸的人時，他們能量場的直徑大約只有半公尺到 1 公尺之間。我必須要走很長的一段路，才能夠感受到一絲絲的波動，了無生氣可言。我幾乎要與他們臉對臉的距離，才能夠感受到任何形式的存在感。當人們的內在充滿暴力時，他們能量場的直徑會脹到將近 2 公尺——對此我非常地有感。我們往往容易過度使用波動這個詞；但我知道那個能量場是什麼感覺，我非常尊重這個邊界。它是種想像，但我的身體可以感覺得到它。當我處在一群內在存有許多暴力的人的周圍時，除非我開始感受到彈性，否則我不會靠近。我不

知道這樣的解釋是否恰當，但它有點像用你的身體來判斷你可以走多遠，而這和碰觸有關，也就是說，除非我知道這個人的邊界是有彈性的，否則我不會碰觸這個人。

視覺也是屬於邊界的一部分。你能夠看到某人的距離——真正看到他——大概是 2.7 到 3 公尺。在大約 3 公尺時，你會看到輪廓，但細節看不清楚；到接近 2 公尺處，你可以看得相當清楚；而到 1 公尺時，你又可以看得更清楚。如果我想盡快到我可以被看到和被聽到的位置，我會走近，而許多時候這個走近的過程，也是一種連結的過程——一種慢慢的方式。你不能以你應該做什麼來評斷這個過程；你必須以你的感覺來判斷它。一些看我和家庭工作，並觀察到我碰觸的人會說：「啊哈！我知道了！你必須做的就是碰觸」。我的回答是，使用碰觸時必須十分小心，如同觸摸熱的火爐一般。你是真的在感受你的感覺。這就是我與治療師一起工作或是培訓他們時，會想要訓練他們身體覺察能力的原因之一。舉例來說，當人們陷入兇殘的憤怒時，身體覺察幫助我站在助人的位置，但不至擁擠，因我不認為碰觸在這種情況下有助於連結。也許你們當中，有些人會注意到，當你去碰觸一個盛怒的人時，你可能會受到攻擊。攻擊不是因為這個人想殺掉你（雖然他或她可以），而是因為在那個時候，他或她感受到他或她的邊界被侵犯了。

接下來，我好奇昨天家庭中的其他成員——和他們的夢想。我們花了一些時間談論大家還沒有實現的夢想。妻子的夢想是期待能與丈夫過一種不同於現在所擁有的生活。她說從她結婚以來，她都一直討好先生。這是她一直被教導要做的事情。她現在厭倦了。我問她是否願意和我一起製作一幅圖像。她表示同意。我要她跪著，向上看著站上凳子的先生。然後我問太太，她現在所做的是否就像她以前所做的事。她說是

的，但現在她不想再這樣了。然後我問先生，他站在上面的感覺如何。他說他不喜歡太太在那下面，也不喜歡自己在上面。我接著問他們要如何解決，他們才能感到自在舒服。毫無疑問他們最後是處在一個四目交接的水平上。在這之後，他們的臉上開始出現一些希望的表情。

我要在這裡強調的是，如果我聽到一個人的應對方式是超理智時，我會把自己調整到理智層面，但我所用的方式會讓那個人經驗到真正的被傾聽和被看見。如果是一個討好型的人，像昨天的那位太太，我則會試著讓她接觸她對自己的期待，並引導她去談論她的渴望和孤單。最後，那位太太是這麼做了，但如果我沒有要求，它便不會出現。

至於指責，如同昨天的那個二女兒，我必須和她的渴望連結，而這正是我昨天所做的。與其關注於處理所有仇恨的情緒，我更關注她對自己的感受以及她期待與母親連結。我發現自己對每個案子所做的努力，都是在協助人們穩定下來。有時我透過我的碰觸達到此目的，或者會讓人們的身體安靜片刻，以便能夠專注。

與你們分享這些之所以重要，是因為當我和一個家庭坐在一起時，我的身體會告訴我很多關於這些人在哪裡的訊息，還有他們的界線在哪裡。例如，一個超理智的人，他周圍的邊界線是非常、非常封閉的。這或許也是人們會說超理智的人無法「親近」的原因之一；一個打岔的人，他周圍的邊界線是完全破碎的，你無法分辨它的確切位置；指責的人，他周圍的邊界線是非常遠又帶刺的；討好的人周圍的邊界線則相當有趣，這個邊界線是由液體所組成的──像從開始融化的鮮奶油中提取出來一樣。它就在那裡，但你很難區辨出它真正的位置。雖然這是以一種非常生動的方式談論一個人和他的存在，但我對這邊界線是非常清楚而尊重的。也許一個富詩意的表達方式

是：任何時刻你所感受到的都是一個生命有多少意願想被理解，即使是帶著恐懼和帶著保護。如果你想與其連結，你必須要尊重它。

我最有價值的治療資源便是我的手，還有我的身體和我的皮膚，它們能夠感知到發生什麼事；我的眼睛在看，以及所有的這些作為。手是非常重要的！這是我著重協助人們並教育他們的手的原因之一。我在親密關係領域所做的事，便是教導人們認識他們的身體，以及對空間和界線的覺察，而我非常相信這其中的真正意義所在就是連結。我剛剛所說的，幫助我定義**親密**（intimacy）。簡單來說，它就是尊重人與人之間的空間的自由——有邀請時進入，沒邀請時不侵入。那才是真正的親密。

人們經常會問我：「一次會談需要多長時間？」對我來說，只要有必要、只要能找到並打開一扇新窗供人們觀看，一次會談可持續兩到三小時。我現在已不再進行辦公室會談，不過我還在做的時候，至少會安排三個小時進行初次會談。我想要讓人們在結束會談時，能帶走某些新事物，可以嘗試和生活的事物。這也意味著，當他們走出我的辦公室時，會有一種可運用的新覺察。它可小可大，但那個覺察帶著某種希望——他們會覺得能夠為自己做點什麼不同的事，而這事是會帶來希望的，某方面的生活也會有所不同。

每當另一步準備就緒時，我就會約隨後的會談。模式不是一成不變的。我認為，每一次會談都會有它自己的生命。沒有什麼能保證明天我會再次見你，或者你會出現。我的工作都是朝向新的可能性發展的，所以我每次和家庭結束會談、彼此分開時，都會總結某些事物。但那從來都不意味著所有的工作已經完成，因為我們永遠都在持續成長。但它的確意味著，在會談尾聲，我們會擁有一些可能有用的新事物。

例如，對我昨天見的家庭而言，結束時我告訴他們：我享受和他們相處的這兩個小時，以及成為他們生活中的一部分；而我真的想繼續成為他們生活的一部分，但我的生活似乎不允許。如果還有再次見面的機會，我會非常的高興。這樣的想法是基於每一次會談有它自己的生命，所以下一次會談也會有其自己的生命。如果你真的成長了，每次會談都將會是不同生命的展現。因為如果你真的在成長，每次會談也都會完全不同。人們在不同的地方，治療師也在不同的地方。無論如何，我就是這樣看待會談的。

　　我對人們做出的承諾是：我會盡我所能的告訴他們每一件事和呈現每一件事。但我不能保證說出我內在裡面所有的事，因為我不知道。我只能告訴你我所知道的。正在讀本章的你們，可能會聽到一些從不是我意圖要表達的事情，但無論如何，它就是會發生。我對你們的希望是，也許你們找到了一些新的窗。正如同我昨天與那家人一起工作所做的一樣，我試圖為你們打開一些門，並且希望這些門對你們是有所幫助的。

【第十章】
治療師運用自己

引言人：卡爾・賽爾斯（Carl Sayles）博士
有執照的婚姻和家族治療師

　　在本章中，維琴尼亞・薩提爾挑戰治療師從經驗出發地與家庭工作，建立治療師、家庭和治療過程間的關係模式。她頗具真知灼見地指出，透過觀察，治療歷程可以在很多面向更加深入，這些面向不限於個案家中所發生的事，也包括覺察治療師自身的內在經驗。相較於家庭，她認為治療師的身體姿態、語氣、能量水平和位置，均有其重要性。

　　治療師與個體、夫妻或家族治療的歷程中，都需要深入覺察他或她自己的溝通模式。如果沒有深入的覺察，治療師便會阻礙治療歷程，甚至導致治療中斷卻不知道或不理解這樣的事是如何，以及為什麼發生。這種缺乏覺察的影響可能會截斷這已花費許多時間和精力去滋養和發展的歷程。為了讓治療持續進展，治療師需要維持自我覺察，並隨著治療的動態歷程做出適宜的改變，同時，尊重每個個體和他們成長的過程。

　　此份工作中，治療師不僅要解開舊有的歷程和存在方式，還要協助建立一個更強大、更健康的新歷程。一個能覺察自己內外在歷程的治療師，無論家庭成員是否在場，會更能理解和反思每個人在他們自己歷程中的位置，從而增強每個人在家庭系統中的體驗。這種增強的結果是個人開始為自己承擔更多的個

人責任。總的來說，人們因為覺得自己是重要的，於是開始對自己身為更大延伸系統的一部分感覺更好。

　　薩提爾在本章所呈現的大部分內容都是我們當今所教授的內容，文中對「如何」（how-to）反思性地運用自己，而不會陷入過快進入個案世界或進入過多的迷陣中，有非常棒的探索。無論是與個人、夫妻，還是家庭工作，治療師運用自己作為反思工具都是一樣的。無論治療師是初出茅廬或經驗豐富，最終目的都是幫助他們探索自己在治療歷程中，如何運用治療互動中他們自身所經驗到的經驗，帶領眼前這個人至更深層次的意義和潛在的改變。

　　家族治療最困難的地方是治療師要同時在許多不同的層面上工作。這種同時性原則似乎正如我們討論的那樣讓人難以招架。然而，我們想說的是，家族治療初學者要發展出同時在所有這些層面上運作的能力，確實是需要時間和經驗的。問題在於，初學的治療師必須準備好面對失去家庭，且不苛責自己。他可能在一個或多個層面上運作得很好，但卻錯過另個重要的層面，這導致他失去治療中的家庭。初學者不可能立刻在所有層面上表現得足夠純熟。因此，家族治療初學者並沒有遊刃有餘地掌控家庭能量和歷程的工具。此時此刻，我們將列舉在治療中，同時會存在的幾個主要層面。

　　治療師必須要同時置身家庭系統內和外。因此，治療師最好的運作，就是與家庭成員保持足夠的身體距離，這樣他才可以在自己的視野範圍內，看到整個家庭，觀察家庭的互動方式和溝通模式。此外，又能覺察和理解自己處在這個家庭系統裡的自身經驗。舉例來說，治療師與父母親和五個孩子的家庭會談。當他坐在父母的中間，觀察到家庭成員間看似能夠相當自

由地交談互動，實際上卻停滯不前。治療師從他們的模式中發現他們可能為了掩蓋真正的問題，所以表現出許多的表面對話。因此，治療師讓他們各自講述一件最近發生的事，同時讓每個人都具體描述他們的圖像細節，以及彼此所說和所感受到的。當他們開始描述時，雖然看似每個人都有參與，但是，會談的氣氛卻又一次像旋轉輪那樣，原地打轉毫無進展或停滯不前。治療師於是暫時停下來，檢視家庭系統以及自己的內在。他感受到一種沉重的、混亂的感覺，並意識到當他坐在父母之間，他所感覺到的壓迫感越來越重。他將這所有的訊息提供給這個家庭；因為這些資訊都顯示家庭其實並沒有處理真正的議題，所以處遇會重新回到家庭系統並試圖改變它。家庭成員回應治療師的觀察：父母感到困惑，孩子則頻頻點頭表示認同。

然後，治療師讓每個孩子輪流與他換位置，坐在父母中間，並談論他們對此經驗的感受。每個孩子都用文字或用行為表達這是個不舒服的位置。然後，治療師向父母表示，包括他自己在內的六個人都感覺到他們夫妻之間散發出某些氣息，於是他詢問每個人經驗到的是什麼。同時治療師也檢視自己的內在，他意識到自己離開父母中間的位置竟是如此的如釋重負。接著，隨著家庭中的行為和能量壓迫感變少，這筆資訊受到了系統的驗證。因此，他知道他有了關鍵性的突破。然後，他要求父母面對面，並開始探索他們之間可能發生的事情。

當父母調整位置，彼此相對並直視對方時，緊張感又出現了。治療師意識到自己的手心在冒汗，於是他查看其他的家庭成員，發現他們也有某種程度上的坐立不安、退縮或打斷談話。他再次運用這些資訊，將資訊回饋給系統，且讓其維持開放。他提供他的觀察，並詢問他們是否感到害怕或擔心。兩個

孩子說他們是，但卻無法釐清他們有這種感受的原因。父母也證實他們的確非常緊張。治療師要求他們向對方形容自己的緊張。誠如您所觀察到的，治療師會不斷地進入系統，採取處遇措施，其目的是打破系統中所有規條並觸發危機，以便引發改變。同時，他不斷以家庭的相關資訊檢視自己的內在系統，畢竟這個家庭的防禦非常好，沒有顯露在他們外在的形象上。當他從內在歷程獲得不一致或和家庭形象有差異的資訊，會尋找支持或否認其內在訊息的行為或溝通模式。當他獲得支持時，他會對家庭施加壓力，進一步探索產生這種焦慮的任何途徑。

在這個獨特的家庭中，隨著時間的前移，家中的每個人都運作地好像有許多不為其他人所知的祕密。父母參與「交換夫妻」（husband-and-wife-swapping）的性經驗中，他們以為孩子們不知道。先生和太太都各自短暫外遇一段時間，且彼此以為對方並不知道。孩子經常對父母說謊並以為他們可以逃過處罰。當這些事件出現時，所浮現的是所有家庭成員都知道這所有的事，但卻從來不討論，好像他們都身處於虛偽的密謀中。結果是累積了巨大的憤怒感和挫敗感，使家中產生畏懼與距離。

在另一個例子中，一個和批判性家庭工作的治療師，會忽然發現自己好像在與家裡的父親爭論誰對誰錯。如果部分的他在系統外運作，他會意識到自己已經陷在系統裡，且可將此覺察提供給家庭。「你看，現在我正在做你們對彼此所做的事情，我在爭論誰是對或誰是錯，而不是和你們分享我的感受和應對。在我看來，這正說明了你們的系統有多麼的強大，以及你們每個人突破這個框架是多麼的難，即使它不再適合你。」

治療師也必須覺察到自己相較於這個家的身體姿態、語調，以及能量程度。重要的是他與系統不同。否則，如果他和

這個系統相同，他就會支持並強化負向歷程。舉例來說，治療師發現他自己很難在一個看起來非常憂鬱和沉重的家庭系統裡注入能量，他變得越來越沉重和憂鬱。如果他讓這種情況繼續發展下去，他就會變得憤怒、退縮或攻擊家庭，或者他也可能會因為沒發生什麼而感到內疚，甚至更努力工作。另一方面，如果他可以跳出這個系統，就可以覺察到自己發生了什麼，並用這些資訊來認識這個系統。然後他可以對家庭成員說：「當我與你們一起工作時，我發現我的聲音變得越來越低、我的姿勢在下沉、我直覺到沮喪和憂鬱，彷彿你們沒有任何創新和進展，或者沒有得到你們想要的都是我的錯。我想知道你們是否也從彼此那裡接收到類似的訊息？」然後，他把他的這些資訊回饋給系統，這個訊息非常清晰，使他可以維繫自己的界線，因而能夠以一種既維持自己的完整，也協助家庭的方式，使他們為自己的選擇負責任。這是他們無法對彼此做到的事。由此，他反向操作家庭系統的負向歷程，同時示範開放和探索的正向歷程，因為他運用自己來觀察和評論，但不批判、不攻擊他們當中的任何一個人。

在評估和治療方向上，治療師需要在自己的推論和家庭互動的流中，觀察歷程中所冒出頭來的突出事件，並不斷反覆檢視。舉例來說，當他第一次與一個家庭會談時，他觀察到這個家庭之間的互動受限，他們彼此不碰觸對方、交談時也不看對方；他們的身體姿勢既拘謹又僵硬；其他所有家庭成員的穿著與那個被指認的病人或干擾者的穿著有明顯的不同。例如，口語上，焦點是集中在這個家庭成員——兒子和他的藥物使用上。其中所隱含的訊息卻是，如果他不在，這個家就會沒事；或者如果他從未接觸過藥物就會沒事。父親講道理時，彷彿他在即興演講，通常會看著天花板或外面某個不知名的觀眾。母親行為上則是被動的，除非有人要求否則不會開口，即

使回應，她的聲音也是極微弱、且像是一個小女孩的聲音。女兒說教時則像父親，比起媽媽，她似乎更像家中的太太。而家庭成員所坐的位置看起來，似乎兒子是在家庭系統之外的。

治療師注意到所有這些因子，並開始在他的腦中推論可能的意義和治療方向：母親與女兒之間似乎存在著角色的失衡，因為女兒看起來更像成年人。此外，母親的被動行為和她小女孩般的聲音，似乎更強烈暗示著，母親作為一名成年女性，並沒有太多可供給的；而且這個家，包括丈夫，並沒有從她那裡得到任何滋養，縱使她可能是一個非常有能力的家庭主婦。這顯示父母之間施與受的嚴重瓦解，也似乎驗證了丈夫的強硬、麻木和家庭投射出的無性戀（asexuality）。

治療師更進一步推斷，這種角色的僵化和家庭的防衛系統問題已經持續很久了，所以不能過早施壓給這段婚姻關係。因此，最好的方向可能是打開父子之間的交流。兒子是與家庭系統最不同的人，因此或許是最可能改變，且無法控制兒子而感到非常絕望的父親也可能願意改變。治療師認為他必須緩慢地推動治療，因為這個家庭非常恐懼，很容易變得驚慌而不知所措。當他正準備往這個方向上推進時，太太突然開始砰擊先生：「我厭倦了你的說教和你批判每個人應該怎麼做。我不會責怪吉米的離開！如果不是為了孩子，我早就自殺了。」

在這一刻，我們可以從不斷發展的歷程中清楚體驗到，治療師必須改變他的推斷和治療方向。這不代表他之前的推論不正確，推論的過程是必要的。但因母親正處於危機之中，且危機是眼前這個家庭在能量流動中最顯而易見的因子，因此必須立即處理。如果治療師沒有處理這個危機，而是按照他先前的推論繼續進行，那麼家人便會認為他無法處理他們的問題，且不會信任他。為了建立信任，治療師都必須去到系統中能量——活力、感受——的所在地。況且，那是失功能系統中不

一致的部分。之所以失功能是因為家庭成員害怕展現他們生命活力的感覺（強度），且他們不知道如何在不傷害自己或其他人的狀況下處理這不一致。治療師的工作就是要教導他們如何以促進生長的方式來駕馭他們的能量，而不是導致內部損耗或損害。

治療師的推論轉向，母親感受到的壓力超出了她的支持系統；她有潛在的自殺傾向。母親的語言、行為、語調和身體姿態所傳達出的訊息是一致的：驚慌和絕望。治療師注意到她處在極端的痛苦中，並要求她跟家庭成員分享這個痛苦。他同時要求家庭成員傾聽，但不要覺得他們需要對此負責任，就僅是傾聽並與自己感受的保持連結，這樣他們才能分享。

當母親更加開放時，治療師根據當前家庭能量的所在，有兩個方向可前進。一個方向是，如果母親看起來是想尋求家人的支持，並表達對家庭的感受，治療師就會進到互動的方向；幫助她以不指責、不低毀、不貶低他人的方式來表達她的感受，同時也讓家中的其他成員學會傾聽，並回應他們的感受。另一方向是，如果她的驚慌和憤怒似乎無法控制，治療師則會推論，給她充分釋放的機會是至關重要的，否則她可能會陷入嚴重憂鬱的痛苦中，或企圖自殺。因此，他轉向完形的技術，如捶打椅子或尖聲喊叫，進行身體釋放。當我們提供母親和其他家庭成員許多的解釋、鼓勵和理解時，這方向才會獲得支持，如此他們才能忍受及允許治療方向的改變。

當母親放鬆了，治療師便能讓每個人回應——對她和他們自己的內在——進而將這個變化整合入系統中，教他們如何在成長的架構中看待這樣的爆炸，同時對他們所經歷的恐懼給予支持。他會解釋說，即使他們害怕改變，但現實是舊有的運作方式正損害著他們，正如兒子的症狀和母親在會談中所表達的感受都驗證了這個部分。因此，為了生存和成長，他們必須改

變。他們很清楚他們的選擇是什麼——且他們是有選擇的。這個家庭仍然擁有自主權，治療師無法接管。他接著解釋他將協助家庭學習新的運用方式，這種新方式更適合他們，且不具破壞性，但這需要時間。他會與他們討論在此期間需要什麼樣的安全閥，好有些暫時的緩衝以學習新方法。他推論這個家庭的成員非常孩子氣，需要給予許多支持和結構以因應會發生的事，避免一週內出現危機。但也有可能是無論他們得到多少支持，還是有可能會出現危機。因此，治療師會坦誠地說明危機還是可能發生，但並不會那麼可怕。它只是意味著家庭有不同的學習模式，所以重要的是，如果危機確實發生了，那我們可以如何因應以對系統的干擾降到最低。

重點是，治療師會持續的推論，不斷歸類和吸收眼前的資訊。但如果家庭系統中的能量流動轉到新的或不同的層面時，他也必須做好立即回應的準備。

治療師必須要能覺察以下溝通模式：家庭成員之間、自己與整個家庭之間，以及自己與每個家庭成員之間。他可能會觀察到，雖然家庭成員說父親是家中的老大，但母親似乎才是發言人。父母之間常不直接交談，他們透過大兒子傳話，而大兒子所傳的話則是翻譯他們各自的意思。這與家庭成員堅持他們都很容易相互溝通的說詞是不一致的。除了他們認定的家庭「問題」的女兒之外，其他的所有家庭成員，都用恭敬的態度和治療師交談，彷彿他是名法官或某種權威人士。然而，他們不接受他所提供的任何回饋。他們快速地防衛、解釋或說明，反駁治療師所提的資訊，他們甚至也不允許自己有任何空間去統整和考量治療師的話。就好像他們非常善於防守，以至於沒有聽到他的聲音。因為他們認為回饋是批評和攻擊，所以沒有人能對任何建議改變的回饋敞開心胸。即使治療師的話語是支持和同理的，但家庭中的父親還是相當小心翼翼，母親雖

較容易接受治療師的溫暖，但若她看起來好像正在與治療師建立正向的連結，孩子們就會很快介入干涉。

這個案例家庭中，所有層面的溝通似乎都呈現出一個訊息——家庭成員在情感上都感到非常匱乏和空虛。每個人都渴望情感，但沒有人感受到獲得任何東西。家中的人不傾聽、不接受回饋，也沒有準備好接受治療。他們第一次會談的目標放在以下幾個面向：治療牽涉到什麼？除了接受治療，他們是否還有其他選擇？治療師根據這些面向緩慢地提供說明解釋，同時態度充滿支持，唯有這樣，他們才能決定想要什麼。治療師在這個準備階段必須對他們立即的無助感和情緒耗竭有一些理解。雖然不確定家庭此刻是否能夠真正進入治療階段，但他們將會以這種非批判的方式確切地體驗這個治療經驗，也能夠面對他們真正的難題，以及可能有的選擇。光是這個歷程就和他們過往面對彼此的方式截然不同，畢竟他們習慣的是批判和要求。

在另一個家庭中，他們的溝通模式或許存在相當多的差異，需要非常不同的方式來處理家庭系統。當家庭成員彼此交談時，他們的語言可能表達了對他們感受的否定；直到他們與治療師談時，真實的感受才開始出現。然後，治療師可以運用這一現象與家庭成員一同探索，有哪些與治療師的經驗也希望在家庭成員之間擁有，如此家庭成員才能分享與溝通。

在另一個情況下，家庭可能會出現同盟。父親可以與女兒和母親溝通，但不與兒子溝通。但如果父親可以與一個男性治療師溝通，那麼治療師就或許可以假設父親在經驗中的這個學習缺口，可能是因為曾有父親缺席或父不詳的因素，進而與他一起探索這些可能性。如果他無法與男性治療師溝通，且隱瞞和疏離，治療師可能會假設他有一些與他父親有關的受傷感受和憤怒，進而阻礙了他。然後，他便能夠探索他在男孩時期和

父親的關係中，有什麼是他不想要卻得到，或想要卻得不到的。

對治療師來說，我們認為最重要的觀察區塊是與身體和行為線索相關的。這些資料有許多時候，是同時存在於不同層面的觀察。我們認為最重要的有以下幾點：

1. 家庭中每個成員的語言、語調和表達方式與身體訊息是一致的。父親的整個生物系統可能傳達了僵化和遏制的一致訊息。或者，他的身體訊息可能表達出僵化，但不同於他說話的聲音和臉部表情，後者顯示或許他快哭了。治療師注意到父親表達上的一致或不一致，也觀察到其他家庭成員對父親這種表達的反應。

2. 治療師自身的身體姿勢也是一種評估家庭系統的重要方式。治療師與家庭工作時，可能會陷入越來越沮喪的狀態，他可能雙臂雙腳交叉坐著——這可能是聲明他或家庭或兩者，正同時往兩個方向前進。重點在於，如果治療師能夠覺察到自己身體姿勢的意義——這包括兩個層次：他對他所工作的家庭想表達什麼；以及那個當下，這個表達對他個人的狀況有什麼意義。

3. 治療師必須覺察到身體動態與家庭系統的關係。例如，一個家庭或許可以非常理性地討論著他們的狀況，但頻繁的身體移動卻似乎像貫穿系統的漣漪一樣，從一個成員傳遞給另一個成員。

4. 身體動態會出現模式。例如，每一次父母親的溝通達到感受層次時，最小的兒子就開始踢桌子；每一次父親變得憤怒時，孩子們就會開始伸懶腰、打呵欠。治療師於是可以編碼這些模式，在合適的時機予以處遇。

治療師最重要的工具便是他自己內在的展現，因為它與我們描述的其他所有層面不同，而若他相當確定他的反應和他自

己生活所經歷的事情無關,那麼最有效的方式便是依據他的內在資料庫來進行。治療的初學者通常不會這樣做,因為他不認為自己受過足夠的訓練來展現自己的內在,更何況要能確信它們。因此,他會先嘗試其他的方向,但通常最終,他都會回到自己的內在體驗上。這樣做沒什麼合適或不合適,因為對治療師來說,這都需要花時間和經驗去測試,直到他覺得它們對頻,才能達到平衡。然而,一旦他更確信自己在這個領域的實務時,他將會為自己和這個家庭節省相當多的治療時間。

治療師或許可以透過審視他與家庭工作時的內在表現來學習。當他感到胃部緊張時,他可能正感覺到恐懼;當他感到頸部和肩膀疼痛時,他正經驗到憤怒;當他變得昏昏欲睡,即使他已有充足的睡眠,他正經驗到氣憤。每個人的身體對下意識(subliminal)感受訊息的反應是不同的,每個人都必須學習讀自己的線索。然而,如果治療師能不怕費事地以這種方式瞭解自己,他就不會再為會談中選擇何種替代方式感到迷惘。因為,當所有其他方法都失敗時,這種機制總是可靠的。

除了上述情況外,治療師也如同觀察者、照相機、性別、溝通典範般運作——而且他決定家庭成員之間以及他們與治療師之間的親密程度。作為一位觀察者,重要的是治療師要學會如何看和觀察,且不帶任何解釋只是紀錄資訊,並教導家庭成員照著做。我們許多人都沒有學會如何只是簡單觀察。比如,一個治療師可能要夫妻面對面坐著,注視著對方並說出他們所看到的。太太注視著先生,她不會說:「他的眼睛是藍色的,他的皮膚是褐色且光滑」,反而會說:「他憤怒地看著我。」這是一個詮釋,而非觀察。

很多時候,研究所的家族治療師培訓過程,會要求治療師觀察一個家庭並告訴我們他所看到的。當可觀察的資訊是「家庭成員都不注視彼此或治療師,他們看著地面。家庭成員

的身體姿勢看起來是緊張的，雙腿交叉、雙臂環抱、肩膀聳起」時，我們經常會得到如下評語：「他們彼此害怕對方，也害怕治療情境。」通常我們會關閉家庭治療錄影帶的聲音，並教導人們僅僅表述他們觀察到的而不加以解釋或判斷。學習如何觀察是成為一個家族治療師的基石，也是發展家庭親密感的基石。同時，治療師為了發展出他對家庭如何運轉的內在圖像，也發揮如照相機的功能，從溝通模式、互動歷程和其他觀察到的現象來抓取資訊。他們用什麼樣的負向歷程來連結？這些歷程如何發生？所產生的什麼結果對家庭造成破壞性損傷？他用他的眼睛和耳朵去感受當家庭成員試圖接觸彼此時發生了什麼，以及是什麼破壞了他們嘗試建立聯繫的意圖。治療師鏡射出他們的行為，就如同他真的為他們照相一樣。他表達訊息的方式，可能是會透過模仿家庭的溝通模式來達成，或透過參與系統來評論那些事對他來說意味著什麼，或透過分享他身為局外人所觀察到的家庭運作圖像。

此外，就治療師與家庭溝通的方式和他回應家庭的方式來說，他是性別（sexuality）的典範。如果一個男性／女性聯合治療（co-therapy）的團隊運作時，這因素甚至會變得更為重要，因為彼此能否清晰和富建設性的溝通就決定了治療本身。家庭成員面臨著關於男性和女性角色的所有神話。他們學到感受不是只是男人或女人的，它們就只是感受。男人和女人都可以是溫柔、有力、敏感、仔細、溫暖、蠻橫的體貼；沒有一種感受是專屬單一性別的。此外，他們學到表達感受的方式也沒有性別的差異。男人和女人都可以哭泣、憤怒、變得歇斯底里、耍脾氣、表現無助或威權——這和他們是男人或女人、強或弱無關。以一種對自身獨特性具欣賞感謝的方式，來擁有感受並學習如何表達，正是人性的一部分。

如果女性治療師將先生對她（治療師）的憤怒看作是他試

圖與她連結的渴望，或將他的眼淚看作是力量，那麼她所示範給太太看的，便是一種新的解讀方式，同時也示範一種不同的回應先生的方式。如果男性治療師傾聽到太太對他的批判，而沒有為自己辯解或說服她──但能回應她表達痛苦的非語言──他則為先生做出示範。他展現他如何為自己負責，且不用太太來當法官，同時也展現了如何回應更多層面的溝通。

治療過程中，治療師對親密感到的自在程度會決定一個家庭在其成長過程中所追尋的親密程度。家人會根據他們與他（治療師）的關係以及他們彼此之間的關係來測試這一點。在治療的初期，家庭成員會測試治療師能否為他自己負責。他能否做到他要求他們對彼此做的事呢？也就是說治療師是否能以一種不評價、不批判的方式，真誠開放地表達自己的感受呢？有時家庭會產生騷動混亂的狀態，此時重要的是，治療師要能夠為自己工作的需求設立界線，以便掌控自己和當下的情況。他必須以讓家庭為自己負責的方式來做到這一點，這樣他們就不會覺得治療師對待他們像嬰兒一樣。

有時，家庭會非常感激治療師，並想透過詢問他私人問題、向他表達感謝和欣賞或碰觸他來表達對他的愛。如果治療師難以接受人們的感情表達，他便可能會阻止如此的表達；或者他會認為家庭在誘惑他，以避免他們歷程中的某些事物；或者他會簡短回應，或僅假裝沒看到家庭正在做的事，而將焦點轉移到他們的互動上。治療師需要理解，他不僅是在拆毀對家庭具破壞力的舊模式，也是在幫助他們建立能夠增強彼此經驗的新模式。允許家庭成員向他付出是一種教導他們如何這樣對待彼此的方式。在一些家庭中，父母僅知道為孩子付出，卻不知道如何允許孩子對他們付出。有些人對接受有困難，治療師可以透過他是如何學習真誠地欣賞及享有家庭能夠給予的能力，來作為一個重要的示範。

在培訓治療師的教學中，我們覺察到很多治療師在處理夫妻問題時都有困難，尤其夫妻之間的困難超越他所能處理的問題領域，或者治療工作要進到深化夫妻彼此親密關係時。其實一對夫婦處在一個美麗的互動流中並非罕見，但若治療師對這流沒有覺察，反而在此時提出解釋，那麼就很可能會完全打斷這種互動而渾然不覺，且他所截斷的這個非常美的互動歷程，可能是他用好幾個月試圖與這對夫妻發展出來的。當我們提醒治療師注意這點，且和他一起探索可能發生的事時，我們有了一些發現：深化夫妻親密感可能引發治療師的孤獨感或對自己某部分的不滿；或者這對夫妻正要進入的可能是治療師從未經驗過且不知道如何處理的深度。我們的經驗是，技術純熟並對治療過程十分熟悉的治療師，能夠幫助人們發展和表達各種不同的感受，即使這些感受治療師自己可能都未曾經驗過。然而，當來到建立關係時，我們發現治療師是無法帶領人們到達他未曾去過的領域的。這不代表他應該停止在這些領域工作，只代表意他必須覺察他目前的成長階段，進而覺察與他工作的家庭，什麼時候超越了他的所知和所能。我們沒有批判治療師的意味，而是我們都處在不同的成長階段，我們工作的個案類型通常也會隨著我們的成長而改變。我們更會發現當自己處在不同的成長階段時，所面對的問題和關係類型也將不同。

第十一章

治療師的故事

引言人：莫伊拉・哈根（Moira Haagen）

個人和家族治療師

　　想像一下，你是一把美麗的斯特拉迪瓦里（Stradivarius）[1] 小提琴，經過精心調校並被照顧得很好。你的琴弦被撥動的瞬間，美妙的音樂傾瀉而出。當樂聲由弱轉強，漸臻高潮時，周圍的所有人都被觸動而受到激勵。他們充滿喜樂和希望，他們的生命力量隨之起舞。這多麼激勵人心和賦權啊！

　　這篇〈治療師的故事〉（The Therapist Story）是維琴尼亞・薩提爾在她去世的前一年，一九八七年完成的，她藉由探索我們如何透過運用自己——這是促進改變的主要工具——來影響治療歷程和個案的結果，以向我們這些治療師展現這是一個多麼滿足的體驗機會。她用樂器作為治療師運用自己的隱喻，精闢地闡述這個歷程。我們的個案呈現他的樂曲，而我們是否能夠好好理解和聆聽，取決於我們是否能關愛自己、與自己調和，以及對我們工作的勝任程度。

　　隨著醫學、科學和技術領域對人性本質不斷增長的研究和關注，薩提爾表達了新意識的覺察，高度重視人類的價值感。她強調我們對人類行為理解的演變過程，以及治療關係的本質是如何被重新定義，並將

這些變化置於佛洛伊德的精神分析到整合療法和存在主義療法的歷史之中。薩提爾的工作不斷堅持及驗證治療師與個案關係的中心地位——自己與自己的互動，以及治療師和個案在人的層次上，不可避免會相互影響。這觀點和猶太哲學家馬丁·布伯（Maltin Buber）所描述的「我─你」（I-Thou）關係不謀而合。

在這種變化的氛圍中，薩提爾邀請我們將焦點放在治療師運用自己的方式上，而這種方式在治療中具有正向價值。這份邀請的核心，是薩提爾針對治療師權力運用的豐富討論，包括權力如何成為治療師自我功能的展現，治療師又如何選擇運用這份權力，來對治療結果產生正向或負向的影響。她提醒我們身而為人的脆弱，我們與個案的接觸不僅是理論或技術，每個個案也都不僅是「治療師成功階梯的獎杯」。

在本篇中，我們可以經驗到一種嶄新而鼓舞的機會，去檢視自己是如何傾聽和理解個案所呈現的樂章。在成為一名治療師的過程中，我們需要照顧自己，就如同自己是一把手工製造的小提琴，需要隨時保持在協調的狀態，準備好在生命舞台上演奏。

佛洛伊德的貢獻徹底改變了我們對心理治療和人類行為的看法。雖然他開啟了許多治療理論和技術的發展，但基本成分仍然是治療師和患者之間的關係。由於後者在需求的狀態下求助前者，治療師掌握著巨大的權力，可以負面地剝削或操控，或正向地療癒和成長。濫用如此權力的可能性凸顯了治療師的價值系統和信念是至關重要的。治療師的一致性能夠創造出信任和關愛的氛圍，讓個案卸除恐懼，並開始探索新的成長

模式。治療是一種深層親密感和脆弱感的體驗，需要敏感個人自身的存在狀態和另一個人的存在狀態。這是治療師和病患或個案兩人最深層的相遇。

　　一百年前，正如現在一樣，我們正臨近一個新的世紀。那時，人們強烈地感受到他們所生活的時代正在經歷一個巨大的變革。美國正在從以農村為主的農業生活方式轉變為城市工業文化。爭取人權的爭鬥正在浮現。工會正在形成以保護工人的權利。憂慮的公民正遊說通過童工法保護兒童。社會改革者正展開推動婦女選舉權的運動。在科學方面，則為當今的核子武器、太空旅行和電子通信奠定了基礎。在同一時期，改變我們如何看自己的新心理學也正在成形。我想，另一個新世紀的到來將帶來另一波自我意識的改變，賦予人性更高的價值。將自己視為治療過程中必要因子的治療師，是這種新意識的先驅。

　　一百年前，西格蒙德・佛洛伊德在維也納開始執業。一九二一年，他拜訪美國時帶來了新的心理治療方法，他稱之為精神分析法。他的主要論述是人類都帶有建構和破壞的種子。這個激進的想法最終在心理健康實踐上引發了革命性突破。在此之前，人們將造成異常和其他不可接受的行為形式普遍歸因於惡劣的環境、個人無價值感和「遺傳感染」（genetic taint），而治療方法通常則是隔離、懲罰、遺棄或死亡。

　　在理解的人類行為上，佛洛伊德的觀點提供了一個新的視角。到一九四〇年，精神分析的觀點幾乎成為所有心理學思維和治療的基礎，直到六〇年代存在主義（existential）和全觀思考（holistic thinking）[2]的出現，才有了不同。在某些方面，我比較了佛洛伊德概念的影響與德國公法學者耶林內克

---

2. 編註：或譯整體式思考，指一種注意整體脈絡以及事物關係的思考或知覺模式。

（Jellinek）（1960）的工作。耶林內克提出的觀點認為酗酒是一種疾病，而不是墮落或軟弱的結果，這觀點改變了社會的思維方式，最後發展出新的治療方法，為那些以前沒有希望的人帶來了希望。

　　起初，精神分析治療是由受過精神分析治療訓練的醫生（通常是內科醫生）來執行，他們透過「分析」病人的情緒經驗和歷程，期待能清除困擾個體健康成長道路上的障礙。早期的治療模式是傳統的醫病關係模式。現在治療的目標與當時並沒有太大的差別，都在消除症狀。雖然症狀的本質和意義這麼多年來已擴展和改變了，但心理治療的基本要素維持不變，即治療師、病人、背景、治療師和病人之間的互動，以及治療取向的模式。然而，隨著時間，這些基本要素的定義也隨之添加和刪除而擴展和改變。例如，「病人」現在有時被稱為「個案」，可能代表個人、團體或家庭（Rogers, 1951）。治療師也可能被稱為諮商師，可包括一個、兩個，或甚至更多的人。治療師除了醫學和精神病學領域之外，還可能來自各種不同的領域，如心理、社會工作、教育或神學。治療環境現在則包括辦公室、家裡、醫院和學校。

　　治療互動也是一種關係，是屬於治療師與病人之間的，而且隨著治療取向不同（如：精神分析、心理劇、完形治療、溝通分析、多元身體治療、家族治療和團體治療等）所賦予的觀點也不同。治療模式從傳統的、權威的醫病關係擴展到夥伴關係，將病人視為夥伴（Hollender & Szasz, 1956）。

　　我們一直以來都有觀察到，兩個治療師使用相同治療取向可能得出相當不同的治療結果。但我們也看過使用不同方法的兩個治療師可能得出類似的成功結果。然而很少有培訓計劃真正著重在治療師這個人。通常僅在精神分析和榮格學院會要求進行精神分析訓練，或是在一些家庭訓練計劃中。

治療中自己的角色

常識告訴我們，治療師與病人必然會在人的層次上相互影響。無論治療的理念和取向如何，治療師的「自己」（self）或「人格」（personhood）都會參與治療。技術和取向都是工具，不同的人運用它們，就會產生不同的結果。因為治療師與病人關係的本質會使後者變得極其脆弱，所以治療師有責任不讓這種關係往權力或依賴的負向方向發展——這兩者最終都會破壞治療目的。

佛洛伊德體認到治療師的權力。他主張成功的治療師必須以一種參與且不糾結於病人個人生活的方式掌控好自己的生活。這促使了中立、非個人化的精神分析躺椅形式出現，治療師不在視野內，且相對不主動；儘管事實上佛洛伊德曾被報導過有時會給病人按摩，以及積極參與病人的生活。美國哲學家尼德曼（Needleman）（1985）聲稱佛洛伊德偉大成功和創造力的祕訣在於他強烈地關注病人，這使他能夠投射出一種具治療效果的同情和洞察力。

佛洛伊德擔心他受限於自身的能力或者其他治療師的能力，可能會對病人產生負面影響，於是認為所有精神分析治療師必須接受分析訓練。在訓練期間，受訓者應該能理解和駕馭他們自身的衝突和精神官能症狀。為了保護病人，這樣的要求是必然的，以期創造出最佳的改變條件。

這些觀點清楚地遵循兩個基本原則：治療師有能力傷害病人；他們是為病人服務，而不是反過來。現今大多數的治療師都會同意，他們不會有意識地想要傷害他們的病人。反之，他們會聲稱，他們試著創造出對病人有益的治療環境。大多數治療師也會說他們是為病人服務的。然而，「傷害」和「服務」這兩個詞卻是見仁見智。

此外，從以前到現在都存有一種觀點，即治療師還是會無

意識地——沒有惡意或意圖——因為他們自身未解決的問題而傷害了病人。這個概念所展現於外在的就是弗洛伊德所謂的**反移情**（counter-transference）。簡單來說，這意味著治療師錯誤但並無意識地將病人視為兒子、女兒、母親或父親，因而投射一些不屬於病人的東西到他們身上——是個錯誤身份的真實案例。許多治療師都認同這是一個陷阱。然而，除非治療師非常清楚且有覺察，否則他們可能會不知不覺地就陷入陷阱之中。除非有人知道發生了什麼，否則很容易因為治療師感到被卡住而責怪病人。這種現象的進一步展現則是拯救或保護、偏袒或拒絕病人，且再次將責任歸咎於病人身上。

這種主流治療互動模式——權威式醫病關係——是種支配和服從的經驗，病人和治療師很容易進入到一種權力遊戲，進而強化病人的童年學習體驗。整個治療過程，治療師可能會不自覺再度複製病人的童年負向經驗，且稱之為治療。例如，當治療師堅持地認為她會知道她何時不知道時，她所示範的行為與病人父母的行為相類似。這種支配和服從模式增加了治療師實踐自己為了控制而滿足自我需求（ego need）的機會。這種控制的展現看起來似乎是善意的，如「我是幫助你的人；因此，你應該心存感激」，或是惡意的，就像「你最好按我所告訴你的去做，否則我就不再提供你治療」。當然，這些都是童年時候的陰影。當它們出現在治療中，治療目標必然無法達成。

權力和治療

以上這些都掩蓋權力的問題。但是，權力一體兩面：一方面是用來控制他人；另一方面則是賦權於他人。治療師自我功能的展現可從其權力的運用窺知一二。它與治療師的自我價值有關，其掌管治療師處理自己自我需求的方式。

雖然實際上仍有一些治療取向是立基於治療師維持一個優越的位置，但權力的使用獨立於任何治療技術或取向的（Dreikurs, 1960）。也有一些例子是治療師公然且有意識地剝削病人，有的甚至還合理化他們那些具攻擊性的、性慾的，或者其他非專業的行為，他們都表示這些是對病人是有幫助的（Langs, 1985）。有一次，有一個男人手裡拿著長鞭來到我的辦公室，並要求我用它來打他，他說這樣可以增強他的性能力。雖然我相信這種方法可能對他有用，但我拒絕了他，因為這種做法不符合我的價值觀。我提供不同的方式幫助他，而他接受了。

為了自己個人的自我需求而利用病人，或讓自己的生活和他們的生活混為一談，均不符合專業倫理。然而，治療師也可能和病人處在相同的狀態——否認、扭曲或投射需求。在某些時候與病人有相同的處境，即否定、扭曲自己的需要或把自己的需求投射給別人。病人或個案也可能觸發治療師內在的某樣東西而不自覺。因此，治療師很容易用彷彿他／她是過去或現在生活中面對某個人的方式回應病人，且若治療師沒有覺察到這些，將無可避免地使情況更加複雜。若這個人是家族治療師，那麼很可能在某些時候，至少一次，會看到自己所治療的家庭，正重複自己家庭的某一部份。當這種情況發生，而治療師還未解決他或她自己家中的難題時，他可能就會迷失，而病人就可能會因為這樣的迷失而陷入困境或被誤導。治療師應認清他們也和病人一樣脆弱。

當治療師促進和提升病人成長的能力和需求時，他們應該同時意識到自己也存有這種能力和需求。一個避免耗竭的方法就是不斷地成長和學習。我們行為的很大一部分都是透過模仿學習來的，治療師可以示範學習和成長的方式。示範一**致性**也是很重要的。一個對一致性過渡簡化的定義即是：一個人看起

來如其所感受的，所說如其所感受的，意圖和行動也都是根據所說的。這樣的一致性發展出信任，而信任是治療師與病人情感上彼此真誠的基礎，也是療癒的關鍵。當治療師言不由衷，或言行不一時，她便營造了一個感情不真誠的氛圍，這個氛圍對病人來說是不安全的環境。我發現有一個超越於語言和感受的溝通層次，在這個層次上，是生命與生命交流，並能理解不一致。幼兒較容易呈現這種覺察。在成人中，這個溝通的層次通常在直覺、模糊的不安感，或是感覺中呈現出來。作為治療師，如果我否認、扭曲、投射或用任何其他形式的偽裝，而沒有覺察到自己內在的擾動，那麼不論我自認為掩飾得有多好，我都必然向我周圍的人傳遞這些訊息。

如果病人因為感覺到治療師的「失落」（one down），而覺得自己身處危機之中，他們就不會說出自己痛苦的感受，同時也會對治療師產生防衛。反之，若治療師未覺察這個狀況，他就很容易把病人的回應誤解為抗拒，而不是他們為了保護自己來因應治療師的不一致。治療關係是一種親密的經驗。為了成長和改變，人們需要一個能夠讓自己開放的安全環境，因為開放會讓他們變得脆弱。當他們脆弱時，就需要保護。治療師的責任就是去創造一個讓人們感受到安全也確實安全的環境，這需要治療師敏感覺察自己的狀態。舉例來說，一個聚焦於技巧或理論架構的治療師，很可能覺察不到她自己的臉部表情和聲調，而這些所組成的訊息正是病人所回應的訊息。

抗拒是一種表達恐懼的方式，故需要治療師盡其所能的誠實、一致和信任。我唯一經驗到與人工作的困難，就是當我不一致的時候。我試著變成我不是的樣子，或我隱瞞所知道的事情，或說一些言不由衷的話。我非常尊重那種深層次的溝通，這樣的溝通中，一個人可以真真實實地知道何時及何人是

他可以信任的。我認為這與馬丁‧布伯所說的「我─你」關係相近（Buber, 1970）。

如果病人和治療師不能夠表達脆弱，那麼帶來的改變就會變得很少。治療師知道他們必須超越病人的防衛，才能夠幫助他們變得更開放，亦更能展現脆弱。防衛是病人在他們感到不安全感時試圖保護自己的方式。當治療師採取行動打破防衛時，那麼治療互動就變成一種被歸類為誰有權力告訴誰去做什麼或誰獲勝的經驗。若這場爭鬥中，治療師像父母一樣必須要贏──那麼病人就是輸了。

當病人成為治療師成功階梯的戰利品，這就如同許多孩子與父母的經驗一樣，他們被期待成為家庭價值觀的代言人。有時治療師會將病人像馬前卒一樣置於兩個對立局面之間的位置上，就像把孩子放置在父母之間或放置在父母和機構工作人員之間一樣。

當治療師開始著手去幫助一個人，且毫不懷疑地認為自己知道「什麼對病人最好」時，他／她其實正讓病人重複另一次童年經驗。那些要在病人身上有所成就的治療師會覺得有挑戰，「甚至極度棘手」。這些通常都是想給病人有效訊息結果卻往往南轅北轍的治療師。

對自己的積極運用

如果治療師可以透過運用自己對治療結果造成負向影響，那麼運用自己也一定會帶來正向效果。治療師憑藉其角色、身份和個人而擁有這權力。我們知道這權力可能會被濫用、被誤導。然而，治療師可以選擇運用他的權力去賦權。因為病人是脆弱的，治療師也可選擇運用他／她的權力來賦予病人權力邁向自我成長。

一九五○到六○年代之間，新的治療模式出現，在該模式

中，治療師開始與病人形成一種夥伴的關係。病人和治療師可以運用他們各自的行動、即時反應和互動來共同工作。他們鼓勵治療師示範一致性行為，且治療夥伴關係的重點是在透過與全人的工作來發展健康。症狀的消除藉由健康狀態的發展達到，亦即不再需要症狀的存在。（傳統上，權威醫病模式中的首要任務在於消除症狀，並期望健康會隨之而來）。

當重點完全放在賦權病人時，治療師自然而然會選擇能實現該目標的治療方法。當治療師致力於賦權時，病人更可能有機會在新的脈絡下重新體驗舊有模式（Rogers, 1961a, 1961b）。當他們有了與治療師真實互動、獲得和給予回饋的經驗，治療環境會變為病人和治療師之間生活學習（life-learning）和生活給予（life-giving）的環境，治療師則是在個人層次上和人性層次上回應病人。治療師很明確地是運用自己和另一個自己互動。在這個脈絡下，治療師的運用自己是改變的最主要工具。運用自己，使治療師能建立信任與和諧的關係，因而能夠冒更多的險。治療師的運用自己是治療歷程不可或缺的部分，應有意識地用於治療中。

我對自己的運用

我理解到，當我和病人或家庭完全同在時，我更容易推動治療，去到我想去的深度，同時尊重另一方的脆弱、權力和生命的神聖。當我和我自己、我的感受、我的想法、我的所見所聞接觸時，我正成長為一個更整合的自己。我更一致、更完整，能與他人建立更好的連結。當我在工作坊中談論這些概念時，人們感謝我說出來，合理化他們一直以來對自己的感受。簡單地說，我一直在描述的是：治療師要將他們自己這個人和他們的病人這個人置於首位。這是正向的人與人接觸，能為所必須冒的風險把路鋪平。許多成人都表示他們不覺得自己

和扶養他們長大的父母或其他人有連結過。他們不覺得自己是個人，被對待的方式反而是角色或期待。如果治療情境不能帶出人與人的連結，那麼怎麼可能有機會讓人們真正地經驗到對自己有不同的感受呢？

當我思考治療師運用自己時，腦海中浮現出樂器的比喻。樂器的製造、保養、精確調音，而音樂是否動聽取決於演奏者的能力、經驗、敏感度和創造力。只有演奏者或樂器其中一樣，是無法奏出音樂的。一個出色的演奏者，加上一件精緻的樂器，幾乎可以演奏好任何合適該樂器的音樂。而一個沒有能力的演奏者和一件走調的樂器，則會毀了任何音樂作品，並呈現出演奏者有一雙遲鈍的、未經訓練的耳朵。我將樂器視為治療師的自己：身為一個人的完整性如何、有多關心自己、與自己有多調和（tune），以及自己對所做的事有多在行。我將音樂視為病人的展現。那音樂如何被治療師聆聽和理解，是一個決定治療結果的重要因子。

我允許自己，能夠完全清晰地展現和接觸自己，也完全允許自己分享觀點，允許自己檢視自身的觀點對被治療者的效果如何。治療師這個人才是圍繞成功治療的中心所在。理論和技術是重要的，且我已發展了許多，但我仍將它們視為是工具，在一個完全人性化的脈絡中使用的工具。更進一步說，雖說治療師要為治療過程的開始和延續負責，但在治療過程裡是病人要自己承擔責任。

整個治療過程必須致力於開啟病人或個案的療癒潛能。除非這樣的潛能被開啟，否則不會發生真正的改變。開啟的途徑則是透過治療師與這個人、病人或個案最深層的自己交會。當這個交會發生時，便創造出一個可以表達脆弱、允許改變發生的情境。這無疑會觸動靈性層次。人們已經擁有他們成長所需的資源，所以讓病人能夠運用他們自身的資源是治療師的重要

任務。如果我相信人類是神聖的，那麼當我看到他們的行為時，我會試著協助他們去實現自己的神聖性；如果我相信人類是被操縱的，那麼我就會去發展操縱他們的方式；如果我認為病人是受害者，那麼我就會試著要拯救他們。換句話說，我所信和我所做之間存著密切關係。當我越能和自己的信念接觸並承認它們時，我就越能自由地選擇我要如何運用這些信念。

許多年前，這在當時被認為是激進的想法，如今已經成為心理學中被普遍認可的觀念，亦即我們相信人類擁有自我成長和療癒復原的能力。這個世紀對人類本性所投入的研究和關注前所未有，我們即將走入二十一世紀，我們對人類身體和大腦如何運作，以及如何學習有非常多的理解。我們可以移植器官、創造人工智能、可以登上月球和其他星球；我們可以透過衛星與世界的任何地方進行即時交談；我們可以在三小時內飛過大西洋——這是在一百年前要好幾週才能完成的旅程。但即使我們製造了有史以來最大的怪物——核彈，我們依然還是沒有學會用正向的方式來因應衝突。

處在這些改變之中，我越加堅定地相信人類必須發展出新觀念，這新觀念是賦予人類高價值、促進合作、能夠正向解決衝突，並認可我們靈性的基礎。我們能接受治療師的自己是治療過程中不可少的重要因素嗎？如果事實證明這是真的，那麼它將會改變培訓治療師的以及治療病人的方式。

我們開始意識到治療師這個人可能會對病人造成傷害。我們過去聚焦於避免這種情況發生的方法，但現在，我們則需專注於運用自己的方法上，使之在治療中能夠具有正向價值。

【參考文獻】

Buber, M. (1970). *I and thou*. New York: Charles Scribners.

Dreikurs, R. (1960). The current dilemma in psychotherapy. *Journal of Existential Psychology*. 1, 187.

Freud, S. (1959). *Collected Papers*. Volume II. New York: Basic Books.

Hollender, M.H. & Szasz, T.S. (1956). A contribution to the philosophy of medicine, *Arch. Intern. Med.* 97:585-592.

Jellinek, EM. (1960). *The disease concept of alcoholism*. New Haven: College and University Press.

Langs, R. (1985). *Madness and cure*. Emerson, NJ: Newconcept Press.

Maslow, A. (1962). *Toward a psychology of being*. Second Edition, New York: Van Nostrand Reinhold.

Needleman, J. (1985). *The way of the physician*. New York: Harper and Row.

Rogers, C. (1951). *Client-centered therapy*. Boston: Houghton-Mifflin.

Rogers, C. (1961a). *The process equation of psychotherapy. American Journal of Psychotherapy* 15, 27-45.

Rogers, C. (1961b). *On becoming a person*. Boston: Houghton-Mifflin.

Yalom, I. (1980). *Existential psychotherapy*. New York: Basic Books.

延伸閱讀

薩提爾著作
- 《心的面貌（新版）》（2014），張老師文化。
- 《尊重自己（新版）》（2014），張老師文化。
- 《沉思靈想（新版）》（2014），張老師文化。
- 《與人接觸（新版）》（2014），張老師文化。
- 《聯合家族治療》（2006），張老師文化。
- 《家庭如何塑造人（新版）》（2006），張老師文化。
- 《跟薩提爾學溝通》（2006），張老師文化。
- 《薩提爾治療實錄——逐步示範與解析》（2001），維琴尼亞‧薩提爾、蜜雪兒‧鮑德溫，張老師文化。
- 《薩提爾的家族治療模式》（1998），維琴尼亞‧薩提爾、約翰‧貝曼、珍‧歌柏（Jane Gerber）、瑪莉亞‧葛莫利，張老師文化。

其他延伸書籍
- 《沙灘上的療癒者：一個家族治療師的蛻變與轉化》（2012），吳就君，心靈工坊。
- 《厭食家族：探索心身症的家庭脈絡》（2009），薩爾瓦多‧米紐慶（Salvador Minuchin）、伯妮絲‧羅絲曼（Bernice L. Rosman）、萊斯特‧貝克（Lester Baker），心靈工坊。
- 《薩提爾成長模式的應用》（2008），約翰‧貝曼編，心靈工坊出版。

- 《小漢斯：畏懼症案例的分析》（2006），佛洛伊德（Sigmund Freud），心靈工坊出版。
- 《學習家族治療》（2003），薩爾瓦多・米紐慶（Salvador Minuchin）、李維榕（Wai-Yung Lee）、喬治・賽門（George M. Simon），心靈工坊。
- 《薩提爾的對話練習》（2017），李崇建，親子天下。
- 《愛與自由：家族治療大師瑪莉亞・葛莫利（典藏版）》（2015），瑪莉亞・葛莫利，張老師文化。
- 《大象在屋裡：薩提爾模式家族治療實錄 1》（2013），瑪莉亞・葛莫利，張老師文化。
- 《越過河與你相遇：薩提爾模式家族治療實錄 2》（2013），瑪莉亞・葛莫利，張老師文化。
- 《心靈的淬鍊──薩提爾家庭重塑的藝術》（2009），瑪莉亞・葛莫利、伊蓮娜・艾達斯金，張老師文化。
- 《家族再生：逆境中的家庭韌力與療癒》（2008），芙瑪・華許（Froma Walsh），心靈工坊。
- 《精神病學的人際理論》（2007），哈里・斯塔克・沙利文（Harry Stack Sullivan），Argun。

零劃

〈走向思覺失調症理論〉Toward a Theory of Schizophrenia

〈治療師的故事〉The Therapist Story

《沉思靈想》*Meditations and Inspirations*

《新家庭如何塑造人》*New People Making*

《聯合家庭治療》*Conjoint Family Therapy*

《薩提爾冥想：內在和諧、人際和睦與世界和平》*Satir Transformational Systemic Therapy*

《薩提爾期刊》*Satir Journal*

EST Enriched Supportive Training

一劃

一致 congruent

一致的表現 congruent manifestation

一般語義學 general semantics

二劃

人格 personhood

人際和睦 peace between

人際溝通分析 Transactional Analysis

人類價值認同歷程模式 Human Validation Process Model

三劃

大蘇爾 Big Sur

女孩俱樂部 girls' clubs

小漢斯 Little Hans

四劃

不一致性 incongruence

不一致表現 incongruent manifestation

不能說的事 unspeakable things

不勞而獲 freeload

卡拉曼・基雅法斯 Kalman Gyarfas

卡爾・華特克 Carl Whittaker

卡爾・賽爾斯 Carl Sayles

卡爾・羅傑斯 Carl Rogers

卡爾・普里布拉姆 Karl Pribram

卡爾・路德維希・馮・貝塔郎非 Ludwig von Bertalanffy

心理神經免疫學 Psychoneuoimmunology, PNI

心智研究所 Mental Research Institute, MRI

埃德・奧爾斯瓦爾德 Ed Auerswald
格斯・納皮爾 Gus Napier
格雷戈里・貝特森 Gregory Bateson
夏洛特・塞爾弗 Charlotte Selver
桑迪・諾瓦克 Sandy Novak
差異 differentness
桃樹 Peachtree
病理導向取向 pathology oriented approach
神經性依賴 neurotic dependency

十劃
能量生物學 Bioenergetics
能量醫學 Energy Medicine
能量心理學 Energy Psychology
能量場 energy field
退役軍人管理局醫院 Veterans Administration Hospital
馬丁・布伯 Maltin Buber
高度轉化系統治療取向 highly transformational systemic therapeutic
連結 joint
討好 placating

十一劃
健康家庭服務 well family service
健康發展家 health developer
健康導向取向 Health oriented approach
莫伊拉・哈根 Moira Haagen
莫瑞・鮑文 Murray Bowen
莎朗・布萊文斯 Sharon Blevins
國家精神健康研究院 National

Institute of Mental Health
密爾沃基州立教師學院 Milwaukee State Teachers College
走動的思覺失調症 ambulatory schizophrenia
規條 rules
做 doing
動態平衡 homeostasis
情感領域 affective domain
曼陀羅 Mandala

十二劃
斯坦・克里普納 Stan Kripner
斯特拉迪瓦里 Stradivarius
斯瓦米・拉瑪 Swami Rami
傑・哈利 Jay Haley
傑克・施瓦茲 Jack Schwarz
傑絲・卡洛克 Jesse Carlock
超心理學 parapsychology
超理智 computing
無足輕重症候群 cog-in-thewheel syndrome
無性戀 asexuality
無意識 unconscious
喬治・普林斯 George Prince
雅各布・莫雷諾 Jacques Moreno
道格拉斯學院 Douglas College
勝人一籌理論 one upmanship theory
智者 Wise One
滋養的三角關係 nourishing triad
發展動機 developing motivations
著重 emphasis
運作良好 functional

薩繆爾・斯拉夫森 Samuel Slavson
薩爾瓦多・米紐慶 Salvador
　Minuchin
舊學習 old learnings

十九劃
羅伯多・阿沙鳩里 Roberto Assigioli
羅伯特・斯皮茲 Robert Spitzer
羅瑪・戈文達 Loma Govinda

二十劃
觸摸感知 touchy-feely

二十四劃
靈性 soul，即希臘語的心靈 psyche

Master 065

當我遇見一個人：薩提爾精選集 1963-1983
In Her Own Words. Virginia Satir: Selected Papers 1963-1983

編者：約翰‧貝曼（John Banmen）
審閱：楊志賢　譯者：楊東蓉

出版者—心靈工坊文化事業股份有限公司
發行人—王浩威　總編輯—徐嘉俊
特約編輯—周旻君　責任編輯—林妘嘉
封面設計—羅文岑　內頁排版—龍虎電腦排版股份有限公司
通訊地址—10684 台北市大安區信義路四段 53 巷 8 號 2 樓
郵政劃撥—19546215　戶名—心靈工坊文化事業股份有限公司
電話—02）2702-9186　傳真—02）2702-9286
Email—service@psygarden.com.tw　網址—www.psygarden.com.tw
製版‧印刷—中茂分色製版印刷股份有限公司
總經銷—大和書報圖書股份有限公司
電話—02）8990-2588　傳真—02）2290-1658
通訊地址—248 新北市新莊區五工五路二號
初版一刷—2019 年 06 月　初版四刷—2024 年 05 月
ISBN—978-986-357-151-3　定價—450 元

國家圖書館出版品預行編目資料

當我遇見一個人：薩提爾精選集 . 1963-1983 /
約翰‧貝曼 (John Banmen) 編；楊東蓉譯 . -- 初版 . --
臺北市：心靈工坊文化 , 2019.06
　面；　公分 . -- (Master ; 65)
譯自：In her own words. Virginia Satir: selected papers 1963-1983
ISBN 978-986-357-151-3（平裝）

1. 家族治療　2. 心理治療　3. 文集

178.807　　　　　　　　　　　　　　　　　　　　　　108008905

心靈工坊 **PsyGarden** 書香家族 讀友卡

感謝您購買心靈工坊的叢書，為了加強對您的服務，請您詳填本卡，
直接投入郵筒（免貼郵票）或傳真，我們會珍視您的意見，
並提供您最新的活動訊息，共同以書會友，追求身心靈的創意與成長。

書系編號—MA 065　　　　**書名—當我遇見一個人：薩提爾精選集 1963-1983**

姓名　　　　　　　　　　　是否已加入書香家族？ □是 □現在加入

電話 (O)　　　　　　(H)　　　　　　　手機

E-mail　　　　　　生日　　年　　　月　　　日

地址 □□□

服務機構　　　　　　　職稱

您的性別—□1.女 □2.男 □3.其他

婚姻狀況—□1.未婚 □2.已婚 □3.離婚 □4.不婚 □5.同志 □6.喪偶 □7.分居

請問您如何得知這本書？
□1.書店 □2.報章雜誌 □3.廣播電視 □4.親友推介 □5.心靈工坊書訊
□6.廣告DM □7.心靈工坊網站 □8.其他網路媒體 □9.其他

您購買本書的方式？
□1.書店 □2.劃撥郵購 □3.團體訂購 □4.網路訂購 □5.其他

您對本書的意見？
□ 封面設計　1.須再改進 2.尚可 3.滿意 4.非常滿意
□ 版面編排　1.須再改進 2.尚可 3.滿意 4.非常滿意
□ 內容　　　1.須再改進 2.尚可 3.滿意 4.非常滿意
□ 文筆／翻譯　1.須再改進 2.尚可 3.滿意 4.非常滿意
□ 價格　　　1.須再改進 2.尚可 3.滿意 4.非常滿意

您對我們有何建議？

10684台北市信義路四段53巷8號2樓

讀者服務組　收

加入心靈工坊書香家族會員
共享知識的盛宴，成長的喜悅

請寄回這張回函卡（免貼郵票），
您就成為心靈工坊的書香家族會員，您將可以──

⊙隨時收到新書出版和活動訊息

⊙獲得各項回饋和優惠方案